솔로에이저

ESSENTIAL RETIREMENT PLANNING FOR SOLO AGERS:
A Retirement and Aging Roadmap for Single and Childless Adults

솔로 에이저

혼자 살기로 선택한 사람들은 어떤 미래를 준비하는가

사라 제프 게버 지음 | 배상윤 옮김

천년의상상

일러두기

1. 이 책은 사라 제프 게버의 ESSENTIAL RETIREMENT PLANNING FOR SOLO AGERS:
A Retirement and Aging Roadmap for Single and Childless Adults(Mango Publishing Group,
2018)를 우리말로 옮긴 것이다.
2. 단행본에는 겹낫표(『』)를, 논문·기사·기고문 등에는 홑낫표(「」)를 사용했다.
3. 본문에서 사용한 대괄호는 내용 이해를 돕기 위해 옮긴이가 첨가했고, '[ ]'로 표기했
으며, 소괄호는 저자가 원래 본문에서 추가해 놓은 것이다.
4. 부록에는 한국의 솔로 에이저들에게 실질적으로 도움이 될 수 있도록 이 책의 해당
주제와 관련된 한국의 제도와 법규, 참고 자료 및 사이트를 추가하였다.

이 책을 남편 찰스 '척' 게버Charles 'Chuck' Geber에게 바칩니다.
그는 내가 이 책을 쓸 수 있도록 믿어주었고 지지했으며,
변함없이 격려해 주었습니다.
그는 책을 쓰는 내내 나의 글에서 한시도 눈을 떼지 않았습니다.
내가 글을 쓸 때마다 읽어준 첫 독자이며,
글의 방향을 세심하게 살펴준 편집자였습니다.

혼자 나이 드는 법을 배울 때입니다

이 책은 당신을 위한 것입니다. '나는 솔로 에이저Solo Ager가 아닌데…'라고 하지 마세요. 웬만큼 오래 사는 한 우리 모두는 솔로 에이저입니다. 성공적인 솔로 에이저들은 혼자 나이 먹는 법을 터득했고 우리는 그들로부터 교훈을 배워야 합니다. 이 책은 당신에게 그런 교훈을 줄 것입니다.

잠시만요! 책을 읽기 전에 제가 방금 한 말에 대해 좀 더 진지하게 생각해 보세요. 저는 노인학을 전공한 70대의 학자로, 어느덧 조금씩 노년으로 접어들었습니다. 노인학 교과서를 썼지만, 책보다 개인적인 사례에서 더 많은 것을 배웠습니다. 저와 제 아내는 소중한 친구 래리 모리스를 7년 동안 돌보았습니다. 두 명의 아내를 먼저 떠나보내고 아이가 없었던 래리는 아흔 즈음 우리집으로 이사를 왔고, 97세의 나이로 세상을 떠났습니다. 그는 솔로 에이저였고 그의 사례는 저에게 영감을 주었습니다.

고전 소설 『굿바이 미스터 칩스Goodbye Mr. Chips』의 주인공은 평범한 남학교 선생님으로 일생을 보낸 남자입니다. 임종을 앞둔 그의 침대맡에 선 친구들이 그의 삶을 돌아보며 "아이가 없어 안됐다"고 하자, 칩스 씨는 이렇게 말합니다. "아니, 틀렸어. 나에게는 수백, 수천 명의 제자들… 그 모든 아이들이 있어." 칩스 씨는 이른바 사회적 자본(우리를 함께 연결하고 묶어 종국에 삶을 의미 있게 만드는 '관계')의 투자자로서 일생을 보냈습니다. 성공적인 솔로 에이저들은 그러한 관계를 가장 잘 가꾼 사람들입니다. 이것이 제가 래리 모리스에게서 배운 교훈입니다. 그는 평생을 다른 사람들에게 베풀고 친구들을 북돋우며 보냈습니다. 저와 제 아내처럼 자신보다 젊은 사람들을 포함해서요.

비틀즈는 "나는 친구들의 작은 도움들로 살아가요."라고 노래했습니다. 진부한 가사처럼 들리겠지만, 그렇지 않습니다. 역학자疫學者들은 이제 고립과 외로움이 '신종 흡연'과 같다고 말합니다. 사회적 유대의 결핍은 사망률과 기대 수명에 엄청난 영향을 미칩니다. 간단히 말해, '혼자 사는 것'은 당신을 죽일 수도 있습니다. 성공적인 솔로 에이저들은 어떤 측면에서만 혼자인 사람들입니다. 그들은 사회적 자본에 대한 성공적인 투자자들이고, 이 책은 그들로부터 교훈을 배우는 방법을 보여줄 것입니다.

결혼했든 싱글이든, 아이가 있든 없든, 우리 모두는 다음과 같은 질문에 대해 생각해야 합니다. 우리가 '사회적 자본의 투자자'가 될 수 있을까? 네, 가능합니다. 로버트 퍼트넘(Robert Putnam, 『혼자 볼링치기』의 저자)과 같은 사회학 이론가들이 방법을 알려줄 수 있습니다. 신체적 건강과 마찬가지로, 사회적 유대 관계를 회복하기에 너무 늦은 때란 존재하지 않습니다. 퍼트넘 교수는 공동체 차원에서 사회적 자본이 고갈되는 것의 위험성에 대해 경고했으며, 이를 받아들일지는 우리에게 달려 있습니다.

우리 부부에겐 30대의 아들과 딸 두 명이 있기 때문에 엄밀히 말하자면 우리는 '솔로 에이저'가 아닙니다. 하지만 '아직은' 아니라고 말하는 편이 더 정확할 것입니다. 부부 중 한 사람은 먼저 죽습니다. 통계적으로 사별은 남성보다 여성에게 더 자주 발생하지만, 저에게는 홀아비인 친구도 여럿 있습니다. 여러분도 솔로 에이저가 될 수 있다고 진지하게 생각해야 합니다. 칩스 씨의 친구들처럼 아이 없이 나이 든 것을 안쓰럽게 생각하지 마세요. 대신에, 이 책을 읽고 책 안의 교훈을 하루빨리 적용하시기 바랍니다.

　　　　　　　　　— 해리 R. 무디 박사 (저술가이자 AARP 전 교육담당 부사장) •

● 해리 '릭' 무디Harry 'Rick' Moody는 2017년 루틀리지 출판사에서 나온 『노인학 기초』를 비롯해 노화에 관한 수많은 책과 100편이 넘는 학술 논문을 썼다. 헌터대학교 브룩데일 노화센터의 임원과 엘더 호스텔(현재의 로드 장학회) 이사회 의장을 역임했다. 2010년 『성공적인 노화』로 로버트 칸 상을 받았으며, 2011년 미국 노화학회로부터 평생 공로상을 받았다. 2008년 유트네 리더 매거진에 의해 '세상을 바꿀 50명의 비전가' 중 한 명으로 선정되기도 했다.

우리 모두는 홀로 태어나 솔로로 죽습니다

저는 이미 7인 가구이던 가정에 막내로 태어나 8인 가구에서 자랐습니다. 부모님과 6남매는 당시로서는 표준 범위에 드는 가구였습니다. 한 세대 후 저의 두 아이들은 또 그들 세대에서의 표준이었던 4인 가구에서 자랐습니다. 2024년 우리 사회의 가구 표준은 1인입니다. 두 세대 만에 표준 가구 구성이 8인→4인→1인으로 바뀌었습니다.

2023년 봄 어느 날, 모임에서 50대 초반 여성 솔로의 이야기를 전해 듣게 되었습니다. 40대 후반 욕실에서 삐끗해 넘어지기 전까지 그녀의 삶은 매우 만족스러웠습니다. 선생님으로서 안정된 직장과 시간적 여유가 있었고, 또래 친구들이 당연히 겪는 육아의 부담이나 시댁과의 갈등, 집안일의 부담으로부터는 떨어져 있었습니다.

그녀는 여행과 좋아하는 활동 중심으로 삶을 다채롭게 채우고 있었습니다. 낙상으로 욕실 바닥에 누워 그녀는 '아 이렇게 죽을 수도 있겠구나…'는 아파트 콘크리트만큼의 무거운 공포를 처음 느꼈고, 그 공포는 이내 사라지지 않고 이후 그녀의 삶을 짓누르는 무엇으로 계속 남아 있습니다.

지금 저의 주변(가족/친척, 친구, 직장 등등) 어디를 보더라도 다양한 1인 가구가 넘쳐납니다. 고유한 목적과 사정으로 '혼자 살기'에 정착한 사람들이 흔하고, 이들에 대한 미디어의 관심도 높습니다. 특히 40대 이후 낙상과 같은 긴급 상황에서 가까이에 적절한 구호와 돌봄 자원이 부족한 1인 가구는 심각한 위험에 노출되어 있습니다. 이러한 이유로 우리 주변의 솔로들은 '준비 안 된 위험'을 인지하는 순간부터 삶의 만족도와 생산성이 저하됩니다.

'물 좋고 정자 좋은 곳이 없다'는 선현들의 말씀이 있습니다. 지금 우리 주변의 솔로들에게 '내가 가족 뒷바라지하며 고생할 때, 혼자 자유로운 삶을 잘 살았으니 중년 이후 솔로로 겪는 위험도 감수해라'라고 말할 수 없습니다. 시기와 기간의 차이일 뿐 우리 모두는 홀로 태어나 솔로로 죽습니다.

이제 각자도생식 솔로 에이저 삶의 방식을 사회적 제도의 틀에서 보장하고 보호해야 합니다. 이를테면, 응급실의 솔로에게 가족의 수술동의서를 요구하고, 대리처방 범위를 친족으로 제한하는 등 1인 가구를 힘들게 해 온, 4인 표준 가족의 규범 체계를 1인 가구에게도 불편하지 않게 바꾸어야 합니다.

저는 '솔로 에이저'의 삶에 집중하게 되면서 선진국의 사례와 자료를 깊이 살펴보았습니다. 그러다 찾아 읽고 번역까지 하게 된 사라 제프 게버의 『솔로 에이저』는 혼자를 선택한 이들의 미래를 위한 선구적인 책으로, 지금도 이 분야의 첫 번째 추천 도서로 오랫동안 사랑받고 있습니다. 저는 이 책이 우리 가족, 친구 솔로 개개인에 대한 기출 문제집으로써 즐거운 삶을 더 즐겁게 하고, 부족한 것은 효율적으로 채울 수 있는 길잡이가 되기를 바랍니다. 아울러 1인 가구가 가장 많은 오늘 대한민국의 새로운 구조 혁신과 지속 성장 담론에 작은 불씨가 되기를 소망합니다.

2024년 3월
배상윤

차례

1부 미래 설계:
솔로 에이저의 미래는 어떻게 흐를까

2부 가치 설계:
어떤 삶을 살 것인가, 그리고 무엇을 남길 것인가

3부 주거 설계:
어디에서, 어떻게 살 것인가

4부 돌봄 설계:
누구로부터 어떤 케어를 받게 될까

프롤로그

내가 부모님을 돌본 것처럼
나를 보살펴 줄 사람이 있을까요

6년 전쯤, 나는 친구들이 나이 든 부모님을 돌보는데 많은 시간을 보내고 있다는 것을 알게 되었습니다. 부모님 근처에 사는 친구들은 운전, 이사, 약 관리, 병원 예약을 도와야 했습니다. 부모님과 멀리 떨어져 사는 친구들은 지역 요양보호사를 고용하거나 비행기로 먼 길을 오고 있었습니다. 그들 중 누구도 이 문제에 대해 미리 생각해 본 적이 없었고, 부모님들도 마찬가지였습니다. 어느 날 갑자기 어머니가 쓰러졌다는 연락이 오거나, 아버지가 더는 운전할 수 없으며, 어머니의 최근 상태가 걱정스럽다는 의사의 전화를 받는 식으로 예기치 못한 상황은 늘 급작스럽게 다가왔습니다.

이 장성한 자녀들은 부모님과 사이가 좋건 나쁘건 상관없이 도움을 주기 위해 달려갔습니다. 달리 누가 올 수 있겠어요? 형제자매들이 있는 경우에는 보통 책임과 업무, 비용을 분담했으며, 가장 가까운 곳에 사는 사람이 가장 큰 역할을 맡았습니다.

어느 날, 친구 모니카가 92세의 시아버지 이야기를 들려주었습니다. 지난 3년 동안 그녀는 캘리포니아에서 뉴욕 북부로 일 년에 몇 번씩 비행기를 타고 갔습니다. 한 번 가면 서너 주씩 머물면서 시아버지가 건강하고 안전하게 지낼 수 있도록 집안을 정리하고 영양가 있는 식사를 준비하고, 청구서를 챙기고 이웃과 이야기를 나누고, 함께 교회에 가고 장을 봐서 찬장을 채워두곤 했습니다.

하지만, 근래 들어 그녀는 걱정이 늘었습니다. 지난번 갔을 때 시아버지가 몇 가지 문제 행동을 보였기 때문입니다. 전에 비해 위생 상태가 안 좋았으며, 한밤중에 집을 돌아다니기도 하고, 새벽 3시에 일어나 아침 식사를 하려는 등 예전과 다른 그의 모습을 보며 친구 부부는 이제 요양원에 모시는 어려운 결정을 내려야 할 때라고 판단했습니다. 결국 직장인인 남편 대신 모니카 혼자 뉴욕에 가서 한 달간 머물면서 시아버지를 체크하고 '계획'을 실행하기로 했다고 알려주었습니다.

전화를 끊고 잠시 생각하다가 "우리를 위해서는 누가 그렇게 해줄까?"라고 스스로에게 물었습니다. 답은 "아무도 없다."였습니다. 잠시 숨이 막히는 듯했습니다.

남편과 나는 60대이고 아이가 없습니다. 많은 친구들처럼 고등교육을 받고 훌륭한 커리어를 가진 전문직이며, 과거엔 '딩크(DINK:

Double Income No Kids, 무자녀 맞벌이 부부)'라고 불렸던 사람들입니다. 2005년 퓨리서치 연구에 따르면 베이비부머 세대의 19.4%가 아이를 갖지 않았다고 합니다. (이는 기존 세대에서 아이가 없는 여성의 약 두 배입니다).[1] 세상에! 우리가 부모님을 돌본 것처럼 우리를 보살펴 줄 사람이 있을까요?

여성의 자연적인 불임률이 약 10%인 상황에서, 베이비부머 세대의 무자녀 비율이 그렇게 높다는 것이 이상하게 보였습니다. 곧 나는 몇 가지 논리적인 이유가 있다는 것을 깨달았습니다. 첫째, 베이비부머 세대는 피임약 도입 이후 청소년기에 접어든 첫 세대입니다. 두 번째 이유는 베이비부머 여성들이 미국 역사상 최초로 진정으로 해방된 여성들이었기 때문입니다. 고등 교육을 받을 수 있었고, 미국 법체계는 성별을 기준으로 차별하는 것을 범죄로 만들었고, 1980년이 되자 여성들은 남성들의 권력에 도전하기 시작했습니다. 베이비부머 여성들은 더 이상 자신을 부양할 남자를 필요로 하지 않았고, 평생 독신으로 지내거나 30~40대까지 결혼을 미룰 수도 있었습니다.

내가 30대이던 시절, 나는 아이를 갖지 않기로 자발적인 선택을 했습니다. 내가 그 선택을 후회한 적이 있냐고요? 최근 들어 친구들이 손주 이야기하는 것을 들었을 때 가끔 후회가 되긴 했습니다. 하지만 아이가 없는 사람이 손주와의 관계를 떠올리는 것도 쉽지는 않은 일이죠!

만약 다시 돌아간다 해도, 같은 결정을 할 것입니다. 나는 도전적이고 변화무쌍한 직업, 멋진 친구들, 여행, 좋아하는 취미 생활, 배움이 계속되는 삶, 그리고 음악에 대한 사랑과 정치적 성향, 좋아하는 음식을 공유하는 배우자와의 견실한 관계가 있는, 풍요로운 삶을 즐기고 있습니다. 그 삶에는 반려견과 친구들이 함께합니다. 친구들 역시 자녀 없는 베이비부머 세대가 많은데, 그들 중 일부는 조카들과 긴밀한 관계를 맺고 있습니다. 이러한 관계는 이 책의 3부에 나올 사전 계획 수립에 큰 도움이 됩니다.

나는 혼자 살거나, 어떤 이유로든 성인 자녀가 없는 사람들을 위해 이 책을 썼습니다. 인생의 후반기(50세 이상)에 결혼상태이거나 동거, 또는 독신이든 간에, 여러분은 훗날 응급 상황이나 투병 생활 중에 의지할 수 있는, 자녀라는 안전망을 갖지 못할 것입니다.

나는 아이가 없으며, 이 책에서 추천하는 것들은 모두 직접 경험한 것입니다. 이 책에는 새로운 길을 개척하고 자신의 독특한 상황에 맞는 창의적인 선택을 하는 다양한 사람들(그들의 이름은 모두 가명입니다)의 이야기가 나옵니다. 나이 들어가면서 마음의 평화를 찾기 위한 계획을 시작하는 데에 이 책에 담긴 이야기, 연구, 경험, 관찰이 도움이 되길 바랍니다. 그 여정은 길지도, 복잡하지도 않고, 돈이 많이 드는 것도 아닙니다. 만약 재정적인 자원이 부족하다면 다른 묘안을 생각해 내거나 도움을 청하면 됩니다. 그리고 무엇보다 이 책이 여러분에게 자신이 어떤 미래를 원하고, 그것을 위해 가까운 사람들이 어떤 역할을 해주기를 바라는지 생각해 보고 가족, 친구들과 대화를 시작하는 출발점이 되기를 바랍니다.

1부

미래 설계:
솔로 에이저의 미래는 어떻게 흐를까

1.

노키즈, 한 세대의 개척자

"산드라 데이 오코너와 루스 베이더 긴즈버그는 나와 우리 세대
여성들을 위한 길을 닦았습니다. 그들의 개척가적인 삶은 법의
영역에서 여성들에게 무한한 가능성을 열어 주었습니다."

— 엘레나 케이건Elena Kagan, 대법관

축하합니다! 당신은 한 세대의 개척자입니다. 당신은 성공적으로 인
생의 평범하지 않은 길을 따라 항해해 왔습니다. 대부분의 자녀 없
는 사람들은 자녀를 갖지 않기 위해 신중한 선택을 했습니다. 이러

한 결정은 이전 세대에 비해 베이비부머 세대에게 더 많이 나타났지만, 대부분의 부머[이 책에서 부머와 베이비부머는 같은 의미로 자주 혼용됨.] 여성과 남성은 가족을 꾸리고 부양해야 한다는 사회적 압박을 줄곧 경험했습니다. 만약 그러한 압박을 굳건히 견뎠다면, 당신은 신념의 힘을 보여준 것입니다. 여러분은 스스로의 성취와 선택에 자부심을 가질 자격이 있습니다.

이 책을 집필하면서 아이가 없는 많은 여성들과 남성들을 인터뷰했습니다. 그들은 아이들을 갖지 않기로 한 선택과 이후의 삶을 들려주었습니다. 어떤 사람들은 관습적인 삶을 영위했고, 어떤 사람들은 일상적이기보다는 더 다양하고 흥미로운 삶의 방식을 선택했습니다. 그들은 책임져야 할 아이들이 없었기 때문에 즉흥적으로 직업을 바꾸거나, 다른 주나 나라로 이사하거나, 대안적인 생활 방식을 실험하는 등 더 많은 선택권을 갖고 있었습니다.

인터뷰했던 여성들은 자신이 꼭 엄마가 되어야 한다고 느끼지 않았으며, 다른 직업과 관심사에 끌렸습니다. 1970년대 후반, 엄마가 되고 싶었던 여성들은 그들의 모성 본능을 '생체 시계biological clocks'의 초침 소리라고 표현했습니다. 나를 포함하여 내가 인터뷰했던 사람들은 그런 내면의 압박을 경험한 적이 없습니다.

데보라의 이야기는 솔로 생활을 선택한 부머 여성의 좋은 사례입니다.

독립과 자유를 위한 선택

필라델피아 교외에서 태어난 데보라는 지역 대학을 다니며 인문학과 경영학을 전공한 후, 조직학에서 석사 학위를 받았습니다. 그녀는 국내에서 더 많은 것을 보고 싶었고, 자신이 좋아하는 활동적인 아웃도어 라이프 스타일을 영위하기 위해 꽤 많은 곳을 옮겨 다녔습니다. 그녀는 특별히 경력 지향적이지는 않았지만, 1970년대에 석사 학위는 여성으로서 어디를 가든 좋은 직장을 구할 수 있는 충분한 학력이었습니다.

데보라는 결국 가족과 멀리 떨어진 곳에 정착했습니다. 그녀는 웨스트 코스트에 자신이 언제든 쉽게 참여할 수 있는 다채로운 활동, 나아가 예술과 다양한 사람들이 많다는 것을 알게 되었습니다. 캘리포니아 남부, 북부, 오리건주 포틀랜드 지역에서 짧은 기간을 살아본 후, 그녀는 37세에 시애틀에 정착했습니다. 인적 자원 분야에서 경력을 쌓아온 덕분에 어디서든 일자리를 찾을 수 있었습니다. 시애틀에 와서는 처음엔 보잉사에서, 다음엔 당시로서는 신생 기업이었던 마이크로소프트사에서 일했습니다.

데보라는 결혼이나 아이를 갖고 싶은 충동을 전혀 느끼지 못했습니다. 그녀는 혼자 지내면서 스스로 결정하고 원하는 곳을 원하는 때 원하는 사람과 함께 가는 삶을 사랑했습니다. 남자친구들이 있었지만, 결혼을 고려할 만큼 진지한 관계는 없었습니다. 그녀에게는 항상 독립이 우선이었습니다. 시애틀에서의 30년 동안 데보라는 절친한 친구들을 사귀었는데, 대부분 같은 분야에서 비슷한 관심과 경험을 가진 많은 여성들(일부는 독신자, 일부는 기혼자)이었습니다. 그들은 식사, 휴가, 여행, 직장에서의 희로애락, 그리고 간혹 실연의 슬픔까지 공유했습니다.

63세가 된 지금 데보라는 자신의 지나온 삶이 신중한 선택의 연속이었다고 회상합니다. 그녀는 자신의 경력과 사회적 영역에서 성공과 충만감을 누리고 있습니다. 그녀는 당장 일을 그만둘 계획이 없으며, HR 컨설턴트가 된 이후로는 원하는 만큼만 고객들을 상대하고 있습니다.

아이를 갖지 않기로 선택한 여러분은 가정을 꾸리는 것보다 성취와 독립에 더 초점을 맞춘, 기존과 다른 삶을 택한 베이비부머 세대 남녀 중 한 명입니다. 여러분은 엔지니어, 승무원, 간호사, 의사, 변호사, 예술가, 건축가, 또는 1970년대에 남녀 모두에게 개방되기 시작한 수백 개의 직업 중 하나를 선택했습니다. 부모가 되지 않기로 결정하면서, 당신은 전 세계의 우리와 같은 사람들의 이야기를 쓰는 것을 도왔습니다. 중년을 정점으로, 여러분은 개척자가 될 수 있는 또 다른 기회를 갖게 되었습니다. 이번에는 인생 2막으로 접어들면서 안전하고 보장된 미래를 가질 때입니다.

"당신은 무언가를 할 때마다 어느 길로 갈지 선택하게 됩니다.
여러분의 삶은 선택의 산물입니다."

— 캐서린 홀Kathleen Hall 박사

항상 자신이 속한 세대와 세상을 재창조하는 것에 열광했던 베이비부머 세대는 이제 안전하고 생산적이며 의미 있는 삶을 살기 위한 새로운 방법을 창조할 준비가 되어 있습니다. 오늘날 우리는 새롭고 차별화된 공동체 구조, 우리가 원하는 때와 장소에서 일할 수 있는 혁신적인 기술, 그리고 삶을 더 긴밀히 연결해주는 신기술의 시작을 보고 있습니다. 이러한 발전은 70대, 80대, 90대를 넘어서도 흥미롭고 보람된 삶의 가능성을 선사해 줍니다.

우리의 노년은 자녀를 가진 사람들과 매우 다를 것입니다. 고령화와 관련된 공통적인 문제들, 즉 연로한 부모, 건강상의 문제, 점차 느려지는 속도 등은 우리도 직면할 것입니다. 나이를 먹는 것에는 이점이 있습니다. 우리는 인내심이 강해졌으며, 흑백 논리로 세상을 보지 않습니다. 그리고 우리는 더 이상 초보자가 아닙니다. 우리는 전문가입니다. 경로 할인도 잊지 맙시다. 간단히 말해서, 대부분의 사람들에게 나이가 든다는 것은 복합적 의미를 지니며, 우리는 부정적인 것들이 넘쳐날 때도 긍정적인 면을 보게 될 것입니다.

아이가 없는 베이비부머 세대의 이야기는 매우 다양하지만 대부분은 독립과 자유라는 공통 주제에 닿아 있습니다. 그들의 삶은 그들의 선택에 따라 갖가지 우여곡절을 겪었습니다. 캐롤린, 글렌, 그리고 매리언의 이야기는 열려 있는 기회를 최대한 이용한 수백만 명의 부머들을 대변하며, 무자녀 부머들의 다양한 삶의 양상을 보여줍니다.

베이버부머 세대의 초상

캐롤린과 글렌은 전형적인 베이비부머 부부입니다. 캐롤린은 1954년에 군인 가정에서 4남매 중 첫째로 태어났습니다. 해군 장교인 아버지는 가족들과 함께 4년마다 기지를 옮겨 다녔습니다. 캐롤린과 형제자매들도 한 곳에 뿌리를 내리지 못 하고 학교에서 학교로 옮겨 다녀야 했습니다. 고등학교 2학년 때 아버지가 은퇴하고 콜로라도의 소도시 포트 콜린스에서 교사로 일하게 되면서 그녀와 가족은 그곳에 정착했습니다.

　잦은 이사로 캐롤린은 친구를 빨리 사귀고 다양한 사회적 상황에 적응하는 방법을 습득했습니다. 그 처세술은 대학 생활과 그 이후 삶에서도 훌륭하게 활용되었습니다. 교사가 되기 위해 영문학을 전공했지만, 가르치는 것은 적성에 맞지 않았습니다. 그녀는 글쓰기를 더 좋아했고, 첫 직장에서 뉴스룸 지원 스태프를 하면서 저널리즘이 자신에게 맞는 길이라는 것을 깨달았습니다.

한 살 아래인 글렌은 콜로라도주립대학교를 졸업하던 해에 아버지의 보험 사업을 이어받았고, 열심히 하면 아버지를 능가하는 사업적 성취도 가능하다는 것을 알았습니다. 맞벌이 부모 밑에서 자란 그는 가정과 직장을 병행하는 삶의 스트레스를 알고 있었고, 아버지가 되고 싶은 마음이 없었습니다. 캐롤린을 만난 글렌은 그녀의 주된 관심사가 가정이 아닌, 언론인으로서의 경력이라는 것을 바로 이해했고, 둘은 서로 잘 맞는다고 생각했습니다. 앞날에 대해 이야기 나누면서, 그들은 아이를 갖지 않기로 결정했습니다.

결혼 후, 글렌은 캐롤린에게 만약 아이를 갖는 것에 대해 마음의 변화가 생긴다면, 다시 생각해 볼 의향이 있다고 말했습니다. 캐롤린은 그의 배려에 깊이 감동했습니다. 그녀는 종종 스스로에게 아이를 낳지 않는 것이 여전히 만족스러운지 물었고, 대답은 항상 "그렇다"였습니다. 30대 중반에, 그녀는 오랜 친구들이 생체 시계의 초침 소리에 대해 이야기하는 것을 들었습니다. 캐롤린은 내면에서 그런 초침 소리나 조급함을 전혀 느끼지 못했고, 자신의 일과 성취에 상당히 만족했습니다.

30~40대 동안 캐롤린은 몇몇 일간지에서 일했습니다. 이직할 때마다 더 큰 직장으로 옮겨갔으며, 43세의 나이에 콜로라도에서 가장 큰 일간지 중 하나의 편집국장이 되었습니다. 같은 기간 동안 글렌은 아버지의 보험 사업을 네 배로 성장시켰습니다. 그는 주 전역에 세 개의 사무실을 더 열었고, 아버지가 은퇴하자 전체 경영권을 이어받았습니다. 여가 시간에 글렌과 캐롤린은 가족과 친지, 이웃과

친구들, 직장 동료들, 그리고 대학 동창들과 시간을 보냈습니다.

현재 62세로 대형 홍보 회사의 마케팅 임원인 매리언은 항상 아이들을 사랑했고, 대학 졸업 후 언젠가 결혼해서 가정을 꾸릴 것이라고 생각했습니다. 하지만, 인생은 그녀가 계획한 대로 진행되지는 않았습니다. 매사추세츠의 활기찬 소도시에서 자랐지만 매리언은 항상 북서쪽 지역을 동경했고, 대학은 그녀에게 새로운 기회가 되었습니다. 1973년 스포캔에 있는 워싱턴대학교에 합격하여 대륙 반대쪽으로 갔습니다. 그러나 대학 2학년 때 어머니가 전이성 유방암에 걸리게 되자 매사추세츠로 급히 돌아와 6개월간 어머니의 간병을 도왔습니다. 어머니의 상태가 호전되자 매리언은 학위를 마치기 위해 대학으로 돌아왔습니다. 졸업과 동시에, 그녀는 워싱턴 타코마에서 마케팅 일을 시작했고 직장에서 몇 마일 떨어진 콘도미니엄을 빌렸습니다. 타코마로 이사 온 지 1년이 채 안 되었을 때 매리언은 친구 소개로 만난 남자와 사랑에 빠져 결혼을 약속하게 되었습니다. 인생은 그녀가 바라던 대로 풀려가는 것처럼 보였습니다.

하지만 1980년 어머니의 병이 다시 악화되었습니다. 이번에는 매리언이 직장일을 계속하고 약혼자와 함께 있을 수 있도록 어머니가 워싱턴주에서 치료를 받기로 했습니다. 약혼자는 매리언이 매사추세츠의 집을 팔고 약 1.6킬로미터 떨어진 아파트로 어머니를 모셔오는 일을 도왔습니다. 매리언은 매일 일이 끝나면 어머니 집으로 갔습니다. 날로 쇠약해지는 어머니의 병수발뿐 아니라 양쪽 집을 오가며 집안일까지 해야 했습니다.

어머니 간병은 3년 내내 지속되며 그녀를 지치게 했습니다. 그동안 소외되는 느낌을 받은 매리언의 약혼자는 정신적으로 힘들어했으며, 결국 둘은 파혼했습니다. 그러는 사이에 어머니는 고관절이 부러지고 암이 전이되는 등 회복이 힘든 상태에 이르렀습니다.

어머니가 돌아가셨을 때, 서른 살의 매리언은 감정적으로나 육체적으로 탈진해 있었습니다. 다행히 몇 주가 지나 심신이 어느 정도 회복되면서 그녀는 다시 자신의 일에 전념했습니다.

출장을 자주 다니는 바쁜 생활 속에 이성을 만날 시간은 없었습니다. 하지만 직장에서의 성취감은 그 부족함을 메워주는 것 이상이었습니다. 한때 싱글맘이 되는 것도 고려했지만, 바쁜 직장생활을 하면서 아이들을 키울 자신이 없어 결국 포기했습니다. 대신에 매리언은 여행을 계속하며 자신의 안정적인 직업이 제공하는 혜택들을 즐겼습니다. 이제 62세에 은퇴를 생각하는 그녀는 자신이 선택한 삶의 방식과 그 결과에 대해 후회하지 않습니다.

자녀가 없는 베이비부머 세대 대부분의 생애는 몇 가지 요인에 의존해 왔습니다. 교육 수준이 높은 고임금 직업을 가진 여성들 사이에서 중년에 아이가 없다는 것은, 혼자 살거나 함께 살거나 상관없이 마음대로 머물렀다 떠날 수 있는 자유가 더 많음을 의미했습니다. 미혼이든 기혼이든, 그들은 친구와 친척들로 구성된 개인적인 네트워크를 구축했습니다. 남성들도 비슷한 길을 걸어왔지만, 그들은 일반적으로 일과 관련된 네트워크 연결에 더 많이 의존했고, 가족과의 유대에 덜 의존했습니다.

오늘날 점점 더 많은 남녀노소가 독신의 삶을 살고 있습니다. 현재 남녀의 평균 초혼 연령은 20대 후반이며 매년 더 늦어지고 있습니다. 서유럽의 여러 국가들과 마찬가지로 최근 미국 통계에서도 1억 명, 즉 18세 이상 인구의 거의 50%가 '싱글'입니다.[2] 일부 미혼 여성들은 입양하거나 출산한 아이들을 양육하지만, 베이비부머 세대들 중 대다수의 독신자, 특히 남성들은 아이가 없습니다.

"보수적인 추정에 따르면 미국에는 55세 이상의 성소수자LGBT 들이 300만 명 이상이며, 그중 65세 이상은 150만 명입니다. 이 65세 이상 집단은 수백만 명의 미국인이 은퇴 연령에 접어들면서 향후 수십 년 동안 두 배로 증가할 것입니다. 불행하게도 많은 성소수자들은 평생의 차별로 인해 적절한 공동체 차원의 지원도 받지 못한 채 쇠약하고 재정적으로 불안정한 상태에서 늙어가고 있습니다."

— 성소수자 노인들을 위한 옹호 및 지원서비스(sageusa.org)

성소수자는 대부분 아이가 없습니다. 약 20%는 과거의 이성 관계 또는 입양이나 인공 수정을 통해 아이를 갖지만, 성소수자 부머

의 대대수는 아이가 없습니다.[3] 오늘날 동성혼이 합법화되면서 사회적으로도 점점 더 받아들여지는 추세입니다. 이러한 수용은 동성 커플들에게 입양이나 대리모 등을 거쳐 부모가 될 수 있는 기회를 더 많이 열어주었습니다. 하지만 대다수 기성세대 성소수자 남성과 여성들은 아이가 없습니다.

보너스 인생과 대본 없는 삶

켄은 1938년 클리블랜드에서 태어나 사립학교와 동부 대학을 나왔으며, 정계에 입문하기 위해 미시간대학교 로스쿨에 들어갔습니다. 졸업 후 그는 미시간 북부에 있는 작은 회사에 들어갔고, 곧 주 의회 의원에 선출되었습니다. 세 번의 연임 후에, 그는 주 정부 산하 지역기관에서 일하기로 결심했습니다. 그 후 그는 주지사 사무실에서 5년 더 일했으나 정치에 대해서는 완전히 지쳐 있었습니다. 경력뿐 아니라 성적 지향에서도 혼란을 느끼게 되자, 그는 자신의 삶을 근본적으로 바꿔야 할 필요성을 느꼈습니다.

켄은 1년간 휴직 후, 미시간 로스쿨에서 가르치는 일을 했습니다. 그사이 여자들과 계속 데이트를 했지만, 진지한 관계로 발전되지는 않았습니다. 서른아홉에 그는 자신이 동성애자인지 명확히 할 필요가 있다고 생각했으며, 겨울 방학이 되자 성소수자들이 공공연하게 생활하고 있던 플로리다의 키웨스트로 갔습니다.

자신의 성적 지향에 확신을 갖게 된 켄은 미시간으로 돌아와 마을 성소수자들 삶을 조심스럽게 관찰하기 시작했는데, 기대에 못 미치는 결과에 충격을 받았습니다. 그는 석사 과정을 수료하기 위해 학교로 돌아왔고, 그 후 마이애미에 있는 대학 강사로 이직했습니다. 켄은 플로리다에서의 삶이 더 만족스러웠는데, 대도시는 성적 지향을 포함한 자기표현의 기회가 더 많았기 때문입니다. 그는 한 남자와 깊은 관계를 맺게 되었습니다. 두 사람은 40대 중반쯤 입양을 고민해본 적도 있으나 가족을 꾸리기에는 자신들의 나이가 너무 많다고 생각했습니다. 현재 교직에서 은퇴한 켄은 키웨스트에 거주하며 성소수자 커뮤니티를 성장시키기 위해 활발한 활동을 펼치고 있습니다.

　　자녀가 없는 이들 중에는 결혼한 사람도 있고, 이혼하거나 사별한 사람도 있고, 처음부터 미혼인 사람도 있습니다. 서로 다른 면모와 배경을 지니고 있지만, 모두 성인 자녀의 도움 없이 노년을 준비해야 한다는 공통점이 있습니다. 그게 바로 우리의 특별한 점입니다. 오늘날 노년기에 대한 전망은, 자녀가 있든 없든, 다양한 선택지를 제공합니다.

　　보람 있는 노년기 삶을 가꾸는 방법에 대한 질문을 받는다면, 나는 "이건 당신 아버지 세대의 은퇴가 아닙니다!"라고 답하고 싶습니다.

　　우리는 여전히 세 가지 큰 건강 문제에 직면하고 있습니다. 다행히 지금은 많은 사람들이 심장마비와 뇌졸중에서 살아남고 암 치료 후에도 몇 년, 심지어 수십 년을 살 수 있습니다. 미국의 기대 수명은 꾸준히 증가하고 있고 현재 80대 초중반에 머물고 있습니다. 따라서 우리는 노인학자 린 피터스 아들러, 켄 딧치월드 등 여러 사람들이 "보너스 여생"이라고 부르는 것을 즐기기 위해 가능한 한 건강하고 긍정적으로 지내야 합니다.

교사이자 작가이며 유엔의 지도자인 진 휴스턴Jean Huston은 인생의 이 단계를 "위대한 전환점"이라고 부릅니다.[4] 그녀는 다음과 같이 말합니다. "우리는 50대 후반이나 60대가 되기 전까진 무지렁이나 다름없습니다. 오직 그 이후부터 우리는 인간성을 우리 시대의 중요한 문제들을 해결하는 데 적용할 수 있게 됩니다." 노년기에 대한 새로운 사고방식에 따라 그녀는 평생 교육(학습과 교육 모두)을 추구하고, 우리가 조부모 세대는 상상조차 못 했던 시간을 살아갈 것임을 상기시킵니다. 세상에! 노년기의 삶을 긍정적으로 바라보는 탁월한 방법 아닌가요?

'대본이 없는 삶'은 '보너스 여생'을 바라보는 새로운 시각을 제공합니다. 삶에 대한 구체적인 기대는 인생의 유년기에서 나타납니다. 일반적인 인생 대본은 이렇습니다. 한 살부터 다섯 살까지, 우리는 강력한 성장 가도에 있습니다. 우리는 주어진 환경 속 한 장소에서 다른 장소로 이동하는 방법을 배웁니다. 우리는 규칙과 위험을, 그리고 자신을 표현하는 방법에 대해 배웁니다. 그때 우리의 '일'은 주변 사람들과의 분리에 대해 배우는 것입니다. 학교에 입학하면 우리의 역할은 배우고, 성취하고, 보상을 받는 것입니다. 우리는 또 그 시기에 사회적 기술을 배웁니다. 우리는 사랑, 무관심, 증오의 바다를 항해하고 복잡한 관계와 성적인 문제를 해결해야 합니다. 그리고 우리는 부모님과의 단절을 겪어야 합니다. 일단 학교를 졸업하면 자신의 삶을 살며 스스로를 부양하는 법을 배워야 합니다. 대부분의 대본에 파트너를 찾는 것이 포함되고 또 그중 많은 사람이 가족을 꾸리게 됩니다. 자녀가 없는 사람들을 위한 인생 대본은 훌륭한 경력과 흥미롭고 성취감을 주는 활동을 향해 나아갑니다.

정형화된 인생 대본의 마지막 부분은 55세에서 60세까지 이어지다 끝납니다. 이제 어찌하냐고요? 미국 사회에서 대본은 일에서 손을 놓을 때 끝납니다. 부모에게는 할아버지·할머니가 되는 부분적인 대본이 존재합니다. 하지만 그 작품의 주연 배우들은 부모들입니다. 조부모들은 부모들이 무능력하거나 역할을 할 수 없는 경우를 제외하고는 기껏해야 조연 역할입니다.

우리는 보통 단계적으로 늙어갑니다. 이 책을 읽는 분들 중 상당수는 아마도 55세에서 70세 사이인 노년의 초기 단계에 해당할 것입니다. 이 구간에서 통계는 당신 편입니다. 오늘날 많은 사람들이 70~80대까지 건강한 삶을 살고 있습니다. 사실, 점점 더 많은 사람들이 백 살 이상까지 살고 있습니다. 하지만, 우리 중 70%는 일상적 삶에서 도움이 필요할 것입니다.[5] 특히 80대 중후반과 그 이후에 접어들면 더욱 그렇습니다. 우리 중 누구도 얼마나 많은, 또는 어떤 종류의 도움이 필요할지 미리 알 수 없습니다.

또 다른 미스터리는 '우리가 얼마나 오래 살 것인가?'입니다. 여기에는 전반적인 건강, 유전적 요인, 생활 방식, 습관, 스트레스 내성 등 많은 요소들이 영향을 미칩니다. 이러한 불확실성 때문에 우리는 그 긴 삶을 재정적으로 부양하는데 얼마나 많은 돈이 필요할지 확실히 알 수 없습니다. 노후 계획을 수립하려면 최대한 정교하게 예측하고 불확실함에 대비해야 합니다.

2장에서는 자녀 없이 삶의 고삐를 잡고 미래의 행복과 안전을 위해 다양한 방법으로 계획을 세운 사람들을 만날 수 있습니다. 어떤 이들은 일반적인 정년 이후에도 일을 계속하기로 결정했습니다. 누군가는 독특한 생활 방식과 환경을 선택했고, 또 다른 사람들은 새로운 공동체 유형을 선택했습니다. 자녀가 없는 사람들이 남은 세월 동안 준비할 수 있는 창의적인 방법은 실로 무궁무진합니다.

더불어 우리는 인생 말미에 어떻게 보살핌을 받을 것인지에 대해 미리 생각해 보고 계획을 세워야 합니다. 이어지는 장에서는 이러한 계획을 세운 — 어떤 사람들은 전통적인 방식으로, 또 어떤 사람들은 용감하고 새로운 방식으로 — 무자녀 사례자들을 만나게 될 것입니다. 그들은 모두 각자의 과업을 해결했고 마음의 소리에 귀 기울였습니다. 그들의 이야기는 흥미롭고 고무적입니다. 그들은 내가 이 책에 제시된 지침을 만들기 위해 더 분발할 수 있도록 독려했습니다. 만약 여러분이 그 이야기들과 조언들을 마음에 새기고, 적극적으로 인생 2막을 설계한다면, 편안히 뒷전에 앉아 계속해서 자유를 누릴 수 있을 것입니다. 자, 여행을 같이 떠나 보시죠!

2.

노년의 삶에서 자녀의 역할

"혈연관계는 늘 연로한 어르신들을 부양해야 한다는 도덕적 의
무감의 유일한 원천이었습니다."

— 로버트 루벤슈타인Robert Rubenstein, 사회학자

인생 후반기를 미리 계획하지 않았지만 자녀 없이 말년에 행운을 누
린 부부, 프레드와 힐디의 이야기로 시작하겠습니다. 내 동료이자 친
구인 안드레아는 그들의 이야기를 들려주면서 실명으로 소개하는
것을 허락해 주었습니다. 안드레아 부부도 아이가 없었는데, 그들은

프레드와 힐디로부터 몇 가지 훌륭한 교훈을 배웠습니다. 그리고 그건 저도 마찬가지였습니다.

자택 노후와 세대 간 유대

안드레아와 피터는 최근 이사를 하면서 가까운 이웃 몇 명을 집들이에 초대했습니다. 86세의 프레드와 89세의 힐디는 40년 전, 이 마을이 생겼을 때부터 쭉 살고 있는, 동네에서 가장 나이 많은 커플이었습니다. 그들은 파티에 조금 일찍 도착해서 집들이 내내 함께했습니다.

프레드, 힐디 부부와 친해지면서, 피터와 안드레아는 명절맞이 장식과 같은 소소한 일을 돕기 시작했습니다. 그러면서 프레드와 힐디에게 자녀도, 가까운 친척도 없다는 것을 알게 되었습니다. 약 18개월 후 어느 토요일 아침 일찍, 힐디는 전화를 걸어 가벼운 시술을 위해 프레드를 병원에 데려다줄 수 있는지 물었습니다. 힐디는 황반변성과 다리의 심각한 관절염 때문에 대부분 휠체어에 앉아 있었으므로 운전을 할 수 없었습니다.

간단한 외래 수술로 예상했으나 프레드는 병원에서 일주일간 머물러야 했습니다. 그는 달라진 상황에 낙심하며 안드레아 부부에게 힐디가 두려워하지 않도록 자기네 집에 머물러 달라고 부탁했습니다. 어떻게 거절할 수 있겠습니까? 매일 그들은 힐디가 병문안을 할 수 있게 데려다주었고, 한 사람은 매일 밤 힐디와 함께 머물렀습니다. 그러던 어느 날 새벽 3시에 힐디가 옷을 차려입고 전동 휠체어를 타고 거실로 내려오더니 "아가들아, 아침 먹자"라고 말하는 것이었습니다.

일주일 후 프레드는 퇴원해 집으로 돌아올 수 있었습니다. 프레드가 최근 몇 년 동안 정신적, 신체적으로 장애를 갖게 된 힐디의 간병인 역할을 해왔다는 것을 안드레아 부부도 확실히 알게 되었습니다. 이웃들은 안드레아와 프레드가 "함께 왔다"라며 안도했습니다. 이웃들은 모두 프레드와 힐디에게 도움이 필요하다는 것을 알고 있었지만, 아무도 선뜻 나서지는 못했습니다.

안드레아와 피터는 프레드 부부를 위해 식사를 준비하고, 병원 예약을 하고, 수차례 더 입원한 프레드를 돌봐야 했습니다. 이후 수년간 힐디와 프레드를 보살피는 것은 안드레아 부부의 삶의 일부가 되었습니다. 다른 조력자들과 함께, 그들은 노부부의 일상을 돌봤습니다.

힐디가 치매 판정을 받았을 때, 프레드는 좌절했습니다. 결혼한 지 63년 만에, 인생의 평생 반려자가 그의 눈앞에서 사그러들고 있었습니다. 몇 달 후, 프레드는 패혈증에 걸렸고 생사를 오가는 중환자실에 입원했습니다. 이 역경을 극복한 후, 프레드는 자신과 힐디가 더 이상 자신들의 안전과 안녕을 서로에게만 의존할 수 없다는 것을 깨달았습니다. 그는 안드레아와 피터에게 두 사람의 의료 및 재정적 의사 결정을 대신하고 궁극적으로 유언 집행자가 될 수 있는 후견인이 되어 달라고 부탁했습니다. 그것은 큰 책임이었지만, 안드레아 부부는 그들이 사랑하는 두 사람을 도울 수 있다는 것에 자부심을 느껐습니다.

힐디는 2009년에, 프레드는 그로부터 1년하고도 닷새 뒤에 사망했습니다. 안드레아 부부는 종종 사람들에게 나이 든 이웃을 어떻게 '입양'했는지에 대해 이야기하면서, 마침표가 없는 돌봄 일의 특성 때문에 이따금 지치기도 했었지만 힐디와 프레드가 위기를 헤쳐 나가도록 도울 수 있어 기뻤다고 말합니다.

프레드와 힐디는 말년에 믿음직스럽고 배려심 많은 두 사람을 발견한 것이 큰 행운이었습니다. 안드레아와 피터가 그렇게 자상하고 친절하지 않았다면, 혹은 그들이 취약한 이웃들을 쉬운 먹잇감으로 보고 재산을 빼돌릴 기회로 이용했거나, 최악의 경우 그들을 학대했다면 무슨 일이 일어났을지 상상할 수 있을 것입니다.

다행히도, 힐디와 프레드의 이야기는 해피 엔딩이었고 보너스까지 있었습니다. 안드레아 부부는 프레드와 힐디와의 관계를 통해, 자녀 없는 고령자들의 생존을 위한 열쇠 중 하나가 세대 간 유대임을 배웠습니다. 그 경험은 그들의 사회적 교류 범위에 많은 고령자들을 포함하도록 격려했고, 아울러 자신들의 미래를 위한 추가적인 계획을 수립하도록 촉매제 역할을 했습니다.

프레드와 힐디의 이야기에서 또 무엇을 얻을 수 있을까요? 그들은 '자택에서 늙어가고Aging In Place, AIP' 있었고 위기에 빠졌습니다. 이와 비슷한 이야기는 미국 전역에서 계속 반복됩니다. 자택 노후AIP는 위험합니다. 별 탈 없이 오랫동안 지낼 수도 있지만, 상황이 급작스럽게 나빠질 수도 있습니다. 나이 든 부모의 몸이나 마음이 혼자서 감당할 수 없을 정도로 나빠지면 보통 성인 자녀가 나서서 도와줍니다. 아이가 없는 사람들은 이런 가능성을 미리 살피고 도움과 보살핌을 바로바로 받을 수 있도록 미리 준비해야 합니다.

자녀가 있다고 말년에 정서적, 신체적 지원을 보장받는 것은 아닙니다. 인생 후반기에 정서적, 신체적 지원을 보장해 주지는 않습니다. 하지만, 사회과학자 로버트 루빈스타인Robert Rubinstein과 연구자들은, "혈연관계는 연로한 어른을 부양해야 한다는 도덕적 의무감의 유일한 원천"[6]이라고 말합니다. 솔직하고 냉정한 발언입니다. 베이비부머 세대가 늙어감에 따라, 자녀가 없는 사람들은 자신들에게 무엇이 필요하고 누가 자신들을 도울 것인지 진지하게 고민해야 합니다.

오늘날 성인 자녀들이 나이 든 부모님을 위해 무엇을 하고 있는지 관찰하면서, 우리는 우리들의 노년에 무엇이 필요할지 효과적으로 예견할 수 있습니다. 다음에 소개하는 메리의 이야기는 성인 자녀들이 나이 든 부모를 돕는 방법의 좋은 예를 보여주며, 그에 수반되는 복잡한 감정, 필요한 창의력, 그리고 돌봄의 지난한 특성을 보여줍니다.

나이 들기 전 준비할 것들의 단서

63세인 메리에게는 93세의 어머니 버지니아가 있습니다. 어머니는 메리가 자랐던 이층집에 아직도 살고 있습니다. 하지만 메리는 현재 다른 주에 좋은 직장과 많은 친구들이 있고, 고향으로 돌아오기 위해 삶의 뿌리를 옮길 계획이 없습니다. 다행히 지금 그들은 좋은 관계이지만, 메리와 어머니의 관계는 과거에 다소 불안정했고, 오래된 갈등의 상흔이 남아 있습니다. 버지니아가 80대 후반이었을 때, 메리는 그녀에게 가족이 살던 큰 집을 팔고 은퇴자 커뮤니티로 이사하자고 권유했지만, 어머니는 이사를 꺼렸습니다. 메리는 여건이 허락하는 한 자주 방문하려 하지만, 여전히 한 달에 한 번도 못 갈 때가 많습니다.

약 5년 전, 메리는 그녀의 어머니를 설득했고 돈을 들여 집을 개조하려고 했습니다. 메리와 어머니는 함께 시공 업체를 알아보았고, 화장실 확장, 안전손잡이 설치, 현관에서 보도까지 경사로 설치, 내부 계단 난간 보강을 하기로 했습니다. 어머니는 매일 밤 그녀의 침실로 가는 계단을 오르는 것이 "좋은 운동"이라고 주장했고, 메리는 결국 그녀를 설득하는데 실패했습니다.

더 자주 방문하는 대신, 메리는 어머니에게 컴퓨터로 화상통화하는 법을 알려줬습니다. 그러자 어머니와 일주일에 몇 번씩 이야기를 나누고, 화면으로 안색을 살피며, 컴퓨터가 놓인 부엌도 둘러볼 수 있게 되었습니다. 메리는 항상 약병을 확인하고, 어머니가 약 먹는 것을 지켜봅니다.

버지니아는 여전히 정신적으로 영민하지만, 재정 관리를 예전만큼 잘하지 못한다는 것을 알고 있기 때문에, 매월 한 번씩 원격으로 메리의 도움을 받고 있습니다. 그들은 함께 온라인에 접속하여 은행 웹사이트에서 청구서를 결제합니다. 버지니아는 항상 질문이 많고 지난달에 했던 것도 잊어버리는 일이 잦아서 이 일은 보통 한 시간 넘게 걸립니다.

이들 모녀는 같은 재무설계사의 조언을 받고 있는데, 버지니아는 마지못해 메리가 자신 계좌에 대해 상의하는 것에 동의했습니다. 하지만, 버지니아는 여전히 메리에게 재정 관리를 일임하는 것을 꺼립니다. 메리가 모르는 어머니의 삶은 아직도 존재합니다.

다행히 버지니아는 교회와 브리지 클럽에 여전히 활발하게 참여하고 있습니다. 멤버들은 어머니를 정기적으로 방문하고 데워 먹기 편한 음식을 종종 싸다 줍니다. 메리는 주 3회 어머니를 위해 집안일을 해 줄 사람을 고용했습니다.

위와 비슷한 이야기가 오늘날 곳곳에서 벌어지고 있습니다. 많은 부모 세대들이 집과 제한적 서비스만을 제공하는 지역 내 은퇴 커뮤니티에서 나이 들어가고 있습니다. 주거 돌봄 커뮤니티에서도 성인 자녀의 실질적인 참여가 두드러집니다. 2010년, 전국적으로 이루어진 연구에 따르면 요양원과 생활 보조 공동체에 있는 90%의 거주자가 친지들의 정기적이고 빈번한 방문을 받고 있습니다.[7] 조금만 관찰해도 이러한 방문객 대부분이 자녀들과 손주들인 것을 바로 알 수 있습니다. 성인자녀들은 나이 든 부모들의 삶에서 중요한 역할을 합니다. 사실, 그들은 때때로 나이 든 부모들, 특히 지역 사회로부터 고립되었거나 시한부 질병을 가진 부모의 유일한 정서적 지원이 됩니다.

리사의 어머니 앨리스는 74세 때 알츠하이머 진단을 받았습니다. 리사의 아버지는 2년 전에 사망했고, 그녀의 오빠는 제 앞가림도 못 하는 알코올 중독자였기 때문에, 그녀는 쇠약해지는 어머니를 홀로 돌보게 되었습니다. 두어 해 동안, 어머니는 팜스프링스에 있는 크고 낡은 이동식 홈 파크[카라반, 캠핑카 등 이동형 주택 소유자들이 집단적으로 거주하는 곳.]에서 혼자 살았습니다. 그곳에는 친구들과 이웃들이 살고 있었는데, 그들은 그녀의 안부를 확인하고 문제가 있으면 리사에게 알려주었습니다. 리사는 차로 3시간 거리에 있었기 때문에 어머니와는 전화로 연락을 취했습니다.

그 첫 두 해가 지난 후, 어머니가 더는 운전을 못 하고 병원에 가거나 장을 볼 때 친구들이 태워 줘야 하는 상태에 이르자, 리사는 어머니를 혼자 두는 것에 대해 더욱 불안해졌습니다. 곧 리사는 팜스프링스에서 주말 대부분을 보내게 되었습니다. 왕복 6시간의 운전은 피곤했고 리사의 가족과 직장에도 부정적 영향을 끼쳤습니다.

이듬해 봄, 리사는 어머니를 팜스프링스의 인지 훈련[최근에는 치매라는 표현 대신 인지 장애라는 표현을 주로 사용함.] 과정이 포함된 요양 시설로 옮기기로 했습니다. 그녀는 이동 주택을 팔고 여윳돈으로 이사 비용을 충당했습니다. 리사는 LA 교외에 있는 그녀의 집 가까이 모시기보다는, 어머니를 친숙한 환경과 편한 의사들 근처에 두는 것을 선택했습니다.

하지만, 어머니는 이사로 오랜 친구들, 이웃들과 멀어지면서 더욱 고립되기 시작했고, 이는 리사를 어머니 삶의 유일한 보호자로 만들었습니다. 비록 어머니가 돌봄 지원 시설에서 안전하다는 것을 알았지만, 리사는 계속해서 대부분의 주말을 팜스프링스에서 보냈고, 함께 외식을 하고, 어머니가 가장 좋아하는 간식을 준비하고, 약, 옷과 신발을 사면서 어머니가 여전히 기억할 수 있는 것들에 대해 대화를 나눴습니다.

5년 동안 왕복 6시간의 운전은 감정적으로나 육체적으로 견디기 어려웠습니다. 리사는 마침내 어머니를 한 번 더 이사시키기로 하고, 이번에는 그녀의 집에서 가까운 요양 시설로 옮겼습니다.

현재 리사는 65세이고 앨리스는 88세입니다. 14년 동안 와병 후, 어머니는 더 이상 리사를 알아보지 못하지만, 여전히 리사는 어머니를 찾아가고, 의사들과 연락을 유지하며, 어머니가 필요로 하는 것이 무엇인지 알아보기 위해 인지 기능 관리 직원들과 연락합니다. 리사에게도 건강 문제가 있기 때문에 예전처럼 자주는 못 하지만 계속해서 어머니의 보호자로 남아 직원들과 연락하고 가능한 한 자주 방문합니다.

리사와 메리의 사례 또한 전 세계 선진국에서 반복되고 있으며, 부머들은 나이 든 부모를 보살피는 역할을 맡습니다. 현재 고령화된 부모 그룹(자신의 집에 살고 있는 부모뿐만 아니라 요양원이나 돌봄 시설에서 지내는 노인들)은 베이비부머들의 부모, 조부모 세대입니다. 부머 세대가 80대, 90대가 되는 2040년에는 또 다른 그림이 나올까요? 다섯 중 한 명은, 리사를 비롯한 다른 수십만 명처럼 정서적, 신체적, 보급적logistical 지원을 해주는 성인 자녀가 없을 것입니다.

세대 간의 유대는 자녀가 있는 사람들에게는 당연한 것입니다. 반면 자녀가 없는 사람들에게는 그렇지 않은데, 유대가 끈끈한 대가족 출신이 아닌 이상 대부분 자신과 다른 연령대의 사람들과 관계를 맺지 않기 때문입니다.

자녀가 없는 사람들이 인생 노년기에 필요로 하는 것이 무엇인지 온전히 이해하기 위해서는, 지금 성인 자녀들이 노령인 부모의 삶에서 하는 다양한 역할을 참고해야 합니다.

정서적 지원

부모가 어디에 거주하든, 성인 자녀와 손주들은 대개 그들을 찾아가 가족 문제를 논의하고, 사진을 함께 보고, 함께 나들이를 하고, 점점 나이 들어가는 부모와 긴밀한 접촉 상태를 유지하려고 합니다. 자녀들은 정기적 방문 외에 전화, 화상 통화, 편지, 이메일을 통해 연락하며, 일반적으로 여성들이 이런 일들을 주도합니다.

나이 든 부모가 사회적 관계(예를 들면 친구, 종교활동, 노인정, 헬스클럽, 브리지 게임 모임 등)를 활발히 맺고 있는 경우, 어디로 이동할 때나 할 일이 있을 때 또는 단순히 친구가 필요할 때 주변 지인의 도움을 받을 수 있습니다. 이런 주변의 도움은 특히 멀리 사는 성인 자녀들의 부담을 덜어줄 수 있습니다.

주거 결정, 부동산 거래 및 이사

오늘날 자녀가 없는 성인들 중에 돌봄 시설이나 지속적인 돌봄 커뮤니티에 머무는 이들은 극소수입니다. 왜 그럴까요? 이런 시설에 들어가라고 권유하는 자녀들이 없기 때문입니다. 전형적인 사례는 이렇습니다. 성인 자녀들은 보통 70대 후반이나 80대인 부모에게 이제 운전을 하거나 복층 계단을 오르내리는 것이 위험하고, 더 안전한 곳에서 살 때가 되었다고 설득합니다. 이후 자녀들은 부모가 요양 시설들(종종 자녀와 손주들의 주거지에 더 가까운 위치)을 미리 둘러보는 것을 돕습니다. 일단 새로운 주거지가 확정되면 자녀들은 평생 모아온 '물건' 분류를 포함해 감정적으로 쉽지 않은 정리를 돕습니다. 소중한 물건과 기념품들을 가족들이 나누고, 나머지 물건들을 팔거나 버리는 등 정리 작업이 다 끝나면 부모에게 필요한 물품들을 새 공간으로 옮기는 일을 돕습니다. 부모가 거주하던 집을 팔거나 임대하는 부동산 거래도 성인 자녀가 대신하는 경우가 많습니다. 에블린도 어머니를 대신해 이 모든 것을 해야 했습니다.

5년 동안, 에블린은 홀어머니 진(당시 87세)을 이사시키려고 시도했습니다. 에블린은 뉴욕 버팔로 시내 인근의 큰 복층 집에서 자랐고, 그녀의 어머니는 56년 동안 그곳에서 살아왔습니다. 어느 날 밤 현기증에 균형을 잃고 화장실에서 넘어지기 전까지, 진은 단호하게 이사를 거부했습니다. 그녀는 싱크대 가장자리에 머리를 부딪쳤고, 몇 시간 동안 기절했다가 깨어났을 땐 바닥에 피가 흥건했습니다. 그녀는 간신히 전화기를 들어 몇 시간 떨어진 곳에 사는 에블린에게 전화를 걸었습니다. 에블린은 어머니를 가장 가까운 병원으로 이송하기 위해 구급차를 부른 후 3시간 동안 운전해 병원으로 달려갔습니다. 어머니는 이마에 아홉 바늘을 꿰매고 심하게 타박상을 입은 무릎과 발에 붕대를 감은 채 응급실에 있었습니다. 다행히 뼈는 부러지지 않았습니다.

이 사고 후 비로소 진은 이 집에 계속 사는 것을 다시 생각해 보게 되었습니다. 고통 속에서 홀로 깨어난 경험에 그녀는 겁을 먹었고, 또다시 넘어질 위험을 무릅쓰고 싶지 않았습니다. 일주일 후, 에블린은 어머니에게 그녀가 살고 있는 곳에서 더 가깝고 안전한 곳으로 이사하는 것을 제안했습니다. 이번에 어머니는 거절하는 대신 다른 방안도 고려해 보기로 했습니다.

에블린은 주말마다 인근의 요양원을 조사하고 방문했습니다. 어머니가 마음에 들어 할 것 같은 시설 두 곳을 발견하고 주말에 함께 둘러보았는데 어머니는 다 마음에 들어 하지 않았습니다. 어머니는 너무 보호시설 느낌이 든다고 했고, "영감탱이와 노파 무리"와 함께 식당에서 식사를 하고 싶지 않다고 했습니다.

에블린은 이번에는 인근의 노인들을 위한 거주 시설 전문가인 시니어 케어 매니저scm의 도움을 받아 대안을 물색했습니다. 매니저는 기숙형 돌봄 가정으로 개조된 넓은 1층짜리 교외 주택을 새로운 대안으로 제시했습니다. 그곳을 운영하는 커플은 둘 다 자격증 있는 간호사였는데 소명에 헌신하는 모습이 느껴졌습니다. 그곳에는 입주자 세 명을 위한 요리, 청소, 돌봄을 맡은 비정규 인력들도 있었습니다. 그곳은 가정적이고 편안한 느낌이었습니다. 에블린은 행복하고 좋은 보살핌을 받는 것처럼 보이는 두 명의 입주자를 만났습니다. 그녀는 또한 그들의 보호자들에게도 연락을 취했는데, 그들은 나이 든 부모님들이 받고 있는 친절과 돌봄에 매우 감명받았다고 말해주었습니다. 에블린의 어머니처럼 다른 입주자들도 보살핌은 필요하지만 그 외 생활에서는 비교적 독립적이고, 스스로 움직이며, 집중 치료 수준까지 필요하지는 않았습니다. 입주자들은 요리나, 청소, 집안 허드렛일의 부담 없이 편안한 집에서 살면서 행복해했습니다. 각각의 입주자들은 독립된 침실과 욕실을 가지고 있었고, 그들이 선택한 사생활을 지키면서 친구 관계도 가질 수 있었습니다.

다행히도 어머니가 "한번 시도해보기"로 했습니다. 그들은 이후 6개월에 걸쳐 짐을 싸고 이사했습니다. 진은 무언가를 버릴 때마다 망설였지만, 결국 소중한 물건 대부분을 손주들에게 주고 나머지는 기부하기로 했습니다. 그녀는 자신이 쓰던 침실 가구, 시트, 수건들을 가지고 돌봄 가정으로 이사하고, 가족사진들도 이사한 새 침실 벽에 걸었습니다. 처음엔 새로운 삶에 적응하는 데 약간의 어려움을 겪었지만, 2년이 지나자 진은 마침내 자신의 집을 에블린 부부가 파는 것에 동의했고, 이는 중요한 이정표가 되었습니다. 지금 90대 중반인 진은 양질의 도움을 받으며 행복하게 지내고 있습니다. 에블린과 근처에 있는 두 명의 손주들이 자주 방문하는데, 한 손주는 진의 첫 번째 증손주와 함께 찾아옵니다.

이런 문제를 밀어붙일 성인 자녀들이 없는 대부분의 노인들은 그저 지금 있는 곳에 머물면서 각자 최선을 다해 대처하고자 합니다. 사실 성인 자녀들이 있는 경우에도 처음에 메리가 그랬듯이 대부분 부모가 더 안전한 곳으로 이사하도록 강제할 수는 없습니다. 많은 노인들에게, 새 거처(그것도 지금보다 훨씬 좁은 곳)를 보러 다니고, 낯선 사람들과 대면하고, 익숙한 환경을 떠나 자유를 포기하는 법을 배우기란 매우 어려운 것이며, 극복하기도 쉽지 않은 일입니다.

투자 및 기타 재정적 결정

시간이 지남에 따라, 일부 노인들은 그들이 끊임없이 변화하는 외부 현실 세계와 점점 단절되어 간다고 느끼게 됩니다. 인생의 전성기에 있는 성인들은 현재의 경제적 어려움이나 재정적 현실을 더 잘 파악할 수 있습니다. 그러나 85세나 90세 개인의 정신적인 능력은 여러 면에서 예전만 못합니다. 노인들이 이 사실을 자각하고 있을 경우, 종종 능력 있고 신뢰할 수 있는 자녀와 수탁자나 재무설계사에게 재무적 결정의 일부 또는 전부—투자를 관리하고 소득세 계산을 하는 등—를 위임하기도 합니다.

거주지 이전과 마찬가지로, 일부 나이 든 부모들은 재정적 도움을 '간섭'으로 여길 수 있습니다. 제출 기한이 지난 환급 신고서나 불필요한 물건을 구입한 영수증과 같이 명백한 증거에도 불구하고, 노인들은 그들이 달라졌다는 것을 강하게 부인할 수 있습니다. 이러한 부정은, 상황을 냉정하게 평가해야 하는 자녀들로 하여금 불필요한 갈등을 일으키지 않고 부모님을 돌보는 방법을 찾기 어렵게 만듭니다.

법률 대리

자녀는 재정 문제와 의료 결정을 위해 지속 위임장durable power-of-attorney, DPOA에 가장 먼저 이름을 올리는 사람들 중 하나입니다. DPOA를 활용하면 이러한 재정과 의료적 결정에 대해 합법적인 대리권을 행사할 수 있습니다. 즉, 자녀의 서명이 부모의 서명으로 인정됩니다. 가족들 사이에 신뢰만 있다면, 문서에 이름을 올리는 자녀는 주로 부모가 (자녀들 중) 그 분야를 가장 잘 안다고 생각하거나 가장 가까운 곳에 사는, 또는 가장 영리하거나 공정하다고 생각하는 자녀입니다.

비용과 돈 관리

부모가 도움을 요청하거나 인지 능력 감퇴를 보이기 시작할 때 성인 자녀는 종종 돈 관리를 위임받습니다. 이러한 변화는 주로 부모가 청구서를 제때 지불하지 않았거나, 알 수 없는 수취인에게 수표를 써 준 것을 발견했을 때 일어납니다. 자녀는 예금 계좌를 인수하고 신용 정보를 바꾸며, 청구서와 재무서류 수취인을 자신이나 다른 형제자매 앞으로 변경하게 됩니다. 80대 후반인 아담의 어머니는 자신이 점점 일상적인 재정 문제를 처리할 수 없게 되었다는 것을 깨닫고 아담에게 도움을 요청했습니다.

아담은 89세의 어머니가 뇌졸중을 겪고 심신이 미약해지자 재정 관리를 인수했습니다. 뇌졸중이 오기 전에도 그녀는 운전면허 해지에 관해 이야기하기 시작했고 아담에게 자주 집안일을 도와달라고 부탁했습니다. 뇌졸중이 발생했을 때, 그녀는 4개월 동안 말하지도, 쓰지도 못했습니다. 아담은 그녀의 법적 위임장POA을 '신의 선물'로 기억합니다. POA는 그가 어머니의 모든 계좌에 자신의 이름을 추가하고, 수입을 관리하고, 청구서를 지불하고, 세금을 신고하고, 매일 도착하는 산더미 같은 의료비 청구서와 명세서를 처리할 수 있도록 해주었습니다. 또한 덕분에 어머니는 장기간 자택에서 요양할 수 있었으며, 입원 초반의 상당한 병원비를 아담과 형제자매들이 지불할 수 있었습니다. 어머니의 신체 기능과 언어 능력 일부가 회복된 뒤에도 아담은 그녀의 재정을 계속 관리했고, 어머니는 자신을 대신할 누군가가 있다는 것에 대해 안도와 감사를 표했습니다.

아담은 어머니의 삶에 관여함으로써 노인들을 노리는 금융 사기로부터 어머니(그리고 재산)를 확실하게 보호할 수 있을 것입니다.

약물 관리 및 일상활동 지원

의약품 관리 및 확인, 섭취 가능한 음식 여부의 확인, 위생과 관련한 도움은 고령의 부모가 말년으로 접어들면서 돌봄이 필요해지는 대표적인 분야입니다. 노인 요양 시설 커뮤니티에서는 이러한 서비스의 대부분을 직원들이 제공하지만, 부모님과 함께 쇼핑을 하고, 진료에 동행하고, 처방전을 받고, 가족 모임을 위해 멋진 옷을 입히는 등의 도움은 여전히 성인 자녀들의 몫입니다. 우리가 늙었을 때는 누가 이런 것들을 도와줄까요? 성인이 된 아이들이 그들의 나이 든 부모를 대신하여 관여하고 행동하는 방식은 우리가 말년을 어떻게 준비해야 하는지에 대한 단서를 제공합니다. 이때가 되면 우리는 지금처럼 정신적으로 영민하지도 않고 신체적인 능력도 달라져 있을 것입니다.

소셜 네트워크

나이 들수록 인간관계는 행복에 매우 큰 영향을 미칩니다. 부모는 나이에 상관없이 자녀, 자녀의 친구, 자녀 친구의 부모, 자녀의 시부모, 손자 등을 인간관계에 포함시킬 수 있습니다. 한두 명의 아이들만 있어도 이 관계는 쉽게 유기적으로 성장합니다. 반면에 아이가 없는 사람들은 친구, 동료, 이웃, 교회 교우들, 그리고 자신과 잘 맞는 사람들뿐만 아니라 형제자매, 가까이 지내는 자손들까지 포함된 인간관계를 설계하고 만들어 갈 수 있습니다.

부모님들이 아기들의 기저귀를 갈고, 숙제를 도와주고, 운전기사 역할을 해주는 세월 동안, 아이가 없는 사람들은 외부의 관심사에 참여하고, 우정을 돈독히 하고, 경력을 쌓고, 때때로 지역 사회 발전에 기여하게 됩니다.

다음 그림은 일반적인 노부모의 인간관계 구성을 보여줍니다. 관계가 밀접할수록 연결선이 더 진하고 굵습니다.

| 부모의 관계망 |

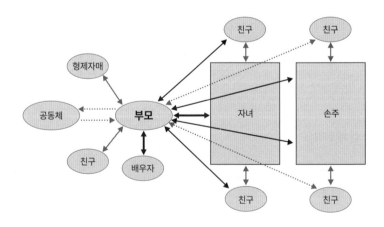

우리 솔로 에이저들은 어디에 있을까요? 우리에겐 (당연히) 친구, 형제자매, 조카, 또는 공동체와의 유대가 더 두드러집니다. 물론, 자식이 있는 부모들도 친구들이나 혈연관계가 없는 다른 사람들과 강한 유대감을 가질 수 있지만, 그것이 삶에서 최우선시되는 경우는 드뭅니다.

고립과 고독은 말년의 정신 건강에 가장 큰 위협입니다.

다음은 자녀가 없는 성인의 전형적인 인간관계를 보여줍니다. 앞선 예시와 같이 굵고 진한 선은 강한 관계를, 얇은 선은 느슨하고 약한 연결을 나타냅니다.

| 솔로 에이저의 관계망 |

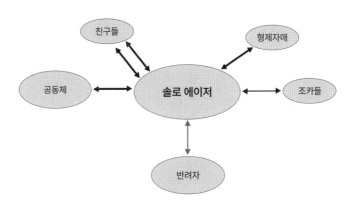

당신의 관계도는 이 그림과 다를 수 있습니다. 관계망이 정확히 겹치는 두 가족이 없는 것처럼 사람들의 관계망은 동일할 수 없고,

모두 각자의 고유한 관계망을 가지고 있습니다. 지난 20년간의 연구에 따르면, 무자녀 노인들과 유자녀 노인들은 심리적 안녕감well-being 수준에서 차이를 보이지 않고 있습니다.[8]

자녀가 없는 성인들은 건강한 인간관계를 개발하는 법을 찾았고, 위기에 대처하고 말년에 일어날 수 있는 문제를 해결하는 방법도 찾았습니다. 이 건강한 심리적 구조는 우리가 늙어 가면서 맞닥뜨리는 도전에 대처하는 좋은 출발점입니다. 계획을 잘 세운다면 말이죠. 이 연구들은 또한 무자녀 성인들의 삶에 대한 만족도가 유자녀 부모들보다 결코 덜하지 않다는 것을 보여줍니다.

고립과 고독은 말년에 정신 건강을 해치는 가장 큰 두 가지 위험이지만, 자식이 있는 노부모들도 무자녀 노인들만큼 고립되고 외로울 수 있습니다.[9] 실제로 자식을 둔 일부 부모들은 자녀에 대한 기대가 충족되지 않았을 때 자녀가 없는 사람들보다 더 큰 외로움을 느낀다고 고백합니다.

삶의 만족, 행복, 그리고 말년의 건강한 정신은 모두 특정 사회적 지원 시스템에 의한 것이지, 반드시 성인 자녀들로부터 오는 것은 아닙니다.[10] 자녀가 말년의 안전과 안정을 보장해 준다고 할 수는 없습니다. 자녀들은 기껏해야 수용 가능한 수준의 부담 내에서만 작동하는 안전망입니다.

이 모든 것은 무엇을 의미할까요? 우리 같은 솔로 에이저들은 자녀가 있는 친구들만큼 성공적이고 만족스러운 일생을 살 가능성이 높습니다. 하지만, 고령화의 도전을 어떻게 관리할 것인지, 그리고 누가 우리를 도울 것인지에 대해서는 미리 준비해야 합니다.

이 책의 나머지 부분은 우리가 어디에 살 것인지, 어떻게 돈을 관리할 것인지, 우리가 더 이상 자신을 대변할 수 없을 때 누가 우리를 대변할 것인지, 그리고 미래에 어디에서 친구를 사귀게 될 것인지 대한 선행적 계획에 대해 초점을 맞추고 있습니다. 이러한 수수께끼를 푸는 것은 안전하고, 안정적이며, 행복한 인생 2막을 여는 열쇠가 될 것입니다.

가치 설계:

어떤 삶을 살 것인가,
그리고 무엇을 남길 것인가

3.

가장 큰 재산은 건강입니다

"어떤 약물도 … 평생 동안의 적절한 운동과 영양만큼 지속적인 건강을 약속하지 않습니다."

— 월터 보츠Walter Bortz 박사,『100세에의 도전』

미국에서 1960년 출생 당시 남자의 평균 기대 수명은 약 65세였습니다. 여자는 72세였습니다. 오늘날 기준으로는 짧은 것 같지만, 1900년의 기대 수명인 47세에 비하면 크게 향상된 것입니다. 20세기 초에 급증한 기대 수명은 대체로 유아 사망률을 극적으로 낮춘 의학

2부 가치 설계: 어떤 삶을 살 것인가, 그리고 무엇을 남길 것인가

의 발전 덕분이었습니다. 또한 항생제의 등장으로 더 많은 어린이가 무사히 자랄 수 있었고, 여성들은 깨끗한 위생 시설에서 출산할 수 있었습니다.

2015년이 되자 기대 수명은 남성의 경우 77세, 여성은 80세 이상으로 늘어났습니다.[11] 이 시기의 기대 수명 증가에는 의료 기술 발전 말고도 다른 이유가 있었습니다. 오늘날 뇌졸중, 심장마비 또는 암 진단을 받았을 때의 생존 가능성은 1970년보다 훨씬 커졌습니다. 현대의학은 예전이라면 사망에 이르렀을 질병 상황에서 우리의 수명을 늘리는 수많은 방법들을 찾아냈습니다. 사회보장국의 통계표에 따르면, 2015년에 일반적인 65세 남성은 83세 이상까지 살 확률이 50% 이상이었고, 65세 여성이 85세 이상까지 살 수 있는 확률은 더 높았습니다.[2021년 기준 한국인의 기대 수명은 여성 86.6세, 남성 80.6세이며, 가장 많이 사망하는 나이를 뜻하는 최빈사망연령은 여성 90세, 남성 85.6세임.]

대부분의 사람들은 80대나 90대까지 건강하게 제 기능을 하며 살기를 원합니다. 자녀 없이 가능한 오랫동안 독립을 유지해야 하는 우리에게 건강과 활동성 유지는 매우 중요한 의미를 갖습니다. 우리는 최대한 활동적으로 생활하면서, 적절한 체중을 유지하고, 건강한 식단을 따르며, 스트레스를 잘 관리해야 합니다. 어떤 사람들에게는 은퇴가 건강한 변화를 만들 수 있는 새로운 기회를 열어줍니다. 브렛이 직장을 그만두면서 라이프 스타일을 극적으로 바꾼 예입니다.

은퇴 이후 되찾은 건강

브렛은 22세부터 61세까지 트럭 운전기사로 일했습니다. 그는 작은 회사에서 일했고 배달 트럭을 운전하는 것 외에도 창고와 재고 관리 및 회계 업무 일부를 담당했습니다. 60대에 접어들었을 때, 그의 몸은 매일같이 쑤셨고 더는 출근이 즐겁지 않았습니다. 상사와 사이가 틀어진 어느 날, 그는 퇴직을 결심했습니다. 브렛은 바로 회사를 그만두고 집으로 돌아와 자신에게 주어진 선택지를 검토했습니다.

브렛과 아내 린은 자녀가 없는 부머 세대입니다. 린이 사업체를 세우고 키워서 두 사람이 편히 살기에 충분할 만큼 벌었기에 그들은 브렛이 은퇴할 때가 되었다는 결론을 내렸습니다. 자칭 '가사 남편'이 되기로 결심한 브렛은 가사도우미를 내보내고 모든 집안일을 맡았습니다. 브렛은 요리에 관심을 갖게 되었고 주방에서 이런저런 도전을 하기 시작했습니다. 린은 이런 변화가 기뻤습니다. 예전엔 대부분 포장해 온 음식이었던 저녁 식사가 이제는 독창적이면서도 (대부분) 건강한 식단이 된 것입니다.

6개월 동안 요리, 청소, 허드렛일을 한 뒤 살이 붙기 시작하자 브렛은 더 많은 칼로리를 소모하고 심혈관 건강을 유지해야 한다는 것을 깨달았습니다. 직장에서 했던 마지막 신체검사에서 의사는 혈압약을 처방하고 혈압계를 사서 매일 측정하라고 일러주었습니다. 퇴직 후 그는 혈압약을 끊어보려 했지만 이내 약 없이는 혈압이 통제되지 않는다는 것을 알았습니다. 브렛은 피트니스 센터에 등록하고 그곳에 있는 모든 운동 기구를 활용하고 수업에 참여했습니다. 몇 차례의 개인 수업을 통해 그는 유연성과 균형을 강화하고 상체 근육을 키워야 한다는 사실도 알게 되었습니다. 피트니스 센터에는 적당한 규모의 수영장이 있었고 브렛은 그곳에서 매일 수영을 했습니다. 그는 다른 여러 수업에도 참여해 본 다음 근력, 유연성 및 균형 강화를 위해 요가와 필라테스 프로그램을 추가했습니다. 수영과 결합된 이 프로그램은 브렛이 수년간의 고된 가사일로 잃어버린 체력을 회복할 수 있는 완벽한 패키지를 제공했습니다.

6개월 후 브렛은 새로운 사람이 된 것 같은 느낌이었습니다. 체중이 7킬로그램 가까이 빠졌고, 활력은 증가하였습니다. 피트니스에서 새로운 친구들을 만났고 지금은 함께 점심을 먹거나 커피를 마시러 나갑니다. 이제 63세인 브렛은 새로운 삶을 즐기고 있습니다. 그는 가사 남편 역할을 좋아하고, 체육관에서 하루에 2시간여를 보내며, 아내가 회사에 있는 시간에 함께 어울릴 새로운 친구들을 사귔습니다. 최근에 한 신체검사에서 그의 혈압은 약을 중단해도 될 정도로 낮았습니다.

브렛의 사례에서 볼 수 있듯이, 시작하기에 너무 늦은 때란 없습니다. 우리는 얼마든지 나쁜 습관을 고치고, 체중을 줄이며, 나에게 잘 맞는 운동 루틴을 찾을 수 있습니다. 일하는 동안 운동에 충분히 시간을 할애하지 못하는 사람들을 많이 보아 왔습니다. 많은 50~60대 사람들이 브렛처럼 퇴직 후에야 하이킹, 자전거, 수영, 테니스 등의 즐거움을 발견합니다. 인터넷을 검색하면 50세 이후에 체중이

줄고, 혈압과 콜레스테롤 수치가 나아지며, 육체적, 감정적, 정신적으로 훨씬 건강해진 사람들의 이야기를 얼마든지 찾을 수 있습니다. 신체 건강은 누구에게나 맞는 프리사이즈 옷이 아닙니다. 나에게 필요한 것과 나에게 맞는 것이 무엇인지는 직접 알아내야 합니다.

"몸을 건강하게 유지하는 것은 의무입니다. 그렇지 않으면 마음을 강하고 맑게 유지할 수 없습니다."

— 부처Buddha

새롭고 건강한 습관을 위한 제언

- 충분한 수면을 취하십시오. 얼마면 충분할까요? 매일 7시간에서 9시간을 자도록 노력하십시오. 충분히 잘 수 있을 만큼 이른 시간에 잠드는 게 어렵다면 저녁 식단을 조정해 보십시오. 매운 음식이 원인일 수 있습니다. 오후에 카페인을 섭취하지 말고, 저녁 식사는 탄수화물 위주의 저단백 저녁 식사를 권합니다. 매트리스 상태도 숙면에 영향을 줍니다. 잠을 잘 못 자거나 밤에 여러 번 깬다면 매트리스도 체크해 보세요. 다른 수면 자세를 시도해야 할 수도 있습니다. 의사와 약 복용에 대해서도 상담하십시오. 코를 고는 사람과 잔다면 귀마

개를 사용하십시오. 연구에 따르면 코를 골지 않는 사람과 자면 (혹은 코를 골아도 듣지 못하면) 코를 고는 사람과 잘 때보다 수면의 질이 더 좋고 1시간 정도 더 잔다고 합니다.

- 많이 움직이십시오. 좋아하는 운동 루틴을 찾아 습관화하십시오. 뭐든 너무 갑자기 시작하면 지속하기 어려울 수 있으므로 점점 강도를 높일 수 있는 활동을 찾으십시오. 심박수를 높이는 활동에 하루에 최소 30분을 할애하십시오. 심장 건강을 위해 걷기부터 시작하여 점차 거리를 늘린 다음 경사도 있는 길을 오르기 시작하십시오.

- 스트레스 수준에 유의하십시오. 불안이나 걱정이 잦은 경우 스트레스를 줄이기 위한 조치를 취하십시오. 오늘날 미국 전역에서 스트레스 감소 수업과 서적 및 워크숍을 이용할 수 있습니다. 지역 커뮤니티 수업이나 지원 모임을 활용하여 문제를 해결하세요.

- 설탕을 멀리하십시오. 청량음료를 마시는 습관은 노인들에게 여러 문제를 일으킬 수 있습니다. 비만, 제2형 당뇨, 신장 결석 및 골다공증은 모두 설탕 섭취와 관련 있습니다. 무설탕 또는 다이어트 음료도 그다지 좋지 않습니다. 청량음료를 끊으면 지금까지 멀리했던 다른 음식을 즐길 수 있고 체중도 줄일 수 있습니다.

- 더 많은 섬유질과 물을 섭취하십시오. 이건 하기 쉽고, 다른 걸 포기할 필요도 없습니다. 전문가들은 수년간 식이섬유의

가치를 강조해왔습니다. 콩, 과일, 야채, 통곡물빵과 시리얼, 견과류는 섬유질이 풍부할 뿐만 아니라 맛있고 몸에도 좋습니다. 물은 체내 수분을 유지하여 피부를 촉촉하게 하고 신장 기능을 돕습니다.

- 미리 예방하세요. 60대가 되면 매년 건강 검진을 받으십시오. 가을마다 독감 예방 주사를 맞으십시오. 백신 접종에 대해 의사와 상담하십시오. 노인은 대상 포진과 폐렴에 훨씬 더 취약합니다. 둘 다 백신으로 예방할 수 있으며 대부분 보험도 적용됩니다. 이국적인 지역으로 여행을 간다면 미리 예방 접종을 하십시오. 성적으로 활발하고 여러 명과 관계를 맺고 있다면 정기적으로 성병 검사를 받으십시오. 50세 이상의 성병 발병률은 지난 15년간 빠르게 증가했습니다.

- 치아를 관리하세요. 노년에 치아 건강을 무시하면 비참한 결말을 맞을 수 있습니다. 노인들은 충치의 위협이 그리 높지 않은 반면, 구강 건강 전반에 영향을 미치는 잇몸 질환에는 더 취약합니다. 또한 오래된 치아 충전재와 캡은 시간이 지나면 부서지므로 교체해야 합니다. 최소 1년에 한 번 치과 검진을 받으십시오.

직장을 그만두거나 바꾸는 것은 새로운 삶을 시작하기에 최적의 기회가 될 수 있습니다. 대체로 일상에 변화가 생기면 습관을 바꾸는 것이 더 쉬워집니다. 직장에서 은퇴하거나 근무 시간을 줄이고 있다면, 지금이 바로 신체적, 정신적, 영적으로 새롭고 건강한 습관을 채택할 때입니다.

켄 드럭Ken Druck은 자신의 저서 『용감한 노화Courageous Aging』를 기반으로 한 '넥스트에비뉴NextAvenue.org' 기고문에서 노년의 자기 관리를 위한 7단계를 제안했습니다.[12]

1. 자기 관리 방식을 바꾸겠다고 결심하세요. 더 행복하고 충만한 자아를 위해 무엇이든 하겠다는 자기 자신과의 약속입니다.

2. 최종 목표를 정하십시오. 원하는 바와 세부 사항을 명확하게 글로 적어두십시오.

3. 거절해야 하는 일/사람의 목록을 만드십시오. 당신의 안녕에 도움되지 않고, 당신을 행복하게 만들지 않는 사람과 일에 지나치게 시간을 쏟지 마십시오.

4. 짐과 부담은 덜고, 행복을 누리십시오. 타인과 일을 분담하고, 인생사와 목표에 대해 대화하고, 스스로에게 행복할 자격이 있음을 인정하세요.

5. 내면의 소리에 귀 기울이세요. 그 무엇도 하지 않고 자신만을 위해 그냥 가만히 있는 시간을 가져 보세요. 내면의 소리에 집중하고, 자신과 타인의 부정적인 말은 멀리하세요

6. 관계에서 자기 돌봄self-care의 기회를 찾거나 만들어 내십시오. 당신이 관계를 관리해야 합니다, 관계가 당신을 관리하는 것이 아니라.

7. 스스로를 칭찬하십시오. 작은 변화와 승리를 놓치지 않는 동시에, 기존 계획에서 새로운 아이디어와 수정 사항을 창출해 내십시오.

몸 전체의 생태계적 변화가 일어나면 최상의 건강 상태에 이릅니다. 뉴멕시코주 산타페에 있는 통합의료센터의 의료 책임자인 헨드리카 피츠패트릭Hendrieka Fitzpatrick 박사는 심신 연결mind-body connection이라는 표현을 대체하기 위해 '생태계ecosystem'라는 용어를 사용했습니다. 피츠패트릭 박사는 이렇게 말합니다. "지속 가능한 생태계라면 모든 계 위에서 역동적인 상호 작용이 나타나기 마련입니다. 따라서 마음, 몸, 정신은 모두 우리 안에 있는, 분리할 수 없는 단일 생태계의 표상입니다."[13]

이게 무슨 뜻일까요? 생각과 신념 체계가 건강에 어떤 영향을 미치는지 알아야 최적의 건강을 달성할 수 있다는 뜻입니다. 이를 위한 방법에는 여러 가지가 있습니다. 요가는 훌륭하게 설계된 운동 시스템의 좋은 예입니다. 요가 수련자라면 누구나 알고 있듯이, 요가는 근육을 스트레칭하고 단련하는 것 외에, 호흡과 마음도 훈련하며 이는 요가 수련의 주요 구성 요소입니다. 전통 방식의 요가는 신체 활동인 동시에 명상 수련입니다. 많은 사람들이 요가 수행을 통해 마음을 맑고 차분하게 하며 스트레스를 덜어내고 있습니다.

다른 다양한 신체 훈련도 영적 및 정서적 요소를 포함합니다. 사실, 모든 신체 훈련은 전 생태계적 수련으로 바뀔 수 있습니다. 이는 요가나 태극권 같은 몇몇 수련에 내재built-in된 것입니다.

자녀가 없거나 주변에 가까운 가족이 없는 사람들에게 꾸준한 체력 단련이나 연습은 또 하나의 지원 네트워크 속으로 들어가 그 혜택을 누릴 수 있다는 이점이 있습니다. 끈끈한 우정의 씨앗이 재즈 수업, 걷기 그룹, 피트니스 클럽, 테니스 코트 또는 골프 라운드에서 싹트기 시작할 것입니다.

4.

최고의 시간은 아직 오지 않았습니다

"나와 함께 늙어 갑시다. 최고의 순간은 아직 오지 않았습니다."

— 로버트 브라우닝Robert Browning, 시인

늘어가는 것을 긍정적으로 바라보는 태도는 인생 2막의 행복과 만족을 위한 핵심 요소입니다. 이러한 긍정적인 태도는 우리의 '은퇴' 환경을 자기 계발, 학습, 여행, 취업 시장에 '현명한 연장자'(컨설턴트)로서 진출하는 것으로 여기게 해주고, 운동 및 건강, 대의를 위한 자원봉사, 기타 등등의 기회가 가득한 백지로 바꾸어 줍니다. 자녀와 손자가 없다면, 자녀 있는 친구들보다 이러한 탐험의 기회와 시간이 더 많을 것입니다. 긍정적인 태도를 유지하는 것이 은퇴 설계에 도움이 됩니다.

미래를 두려워한다면 계획을 세우는 것이 불가능하지는 않더라도 어려운 일입니다. 만약 노화를 새로운 시간의 지평으로 보고, 피할 수 없는 도전에 대비한다면, 우리는 더 나은 상태로 미래를 맞이하게 될 것입니다. 나이 들수록 우리가 세웠던 초기 계획의 부실함은 더 극적으로 나타납니다. 우리는 한때 얼마나 젊고 강건했던가요! 다행인 것은 미래를 위한 설계는 언제든 가능하다는 점입니다. 100세가 넘은 나이에 이 책을 읽고 있는 게 아닌 한, 여러분은 여전히 다음 해, 다음 10년, 또는 인생의 절반을 계획할 시간이 있습니다. 자산, 재정, 돌봄 계획이 법적 준비의 3대 분야이지만, 거기서 설계가 끝나서는 안 됩니다. 당신은 사회와 공동체 참여를 위한 계획도 준비해 두어야 합니다.

인생 2막을 위한 여섯 가지 디딤돌

여러분이 여전히 직업적인 꿈을 추구하든, 파트타임으로 돈을 벌든, 월급 받는 세상에서 완전히 은퇴하고 살든, 삶의 의미와 목적을 주는 무언가를 추구하는 것은 중요합니다. 이것이 일주일에 50시간을 봉사활동으로 채우거나 다섯 개의 다른 단체에서 자원봉사를 해야 한다는 의미일까요? 어떤 사람들에게는 그럴 수도 있겠지만, 만약 이렇게 많은 '일'을 한다는 상상에 움츠러드는 사람이라면 선택 가능한 대안들은 무궁무진합니다. 50세, 70세, 심지어 그보다 늦게 은퇴한다 하더라도 말입니다.

사회적 관계 관리는 평생에 걸쳐 개선해가야 하는 영역입니다. 이렇게 보면 계획을 세우는 것이 반직관적counter-intuitive으로 보일 수 있지만, 누가 우리 미래의 일부가 될 것인지에 대해 아는 것은 매우 중요합니다. 인생의 전반기에서 우리는 스쳐 지나가는 사람들, 가치와 관심사가 일치하는 사람들, 본받고 싶은 사람들, 함께 시간을 보내고 더 가까워지고 싶은 사람들과 우정을 쌓고 관계망을 형성합니다. 관계가 발전하면 그들과 '친구'가 됩니다. 이 사람들은 이제 나의 '울타리 안'에 있습니다. 어떤 사람들은 아주 많은 관계를 맺고 있고, 또 어떤 사람들은 소수에 집중합니다. 때가 되면 관계가 평생의 동반자나 결혼으로 진전되기도 합니다. 또한, 울타리 안에는 가족들이 있습니다. 자녀가 없는 사람들의 경우, 대개 부모와 형제자매를 포함하고 나중에는 조카, 사촌이 포함될 수 있습니다. 대부분의 사람들은 관계를 우연한 사건이나 만남의 결과로 생각하지만, 나이가 들수록 더 계획적으로 행동해야 합니다.

인생 후반부의 행복과 만족은 중요한 요소들을 어떻게 관리하느냐에 달려 있습니다. 50세 이상의 사람들을 대상으로 연구한 결과, 충만한 인생 2막을 위한 여섯 가지 중요한 요소들을 확인할 수 있었습니다.

1. 재정적 안전

2. 건강과 웰빙을 위한 노력

3. 자기 인식Self-awareness

4. 적응성과 유연성

5. 튼튼한 인간관계

6. 종교, 영성, 또는 자신보다 큰 신념 체계

나는 '재미'를 목록에 포함하곤 했지만, 위 목록의 전부 또는 대부분을 충족하고 있을 때 재미는 자연스럽게 뒤따라온다는 것을 깨달았습니다.

자녀가 없는 사람들에게 이 여섯 가지 중 어떤 것은 상대적으로 더 어려울 것이고 어떤 것은 더 쉬울 것입니다. 나는 이어지는 장들에서 이러한 요소들이 자녀가 없는 사람들과 어떻게 관련이 있는지를 폭넓게 살펴보려 합니다.

5.

당신의 미래 수입원은 무엇입니까

"재정적 자유의 가장 큰 이점은 삶의 가능성에 대한 걱정으로로부
터 마음이 자유로워지는 것입니다."

— 수지 오만Suze Orman

재무설계사와 투자상담사는 은퇴한 사람들이 현명하고 만족스러
운 삶을 계획할 수 있도록 도와주는 동료입니다. 전문가의 도움을
받아 현재 재무 상태를 분석하세요. 그들은 정교한 방법을 통해 현
재의 재정 상태 또는 미래의 재정적 안정을 위해 해야 하는 일을 알

려줄 것입니다. 온라인 프로그램을 써서 직접 분석해볼 수도 있지만, 대부분의 사람들은 전문가와 함께 작업할 때 훨씬 더 신뢰할 만한 결과를 얻을 수 있습니다. 전문가와 함께 작업하든 직접 작업하든 제대로 된 계획은 다음 질문들에 대한 답을 포함해야 합니다.

- 당신의 순자산은 얼마입니까?
- 당신의 현재 (총소득 대비) 지출 비중은 얼마입니까? (어디에 지출하고 있습니까?)
- 저축은 얼마이고 투자에 대한 수익률은 얼마입니까?
- 당신의 현재 수입원은 무엇입니까?
- 은퇴 후에 연금을 포함한 어떤 소득 흐름이 있습니까?
- 만약 아직도 일하고 있다면, 얼마나 더 일할 계획입니까?
- 언제부터 연금을 받게 됩니까?
- 당신의 건강과 가족력에 근거할 때, 당신의 기대 수명은 얼마입니까?

이러한 질문에 답하는 것은 그리 간단치 않습니다. 안전하게 일을 그만두고 저축과 연금에 의존하여 생활비를 조달할 수 있는 시기에 관한 신뢰할 수 있는 데이터를 얻으려면 복잡한 공식과 정교한 예측이 필요합니다. 여생에 필요한 것들을 조달하기 위해 충분한 자산(저축)이 준비되었다고 판단하는 시점을 결정하기 위해서는 다양한 변수들을 고려해야 합니다. 비록 여러분이 60대, 70대, 심지어 80대까지 일할 계획을 세웠을지라도, 무슨 일이든 일어날 수 있습니다. 인생은 한순간에 바뀔 수 있고, 여러분은 최대한 준비해야 합니다.

이러한 변수들을 정리하는 것은 어려운 일이기 때문에 나는 재무전문가와 함께 일하는 것을 추천합니다.

"일의 중단이 소비의 중단을 의미하는 것은 아니다."

— 카토Cato

오늘날 대부분 지역이나 커뮤니티에는 수백 명의 투자상담사와 공인 재무설계사가 있습니다. 어떤 사람은 혼자 일하고, 일부는 은행과 제휴하고 있으며, 또 어떤 사람들은 중개회사에 소속되어 있습니다. 가까운 곳에서 재무설계사를 찾으려면 FPA(재무설계사협회 Financial Planning Association)의 웹사이트(fpanet.org)를 방문하세요. 고객 편의를 위한 서비스를 다양하게 제공하고 있습니다. [한국은 한국FP협회(https://www.fpkorea.com).] 가까운 곳에서 설계사를 찾아 선택하는 방법, 제공되는 서비스와 비용 등을 알 수 있으며, FPA 사이트를 통해 재무설계 및 상담을 준비할 수도 있습니다.

지역 은행도 재무설계 서비스를 제공합니다. 전국적인 대형 은행 대다수가 금융 서비스를 지원하며, 일부는 퇴직 설계를 전담하는 부서를 두고 있습니다. [한국에서는 은행, 보험, 증권사 등 금융기관에서 주로 고액자산가들을 대상으로 PB 조직을 두고 있음.] 친구, 친척 또는 동료 소개로 재무설계사를 찾는 것도 좋은 방법입니다. 주변에 물어봐서 몇 사람을 추천받으세요. 여러 재무설계사들과 상담해보고 가장 마음에 드는 사람을 선택하세요. 재무설계사를 고르는 것은 의사, 치과의사 또는 미용사를 고르는 것과 비슷합니다. 후보자를 찾았으면 온라인 리뷰뿐 아니라 지역 내 '베터 비즈니스 뷰로_{Better Business Bureau, BBB}'[비영리 단체로 기업의 평판과 고객 서비스 실적 자료를 제공하며 미국과 캐나다에 약 100여 개 지부를 두고 있다.] 자료와 교차 검증해보는 것이 좋습니다.

나의 상황과 비슷한 경우를 다룬 경험이 충분한지도 선택의 기준이 됩니다. 자산이 500만 달러인 사람이 전 재산이 15만 달러인 사람의 도움을 받는다는 것은 적절치 않습니다. 당신과 비슷한 재정적 상황은 재정상담을 위한 '경험' 관점에 있어 유용한 지표입니다. 얼마나 많은 금액을 관리하고 있는지를 물어보고 대표적인 고객 샘플을 (고객 개인정보를 밝히지 않고도 제공 가능) 요청하시기 바랍니다.

마지막으로, 함께 있을 때 직감적으로 느껴지는 편안함과 신뢰도를 평가하세요. 그들이 당신의 걱정을 들어주나요? 투자에 대한 자신의 가치와 전략을 공개합니까? 그들 자신은 어떤 전문가들에게 의존합니까? 이런 것들은 장기적인 관계는 물론, 단기간의 상담을 위해서도 중요합니다.

무료 자문이나 비교적 저렴한 서비스를 원한다면 앞서 말한 FPA를 살펴보세요. 대부분의 FPA 지부들은 지역 내 서비스 기관 또는 대학과 협력하여 무료 서비스를 제공합니다. 지역 FPA 기관을 통해 서비스 및 이벤트에 대해 문의하거나 지역 대학 또는 성인을 위한 학교를 통해 재무설계사의 워크숍을 찾을 수 있습니다.

재정적 조언자와 이야기할 때는, 반드시 자녀나 가까운 가족이 없다고 밝히십시오. 전문가들은 이미 지역에서 지원 자원이 부족한 사람들을 많이 만나오고 있으므로 더 능숙하게 맞춤형 대안과 안전망을 추천할 것입니다.

사회보장연금을 언제 받을 것인가 하는 문제도 중요한 결정 중의 하나입니다. '가능한 한 일찍 받기 시작해야 한다(62세)'는 것이 그간의 통념이었습니다. 왜냐고요? 과거의 보험계리사들은 기대 수명이 68세라는 점을 고려할 때 정년이나 그 이후까지 기다리는 것보다 일찍 받기 시작하면 더 많은 총급여를 받을 것이라고 계산했습니다. 기다리면 매달 수령액이 더 많아질 것임에도 불구하고요.

1980년에는 그 판단이 합리적이었을지라도 오늘날에는 아닙니다. 기대 수명이 급격히 증가해 많은 사람들이 80대 이상까지 건강하게 살 것으로 예상되는 상황에서는 더 큰 월 연금액을 기다릴 수 있습니다. 건강한 사람이라면 최대한 오래 기다리면서, 가능한, 필요한, 혹은 하고 싶은 만큼의 소득을 계속 창출하는 게 좋습니다. 정년(베이비부머의 경우 66세 또는 67세) 이후까지 수급을 연기하면 70세가 될 때까지 매년 연금액을 약 8% 늘릴 수 있습니다. 따라서 일반적으로 70세의 월 수령액은 62세 때 받았을 금액의 거의 두 배가 됩니다. [연리 8%로 8년 복리 계산 시 원금의 약 1.85배. 한국은 2023년 현재, 1년 연기 시 7.2% 증액되며 최대 5년까지 연기 가능.]

결혼했거나 이혼한 경우 정년이 되면 현재 또는 이전 배우자의 연금 계좌에서 배우자 연금을 받을 수 있습니다. 당신의 소득 이력에 따라 배우자 연금은 70세가 되었을 때 연금액보다 많을 수도 있습니다. 배우자 연금액은 시간이 지나도 증액되지 않기 때문에, 정년 이후까지 미뤄 둘 필요가 없습니다. 전 배우자가 재혼했거나 사망했더라도 결혼 생활이 10년 이상이라면 혜택을 받을 수 있습니다. 배우자 연금은 신청 시기와 무관하게 정년에 받는 (또는 받을 예정인) 금액의 절반입니다. [한국 국민연금의 유족연금은 사망자의 가입 기간 구간별로 40~60%임.]

연금 제도는 복잡하며 최근 몇 년 동안 크게 바뀌었습니다. 수령 가능한 급여를 인출하는 방법에는 여러 가지가 있으며 최대한 유리한 방법으로 신청할 수 있도록 전문가와 상담하는 것이 좋습니다. 가까운 사회보장 사무소 담당자나 전문 지식이 있는 재무설계사와 약속을 잡으세요. 당신의 계좌를 확인하려면 사회보장국ssa 웹사이트(ssa.gov)에 접속하십시오. 신청하고 수령을 시작하는 시기에 따라 매달 받을 수 있는 금액을 알게 될 것입니다. SSA 웹사이트는 개인이 첫 아르바이트 또는 인턴십부터 평생 벌어들인 모든 돈에 대한 기록도 가지고 있습니다.

고려해야 하는 또 다른 요소는 지금 필요한 소득의 크기입니다. 직장에서 은퇴할 적기를 선택하는 문제는 언제나 쉽지 않습니다. 요즘은 퇴직 후에도 파트타임으로 계속 근무할 수 있게 하는 회사가 많은데 이는 최종 은퇴를 향한 훌륭한 첫걸음이 될 수 있습니다. 또한 젊었을 때보다 더 적은 수입으로 살 수 있다는 사실도 깨닫게 될 것입니다. 주택 담보 대출을 다 갚았을 수도 있고, 젊은 시절에 즐기던 값비싼 취미와 '장난감'(예를 들면 오토바이, 스키 보트 등)에 싫증을 느낄 수도 있습니다. 또한 향후 몇 년 안에 유산을 상속받을 수도 있습니다. 재무설계사는 이 모든 요소들을 고려하는데 도움을 줄 수 있으며, 개인의 재정 상태에 대한 종합적 이해를 제공합니다.

당신이 30년 동안 퇴사를 고대하고 있었다 할지라도, 여전히 소득은 필요합니다. 사업으로 전환할 수 있는 취미가 있습니까? 직업학교나 단기대학에서 무엇인가 가르칠 수 있습니까? 당신의 관심 분야가 다른 분야의 재취업에 유리하게 작용할 수 있습니까? 전성기 시절의 수익만은 못하겠지만, 연금과 생활에 필요한 돈 사이의 격차를 메우기에는 충분할 수 있습니다.

자녀가 없는 사람들에겐 때로 수입이 따르는 일보다 사회 및 공동체를 위한 일이 훨씬 중요하기도 합니다. 찬드라의 사례는 소득이 필요하지 않은 경우에도 계속 일하는 이유를 보여줍니다.

한 직장에서 오래 그리고 새롭게 일하는 법

찬드라가 62세가 되었을 때 재무설계사는 이제 마케팅 업무에서 은퇴할 때가 되었다고 조언했습니다. 탄탄한 초기 투자와 약간의 유산 덕분에 찬드라는 남은 생애 동안 은퇴 계좌에 있는 돈으로 편히 살 수 있었습니다. 그러나 건강한 독신 여성인 찬드라는 친구들과 만나 점심을 먹고 매년 휴가를 가는 것만으로는 두뇌를 자극하거나 다양하고 흥미로운 사람들과 정기적인 만남을 이어갈 수 없다는 것을 알고 있었습니다.

찬드라의 회사에 그녀가 일할 만한 시간제 자리는 없었지만, 단기계약 형태로는 계속 근무할 수 있었습니다. 찬드라는 정식 퇴사를 하고 프로젝트 단위의 단기고용계약을 통해, 전보다는 낮은 급여 수준이지만, 같은 회사에 계속 다녔습니다. 어떤 주는 4일, 다른 주는 하루 이틀 정도만 출근했습니다.

처음에 찬드라는 자신이 받던 급여 기준보다 낮은 시급 제안을 거절했습니다. 마치 자신의 가치에 대한 강등이나 무시처럼 느껴졌기 때문입니다. 하지만 결국 그녀는 이 새로운 대안을 통해 훨씬 더 흥미롭고 다양한 삶을 살 수 있음을 깨달았습니다. 이제 그녀의 근무 시간은 덜 빡빡합니다. 일과 함께, 종종 젊은 후배들이나 새로 입사한 직원들을 도울 기회가 있었고 이는 그녀에게 또 다른 만족감을 안겨주었습니다.

나이가 들어가면서 직업에 거는 기대나 요구는 달라집니다. 찬드라는 자신의 명성과 가치에 대한 기존의 생각을 버리면서 70대에 매우 만족스러운 삶을 구축할 수 있었습니다.

때로는 모험과 만족을 추구하는 삶이 재정적 안정과 상충될 수 있습니다. 자넷의 이야기는 모든 사람을 납득시키진 못할 수도 있지만, 여행과 다양성으로 가득 찬 삶, 생활의 만족과 재정적 안정의 교차점에서 내려야 하는 선택의 예를 엿볼 수 있는 사례입니다.

여행과 다양성으로 가득 찬 삶

국제 전세 항공편을 운항하는 소규모 항공사에서 승무원으로 사회 생활을 시작했을 때 자넷의 나이는 21세였습니다. 펜실베니아의 작은 중산층 마을에서 자란 그녀에게 승무원은 꿈의 직업이었고, 직장에서 펼쳐질 삶을 상상하면 늘 설레었습니다. 외향적이고 운동능력이 뛰어나며 자유분방했던 자넷은 온 세상을 경험하고 싶어했습니다.

그녀는 10년 동안 비행기를 탔고 결국 선임 승무원이 되었습니다. 그러나 같은 도시를 계속 방문하는 것은 지루하고 단조로운 일이었습니다. 여가 시간에 자넷은 행글라이딩과 항해를 배웠습니다. 그녀는 훌륭한 행글라이더 조종사가 되었고 몇 년간 미국 여자 국가 대표 행글라이딩팀으로서 국제 대회에 참가하기도 했습니다. 그러나 항해는 그녀의 첫사랑이나 다름없었기에 결국 비행을 그만두고 플로리다에서 개인이 소유한 대형 요트의 승무원으로 일하게 되었습니다.

자넷은 선상 요리사로 항해 경력을 시작했으며 여건이 될 때마다 바하마의 대형 전세 선박 회사와 개인 요트 승무원 일을 병행했습니다. 재미는 있었지만 제대로 인정은 받지 못하는 일이었습니다. 2년 후에 그녀는 항해 '먹이 사슬'의 정점에 있는 선장 자격증을 취득해야겠다고 결심했습니다. 그녀는 2년제 프로그램에 등록했고 승무원으로 계속 일하면서 대형 선박을 완벽히 운행하는데 필요한 천체 항법 및 여러 항해 기술을 공부했습니다.

1989년에 그녀는 학업과 견습 과정을 마치고 2톤 미만 선박의 선장 자격증을 땄습니다. 그동안 쌓아온, 플로리다 남부 대부분의 항해 커뮤니티와의 관계는 자넷이 전세 보트 선장으로서 적당히 생활을 유지할 수 있을 만큼의 일자리를 제공해 주었습니다.

1999년에 자넷은 집도 없이 카리브해의 어딘가, 또는 북동부의 여름 항구로 항해하며 시간을 보내는 생활에 대해 조금씩 불안함을 느끼기 시작했습니다. 그녀는 요리를 통해 이것저것 시도하기 시작했고 결국 집에서 만든 음식을 준비하고 배달하는 사업을 부업으로 시작했습니다. 2004년 자넷은 플로리다 남부를 떠나 북쪽으로 향했습니다. 이번에는 테네시주 채터누가 외곽의 시골 지역이었습니다. 그녀는 행글라이더 공원 근처 산꼭대기에 자리를 잡고 아버지가 돌아가셨을 때 물려받은 돈으로 작은 별장과 게스트하우스를 지었습니다. 49세에 자넷은 새로운 지역 사회에서 풀타임으로 음식 포장 및 배달 사업을 하기 시작했습니다. 아울러 이 새로운 일은 85세의 어머니를 가까운 집으로 모셔올 수 있게 해주었습니다.

사업은 2년 만에 성공했습니다. 대형 식품 소매업체가 인수 의향을 보이자 자넷은 사업을 매각하고 그 수익금을 은퇴 생활 자금으로 사용할 수 있을 것이라고 생각했습니다. 하지만 매각은 불발되었습니다. 2008년 금융위기로 인한 경기 침체가 닥쳤을 때 사업은 큰 타격을 받았습니다. 식품업체의 관심이 시들자 자넷은 사업을 접기로 결정했습니다.

그 후 5년 동안 자넷은 생계를 유지하기 위해 다양한 일을 했으며 어머니의 사회연금에 자신의 수입을 조금 보태 그럭저럭 생활을 유지했습니다. 그러나 그때 자넷이 한 일들 중 어느 것도 그녀의 관심사가 아니었기에, 그녀는 재무설계사와 상담했습니다. 그들은 자넷이 물 위에서 가장 행복할 것이며 재정적으로도 그게 최선일 것이라고 의견 일치를 보았습니다. 결국 2013년, 63세의 자넷은 항해 생활을 다시 시작했습니다. 자넷은 다시 선장이나 승무원으로 일하면서 많은 돈을 벌고 이전에 본 적이 없는 세계를 방문할 수 있었습니다. 그녀의 어머니는 작년에 돌아가셨기에 집 말고는 그녀를 채터누가에 묶어 두는 것이 없었습니다. 게다가 어머니가 돌아가시자 손님용 별장이 비게 되면서 쟈넷은 이를 임대하기로 결정했습니다. 항해 일정으로 자주 집을 비우는 상황에서 그것은 좋은 결정이었습니다. 그녀는 또한 에어비앤비에서 자기 집의 손님방도 임대하기 시작했고, 월수입은 더 많아졌습니다. 이제 자넷은 나이가 들어가도 복수의 소득원을 통해 즐거운 생활을 지속할 수 있을 것이라고 확신합니다. 비록 번 돈을 저축으로 쌓아두진 못했지만, 66세인 그녀는 여전히 튼튼하고 건강하며 몇 년 더 바다를 항해할 것입니다.

자넷과 찬드라의 이야기는 서로 다르지만, 둘 다 의미 있고 흥미로운 삶을 스스로 개척했다는 공통점이 있습니다. 아마도 자넷은 최대한 수입을 늘려야 할 것이고, 찬드라는 비용에 관계없이 자신의 관심사에 집중할 것입니다. 두 사람은 20대나 30대 때와는 다른 방식으로 일하고 있으며, 재정적 여유에는 차이가 있지만 모두 둘 다 의미 있는 수년간의 경험을 가지고 있습니다. 다음 장들에서 볼 수 있듯이 '안전'과 만족스러운 삶에 돈이 전부는 아닙니다.●

● 나는 투자상담사나 재무설계사가 아닙니다. 이 장에서 나는 재정 문제를 조직화하고 잘 관리하는 방법에 대한 아이디어와 의견을 제공했습니다. 이 장의 사례에 언급된 아이디어나 제안에 따라 행동하기 전에, 전문가의 조언을 구하는 것이 좋습니다.

6.

나의 새로운 삶은 어떤 모습일까요

"노화는 잃어버린 젊음이 아니라, 기회와 힘의 새로운 단계입니다."

— 베티 프리단Betty Friedan

여러분은 어떤 사람입니까? 사회인이라면 아마도 "나는 직장인입니다." "나는 보험을 판매합니다." 또는 "나는 학생들을 가르칩니다." 대부분 이런 식으로 대답하게 됩니다. 하고 있는 일로 자신을 설명하는 것이지요. 여러분의 부모들처럼 자신을 '브라이언의 엄마' 또는

'킴벌리의 아빠'라고 생각한 적이 없으므로 빈 둥지 증후군을 겪지는 않겠지만 직업을 떠나 모험을 시작하게 되면 스스로에 대해 생각하는 방식을 재정립해야 합니다.

- 내가 왜 여기 있지?
- 내 인생은 무엇일까?
- 내 시간, 돈, 재능으로 무엇을 하고 싶지?
- 나는 지역 사회와 세상에 어떻게 기여할 수 있을까?

새로운 나를 탐구하기

오늘날에는 자아를 탐색하고, '새로운 나'를 정의하고, 당신을 행복하게 만드는 것과 삶에 의미를 더해주는 것을 밝혀낼 기회가 많습니다. 사설 기관, 지역 대학 및 공공 프로그램이 제공하는 자기 계발 워크숍에 참여할 수도 있습니다. 생애 전환 코치transition and life coach는 작은 마을에서 대도시에 이르기까지 미국 전역에 걸쳐 활동하고 있습니다.

독서를 통해서도 스스로 새로운 정체성을 탐색할 수 있습니다. 비록 당신이 뒤처질 때 등을 떠밀어 주고 길에서 벗어나면 다시 이끌어주는 사람 없이 탐색하기란 훨씬 어렵긴 하지만요. 직접 탐색하겠다면 도움이 될 수많은 자기 계발서가 있습니다. 그중 노년을 다룬 책을 선택하십시오. 이 책의 참고 문헌 목록에서도 훌륭한 책들을 찾을 수 있습니다.

어떤 방식으로든 탐색이 시작되면 다음과 같은 질문에 맞닥뜨리게 될 것입니다.

- 당신의 성격을 어떻게 설명하시겠습니까?
- 당신이 잘하는 것은 무엇입니까?
- 당신이 좋아하는 일은 무엇입니까?
- 당신이 몰두하는 것은 무엇입니까?
- 당신을 불쾌하게 하는 것은 무엇입니까?
- 당신을 행복하게 만드는 것은 무엇입니까?
- 당신을 설레게 하는 것은 무엇입니까?
- 당신의 진지한 관심을 불러일으키는 것은 무엇입니까?
- 당신 삶의 목표는 무엇입니까?
- 당신은 무엇을 유산으로 남기고 싶습니까?

자기 발견을 위해 어떤 경로를 선택하든, 그 과정은 당신을 영원히 변화시킬 것입니다. 비록 당장 변화를 느끼지 못하더라도 말입니다.

가치를 명확하게 하는 연습은 자기 발견의 여정을 시작하는 훌륭한 방법이 될 수 있습니다. 다음 세 가지 가치 발견 워크시트는 현재 또는 미래에 당신에게 적합한 것이 무엇인지 분석하는데 도움이 될 것입니다.

가치 발견 워크시트 1

당신의 가치는 삶에서 당신에게 가장 중요한 것, 즉 무엇을 위해 어떻게 살 것인가를 나타냅니다. 그것들은 당신의 수많은 행동과 결정 뒤에 숨겨진 힘입니다. 이 연습의 목표는 현재 당신의 가치체계를 인식하는 것입니다. 이를 아는 것은 퇴직 이후의 기회나 활동을 탐색할 때 무기가 됩니다. 자신에게 가장 중요한 가치가 무엇인지, 즉 어떤 가치가 다른 가치보다 우선시되는지 알 때 생산적으로 나에게 집중할 수 있습니다.

먼저, 자신에게 더 의미 있는 것 옆에 엑스(X) 표를 하십시오. 그런 다음 상위 5위까지 순위를 매깁니다.

- 사람들과 함께 있는 것	- 평화롭고 고요한 시간을 갖는 것
- 사랑받는 것	- 재정적 안정 확보
- 동료들을 갖는 것	- 부의 축적
- 누군가를 사랑하는 것	- 신체적 안전
- 타인을 보살핌	- 안락함
- 친밀한 가족	- 지루함의 회피
- 좋은 친구들	- 재미
- 사람들로부터 호감 받는 것	- 자연과 야외 활동을 즐김
- 감사받는 것	- 좋은 외모

– 존경받는 것	– 신체적 균형
– 독립	– 건강
– 상황에 대한 통제	– 창의성
– 잘 정리되어 있는 것	– 성장
– 경쟁력	– 충만하게 사는 것
– 생산적으로 바쁜 것	– 돈 벌기
– 세상에 기여하는 것	– 목표를 갖는 것
– 불의와 싸우는 것	– 더 큰 지식의 추구
– 도덕적 삶	– 행복한 삶
– 영적인 사람이 되는 것	– 신의
– 신앙을 갖는 것	– 세상을 탐험하는 것

가치 발견 워크시트 2

- 당신의 가치관은 당신을 어떤 사람이라고 정의합니까?
- 당신은 어떤 방식으로 당신의 가치를 직업에 적용시켰습니까? 당신의 직업은 어떤 면에서 이러한 가치와 일치하지 않았습니까?
- 어떤 일이나 활동에 흥미를 느끼며 이끌렸습니까?
- 어떤 기회(작업, 팀, 프로젝트)에 기꺼이 참여하고자 했습니까?
- 어떤 일이나 기회를 거절했습니까?
- 당신의 가치와 부합하지 않았다고 느낀 일들은 무엇입니까?

2부 가치 설계: 어떤 삶을 살 것인가, 그리고 무엇을 남길 것인가

가치 발견 워크시트 3

- 어떤 여가활동이 당신의 가치와 부합하면서 즐거움을 줍니까?
- 어떤 종류의 봉사 활동이 당신의 가치와 역량에 부합할까요?
- 어떤 소득 활동이 당신의 가치에 부합하고 만족스러운가요?
- 어떤 시민 참여 활동이 당신의 가치와 재능에 부합하나요?

인생의 현 단계에서 자신에게 중요한 것이 무엇인지 깨닫게 된다면, 이제 영혼과 지갑을 채워줄 새로운 일을 찾을 준비가 되었습니다. 이 영역에서는 당신이 정한 것 이외의 경계선은 없습니다.

모든 사람은 아침에 일어나 하루를 즐겁게 맞이할 이유가 필요합니다. 우리는 유년기를 거쳐 학생이 되고, 취직을 하고 (또는 이 과정을 되풀이하면서), 자녀 없는 성인으로서 의미와 목적 있는 삶의 궤적을 걸어왔습니다. 오래된 정체성을 떠나보내고 나면 새로운 정체성이 필요합니다. 새로운 정체성을 찾는 것은 많은 사람들이 중년 후반기와 '은퇴'기에 진입하면서 하게 되는 가장 어려운 작업 중 하나입니다.

새로운 목적을 찾는 것은 젊었을 때 했던 진로 탐색과 비슷합니다. 오늘 당신은 어떤 사람인지, 그리고 지금 무엇이 당신을 이끌고 있는지 관찰하는 것부터 시작할 수 있습니다. 그러한 관심 분야는 당신이 성년 초반기에 가졌던 관심과 같을 수도 있고, 40~50년 전과는 매우 다르게 진화할 수도 있습니다. 샐리와 댄의 이야기는 자신의 관심사에 성공적으로 정착한 좋은 예입니다.

말년에 새롭게 찾은 '덕후'의 삶

어렸을 때 샐리는 춤과 움직임에 관련된 모든 것을 좋아했습니다. 그녀는 발레와 현대 무용을 배웠습니다. 고등학교 때 치어리더팀에 합류했고 지휘봉 돌리는 법을 배워 고적대장이 될 수 있었습니다. 특수 교육 학위로 대학을 마치고 교직에 몸담았지만, 곧 자신이 지역 YMCA에서 하는 에어로빅 외에는 다른 어떤 것을 할 여유도 없이 가르치는 일에 시간과 에너지를 쏟아붓고 있다는 것을 깨달았습니다.

샐리는 35년 동안 교직에서 일했으며 일리노이주 교외에 있는 작은 교육구의 교육감이 되었습니다. 몇 년 전 64세의 나이로 은퇴했지만, 그녀는 여전히 신체적으로 건강했습니다. 춤에 대한 열정을 되살리기로 결심한 그녀는 인근의 성인 댄스 스쿨을 찾아 수업에 등록했습니다. 여기에 가르치는 일을 더 했습니다. 그녀는 현재 사립 초등학교에서 댄스 기초를 가르치고 있으며 지역 노인 센터에서 동작 및 유연성 수업을 하고 있습니다. 그녀는 때때로 지역 성인 무용단과 함께 공연도 합니다. 샐리는 춤이 말년까지 자신의 건강을 유지해 줄 것이며, 가르침과 공연이 그녀의 삶에 의미와 목적을 부여해준다고 믿습니다.

댄은 아주 오래전부터 엔지니어가 되고 싶었습니다. 여섯 살 때 이미 그는 아버지의 자명종을 분해해 재조립한 적이 있습니다. 대학 졸업 후 바로 항공 우주 분야로 취업해 58세에 회사가 제안한 희망 퇴직 패키지로 37년의 직장생활을 마치기까지는 자신이 인생에서 진정 무엇을 원하는지 생각해 보지 않았습니다.

회사 생활을 돌아보면서 댄은 자신이 지난 10년 동안 기술자의 위치를 넘어 '전문 경영인'에 가까워졌음을 깨달았습니다. 뒤처진 엔지니어 역량을 한탄하는 대신, 댄은 지역 스카우트 조직에 참여해 리더십 역량을 가르치기 시작했습니다. 또한 어린 시절 아버지와 함께한 배낭여행 경험을 바탕으로, 학생 스카우트 단원들의 캘리포니아 야생 지역 탐험을 이끌고 있습니다.

두 사례 모두 가르침이 핵심 요소입니다. 실제로 많은 사람들이 평생 동안 축적한 지식과 기술을 가장 잘 활용하는 방법은, 그것을 다른 사람에게 가르치는 것이라고 생각합니다. 그러나 가르치는 형태가 아닌 기회도 많이 있습니다. 역사상 가장 많은 50대 이상의 사람들이 새로운 사업을 시작하고 있습니다. 사실, 50세 이상 소기업 경영자 그룹은 현재 미국에서 가장 크고 성공적인 기업가 집단입니다.[14] 수십 년간 쌓아온 경험을 바탕으로, 더 많은 시간과 자원을 투자하는 장년의 기업가들이 노력에 걸맞은 좋은 성과를 거두는 것은 당연한 일입니다. 자녀를 갖지 않는 자유를 선택한 여러분은 훨씬 더 큰 이점을 지니고 있습니다. 여러분 또래의 부모가 자녀를 사회로 진출시키는데 시간과 돈을 쓰는 동안, 여러분은 자신의 미래에만 집중할 수 있습니다. 또한 이동성이 제한되어 있거나 멀리 거주하는 경우에도 과거와 달리 오늘날은 재택근무를 할 수 있도록 기술이 발전했습니다.

"사람은 목적 있는 삶을 살 때 몰입하고, 일체성을 경험하고, 과정과 결과가 기대와 부합했으며, 더 많은 에너지, 열정 및 만족감을 느끼게 됩니다. 하는 일과 하나가 되기 때문에 더 잘하는 것입니다."

— 『50 이후 스마트하게 살기』

은퇴 후 자기 자신을 바꿀 기회는 무궁무진합니다. 자신만의 독자적인 길을 만들 수도 있고, 프랜차이즈 비즈니스와 같이 다른 사람들이 이미 닦아 놓은 길을 갈 수도 있습니다. 당신이 무엇을 할지는 노화에 따른 당신의 능력과 이동성의 수준에 달려 있지만, 50대, 60대, 70대, 심지어 80대까지도 활력 있고 역동적으로 살고 싶다면 빈둥거릴 이유는 없을 것입니다.

65세에 여전히 건강하다면 기대 수명은 80대 중반이 될 것입니다. 많은 사람들이 80대 후반과 90대까지 활동적인 삶을 살고 있습니다. 아무리 돈이 많아도 가만히 앉아서 아무것도 하지 않으며 남은 25년, 30년을 보내고 싶으십니까?

계속해서 돈을 벌어야 합니까? 그렇다면 언제까지 그래야 합니까? 이는 자신에게 가장 잘 맞는 일을 찾기 전에 먼저 답해야 하는 질문입니다. 원예를 예로 들자면 이런 질문도 가능할 것입니다. 취미로 정원사가 되어야 합니까, 아니면 온라인 식물 판매업을 시작해야 합니까? 여러분의 재무설계사가 답을 찾는 것을 도와줄 것입니다.

많은 사람들이 지금의 직업/경력을 유지하거나 아니면 일을 완전히 그만둬야 한다고 생각합니다. 보통 정답은 그사이 어딘가에 있습니다. 그렇다고 해서 정년 이후에도 현재 직장에 남아 있으면 안 된다는 뜻은 아닙니다. 꼭 그럴 필요는 없다는 뜻입니다.

운이 좋다면 단계적 퇴직을 제공하는 몇 안 되는 회사에 다니고 있을지도 모릅니다. 이 경우 계속 일할 수 있지만, 근무 형태가 바뀌는 경우가 많습니다. 단축근무(예를 들면 주 3일 또는 2주 근무 후 1주 휴무)로 바뀌기도 하고, 일주일에 얼마간 원격근무(재택근무)할 수 있는 기회가 제공되는 곳도 있습니다. 은퇴가 예정된 임직원이 다음 직업이나 장소를 물색하기 위해 몇 달간 쉬는 안식년 휴가를 주는 회사도 있습니다. 한 소매 회사는 고령 직원이 연중 일부 기간 동안 선벨트[날씨가 따뜻한 미국 남부/남서부 주를 칭함.] 지역에서 근무할 수 있도록 합니다. 플로리다와 애리조나 같은 주에서는 많은 소매업체가 겨울 동안 직원을 충원해야 하므로 이러한 재배치는 직원과 회사 모두에게 도움이 됩니다.

자녀가 없는 직장인들에게 이러한 제안은 매력적으로 다가올 수 있습니다. 손주와 가까운 곳에 살아야 하는 이유가 없을 때 세상은 기회로 가득 찹니다. 인생과 생계를 실험에 부쳐 볼 시간입니다. 10장에서 소득을 올릴 수 있는 기회들에 대해 자세히 알아볼 것입니다.

마음이 마음에게 남겨준 유산

지금 여러분에게 중요한 것을 발견하는 또 다른 방법은 여러분이 남길 유산에 대해 생각해 보는 것입니다. 자녀가 없다고 해서 세상을 바꿀 무언가를 남길 수 없는 것은 아닙니다. 유산은 반드시 유형적이거나 금전적인 것만은 아닙니다. 멕 뉴하우스Meg Newhouse는 그녀의 훌륭한 책인 『마음의 유산Legacies of the Heart』에서 이렇게 설명합니다.

"유산은 유형이든 무형이든, 규모와 무관한 모든 것입니다. 유산이란 우리가 어떤 이유에서건 남에게 주고, 유언장에 올리며 우리가 사는 동안 또는 죽은 뒤에도 남기게 되는 무언가입니다. 우리 중 일부는 조직 및 작업, 출판 또는 예술 작품, 공공건물 및 구조물, 또는 널리 퍼진 아이디어 등의 형태로 공공의 유산을 남깁니다. 대다수 사람들의 유산은, 가족, 친구, 동료, 지인 등 사적 영역에 남겨지게 됩니다. 유산은 어떤 형태로든 보전되는 우리 삶의 흔적입니다."

내 친구 산드라(그녀는 사망했으므로 실명을 사용합니다)는 나에게 멘토이자 친구였습니다. 열두 살 연상인 그녀는 내가 막 입문한 분야에서 한참 앞서 있었습니다. 내가 스물여덟 살 때 첫 남편이 저녁 식사에 동료를 초대했고, 산드라는 그 동료의 애인으로 함께 왔습니다.

당시 우리는 콜로라도 스프링스에 살았고 그 동료는 남편 회사를 방문하기 위해 왔습니다. 그들은 저녁 늦게까지 머물렀고, 남자들이 사업에 대해 이야기하는 동안 산드라와 나는 서로를 더 잘 알게 되었습니다. 그녀는 고향인 서부 켄터키에서 살고 있었지만 피닉스에 본사를 둔 컨설팅 회사에서 일하기 위해 그곳으로 이사하려던 참이었습니다. 그녀는 최근에 반더빌트대학에서 교육학 박사 학위를 받았으며, 이를 위해 4년 동안 일주일에 이틀씩 긴 거리를 이동해야 했습니다. 학위를 마치는데 그녀가 보여준 헌신과 인내는 저에게 깊은 인상을 남겼습니다.

우리가 처음 만났을 때는 산드라가 막 조직 개발organizational development, OD 분야에서 경력을 쌓기 시작한 시점이었습니다. 나는 아직 새로운 조직 개발 분야에 대해 많이 알지 못했지만, 그녀의 말은 나를 매료시키고 호기심을 자극했습니다. 나는 당시 막 석사 학위를 마쳤고 스프링스에 있는 전문대학에서 가르치고 있었지만 그날 저녁 대화 이후, 나도 그녀와 같은 일을 원한다는 것을 깨달았습니다.

우리는 이후 18년 동안 연락을 유지했고, 그사이 이혼과 재혼, 직업과 컨설팅 과제, 박사 학위 취득 등의 과정을 함께 지나왔습니다. 운이 좋게도 약 4년 동안 우리는 실리콘 밸리에서 서로 가까이 살 수 있었습니다. 그 무렵 나는 경력을 교수에서 기업 교육으로, 그리고 결국에는 조직 개발로 전환하는데 성공했습니다. 산드라는 컨설턴트로서 큰 성공을 거두었고 자주 출장을 떠났지만, 급성장하는 나의 컨설팅 작업이 역경을 맞을 때마다 항상 조언을 해주었고, 어려운 고객과 까다로운 사내 정치에 대처하는 것을 도와주었습니다. 그녀는 내가 고객의 문제에 대해 보다 포괄적이며 창의적으로 생각하고, 고객의 사업을 그들보다 더 잘 아는 것처럼 보이지 않으면서도, 고객에게 해법을 제공하는 기술을 전수해 주었습니다.

산드라는 62세에 난소암에 걸렸습니다. 나는 그녀가 나의 멘토이자 영적 인도자로서 보낸 지난 시간을 어떻게든 보답하고 싶었습니다. 그래서 그녀의 마지막 몇 달을 그녀의 가족, 친한 친구들과 함께 켄터키에서 보냈습니다. 그녀는 우리 모두에게 좋은 인생을 마무리하는 법을 가르쳐 주었습니다. 산드라는 자신의 자녀를 포함하여 많은 사람들에게 큰 유산을 남겼습니다. 나는 남은 생애 동안 그녀의 유산을 계속해서 활용하고 소중히 여길 것입니다.

"긍정 피드백 순환고리에서, 유산에 대한 숙고는 그 자체로 시간과 공간에 대한 우리의 감각을 확장합니다. 유산을 생각할 때 우리는 자연스럽게 뒤로 우리의 뿌리를 되돌아보고 앞으로는 다음 세대와 우리가 물려주고 싶은 사회와 행성을 봅니다… 가

2부 가치 설계: 어떤 삶을 살 것인가, 그리고 무엇을 남길 것인가

족이나 친구 관계, 지역 사회라는 더 큰 그림은 우리가 받았던 것을 돌려주고 긍정적인 유산의 발자취를 남기고자 할 때 동기, 나침반, 또는 촉매제 역할을 합니다."

— 멕 뉴하우스Meg Newhouse, 『마음의 유산』

우리는 원하든 원하지 않든 유산을 남깁니다. 부모님, 선생님, 그리고 여러분의 삶에 영향을 끼친 사람들로부터 물려받은 유산에 대해 생각해 보십시오. 그들 대부분은 자신이 여러분에게 유산을 남겼다는 사실조차 모르겠지만, 그럼에도 불구하고 당신은 그것을 받았습니다. 일부 유산은 부정적이고 일부는 긍정적입니다. 일부는 유언이 정한 대로, 나머지 대부분은 법적 절차에 따라 남겨집니다. 가장 기본적인 유산은 유전적인 것입니다. 당신은 아버지의 코나 어머니의 걸음걸이를 닮았다는 말을 들어본 적 있을 것입니다. 누구도 그 특정 유산을 선택하지 않았지만 유전적으로 남겨진 것입니다.

자녀가 없다면 이와 같은 유전적 유산을 남기지 않게 되므로, 남기고 싶은 다른 유산을 준비할 기회가 있습니다. 조카 등 좋은 영향을 남기고 싶은 친척을 대상으로 할 수도 있습니다. 유산은 돈, 보석 또는 도구와 같은 물질적인 것일 수도 있지만, 삶에 대한 태도, 문제 해결 전략, 호기심, 변화에 대한 대응, 또는 평생 학습에 두는 가치 등과 같이 무형적인 것일 수도 있습니다.

내 두 조카가 어렸을 때 내가 생각하는 만큼 그들의 부모가 교육을 중요시하지 않는다는 것을 알았습니다. 그들이 더 많은 교육을 받을수록 삶에서 더 많은 선택권을 갖게 됩니다. 나는 기회가 있을 때마다 그들에게 대학에 대해 이야기했고, 내가 어떻게 대학원 학위를 직업을 찾는 흥미로운 도구로 활용했는지를 알려주었습니다. 또한 그들이 고등학교 졸업 후 선택한 모든 교육에 대한 비용을 대주겠다고 제안했습니다.

한 조카가 제의를 받아들여 4년제 대학에 진학했고 순수미술 학위를 받은 후 여러 가지 흥미로운 직업을 거쳤습니다. 현재 그녀는 기본적인 드로잉과 회화를 가르치는 학원을 성공적으로 운영하고 있습니다. 교육의 가치는 내가 그녀에게 물려준 유산이며 그녀는 또한 자신의 두 딸에게 물려줄 것이라고 확신합니다.

유산을 남기기 위해 부자연스럽거나 강제적인 일을 할 필요는 없습니다. 종종 가장 조용한 사람들이 가장 오래가는 유산을 남깁니다.

7.

나이 듦의 강은
부드러움의 다리로 건넌다

"현명한 사람은 나이가 앗아가는 것보다 남기는 것에 슬퍼한
다."

— 윌리엄 워즈워스William Wordsworth

10대와 20대 시절, 인생은 우리 앞에 펼쳐진 탄탄대로였습니다. 우
리의 의견, 정치적 신념, 음식, 영화, 주거지에 대한 취향, 그리고 경
력을 쌓고 일자리를 갖기 위해 할 수 있는 일에 대한 의식이 막 형성
되고 있던 시기였습니다. 우리는 유연했고 대중문화, 미디어, 그리고

(때때로) 부모로부터 강하게 영향을 받았습니다. 물론 부모의 영향력에 대해서는 반항도 했지만요. 중년이 되면서 취향은 굳어졌고 이는 성숙해지는 자연스러운 과정이었습니다. '독불장군'이라는 표현을 들어본 적이 있을 것입니다. 이는 고집스럽거나 다른 선택지를 고려하지 않고 특정한 방식으로만 일하는 사람을 지칭하는 표현입니다. 중년이 되고 시간이 흐르면서 선호와 편견은 종종 더욱 굳어지고 배타적으로 바뀝니다. 이러한 변화는 보편적인 것이지만, 취향의 고착화cristallization는 나이가 들수록 역효과를 낼 수 있습니다. 아이러니하게도, 인생의 후반부에 접어들수록 역고착화de-crystallization가 더 중요해집니다. 우리 내부의 경직된 영역을 탐색하면서 고정관념이 우리 삶을 어떻게 제한하는지, 또는 쓸모를 다한 것들에 여전히 집착하고 있지는 않은지 살펴봐야 합니다. 리사의 사례는 굳어버린 사고방식이 삶에 어떤 부정적 영향을 미칠 수 있는지 보여주는 좋은 예입니다.

관절은 뻣뻣해도 마음은 유연하게

리사는 60대 초반의 독신 여성으로, 1910년경 이탈리아에서 이주한 후 3대째 샌프란시스코에 살고 있는 끈끈한 가족애로 뭉친 집안의 일원입니다. 그녀에게는 형제자매뿐만 아니라 수많은 사촌, 조카들이 있습니다. 최근 들어 비싼 생활비에 부담을 느낀 집안의 젊은 세대가 샌프란시스코 동쪽의 저렴한 지역으로 이사했습니다.

자신과 또래들(친구들, 같은 세대의 가족 구성원 등)이 은퇴하기 시작하면서 리사는 곤경에 처했습니다. 80년 된 빅토리아 양식의 집은 보존 차원에서 개보수가 금지되었고 사방의 안개와 습기는 관절염을 악화시켰습니다. 지난 5년 동안 친구와 가족들이 햇빛 좋은 이스트 베이로 이사하는 것을 지켜보았지만, 리사는 여전히 샌프란시스코 도시 여성이라는 정체성에 묶여 있었습니다. 그녀는 다른 곳에서의 삶은 왠지 지루하고 낯설 거라고 생각했습니다.

리사에게서 자신의 모습이 엿보이나요? 당신의 굳어버린 면은 무엇인가요? 때로 우리의 완고함은 음식에 반영되기도 합니다. 나이가 들수록 무엇이 건강에 좋은지 알아보고 새로운 정보를 반영해 식단을 유연하게 조정해야 합니다. 대부분의 베이비 붐 세대는 원더 브레드[1921년 미국에 처음 등장한 슬라이스 식빵 브랜드.]에 웰치스 포도잼과 피터팬 땅콩버터를 곁들여 먹고 자랐습니다. 우리는 테이터 토츠[조미된 냉동감자 간식.]와 피시 스틱을 먹었고 가끔씩 TV디너[1950년대 미국에서 등장해서 유행한, 도시락처럼 미리 준비된 1인용 포장 간편식.]를 즐겼습니다. 운이 좋았다면 부모가 탄산음료나 단것을 너무 많이 먹지는 못하게 했을 것입니다.

우리가 자라면서 더 많은 '간편식'이 쏟아져 나왔고, BLT[베이컨bacon, 양배추lettuce, 토마토tomato의 첫 자를 따서 만든 샌드위치 브랜드.], 피자, 버거, 감자튀김 등이 식단에 추가되었습니다. 40대에 접어들 무렵, 영양학자들은 혀를 차며 그런 음식에 들어 있는 설탕과 지방

이 우리 몸에 어떤 영향을 미치는지 경고하기 시작했습니다. 과학자들은 어떤 음식이 건강을 지켜주고 어떤 식습관이 수명을 단축시키는지 알아내고 있습니다. 베이비 붐 세대가 노인이 되면서 대다수는 이제 무엇을 먹고, 먹지 말아야 하는지 알고 있습니다. 하지만 그래서 여러분은 습관을 바꾸고 있나요?

당뇨병을 앓고 있다면 지금 설탕과 단순 탄수화물을 피하고 있습니까? 고혈압이나 심장질환이 있다면 염분을 멀리하고 있습니까? 콜레스테롤 수치를 조절하기 위해 지방 섭취를 줄이고 있습니까? 건강을 유지하려면 나이 들수록 각자에게 맞는 방식으로 식단을 조정해야 합니다.

"엄마에게 혈전 방지약을 드시라고 계속 잔소리를 해야 해. 병원에 다시 실려 가시게 내버려 둘 수는 없어!"라는 친구의 말을 몇 번이나 들었습니까? 당신에게는 정해진 식단을 지키는지, 제때 약을 복용하는지 매일 전화로 점검할 성인 자녀가 없습니다. 당신의 배우자는 당신에게 잔소리할 수도 있고 안 할 수도 있습니다. 당신이 독신이라면 스스로 일상을 바꾸려는 의지와 규칙과 끈기를 가지고 건강을 지켜야 할 것입니다. 세상을 다르게 보는 능력과 새로운 현실에 적응하려는 의지는 나이가 들수록 더욱 중요해집니다.

유연성은 우리가 스스로를 보는 방식, 하는 일, 사는 곳 등 이 책 안의 다양한 주제에 스며들어 있습니다. 다음 퀴즈는 당신이 인생의 갈림길에서 얼마나 적응할 수 있을지 확인하는 데 도움이 될 것입니다.

변화와 적응성 퀴즈들, 맞춰보세요

다음 상황에서 당신이 어떻게 느끼거나 반응할 것인지를 가장 잘 설명하는 것에 동그라미를 치십시오.

1. 옆집 이웃이 집을 내놓았습니다. 그들이 떠나는 것에 대해 슬픈 감정 외에 다른 어떤 것을 느끼시나요?

   A. 충격: 이웃이 스스로 가정이라고 부른 집과 이웃을 버린 것에 대한 충격

   B. 걱정: 새 이웃이 시끄럽거나 집에 대해 부주의할 것에 대한 우려

   C. 불안: 약간은 불안하지만 새로운 사람들이 입주할 때 환영할 준비가 되어 있음

   D. 기대: 동네에 새로운 사람들이 이사 올 것에 대한 기대

2. 당신의 팀에 방금 새로운 신입사원이 합류했습니다. 어떻게 하시겠습니까?

   A. 성격과 역할을 잘 알고 있는 기존 팀원들과만 교류

   B. 신입이 정보나 조언을 요청해올 때까지 무시함

   C. 진심으로 환영하지만 관여하지 않음

   D. 환영하고, 소속감을 느끼도록 어떻게 도와줄 수 있는지 물어보고, 회사 주변을 알려주겠다며 점심을 같이 먹자고 함

3. 시에서 도로 보수 공사를 시작해 매일 걸을 수 있는 새로운 경로를 찾아야 합니다. 자, 당신의 기분은 어떻습니까? 어떻게 하시겠습니까?

    A. 화남: 일상이 침해받은 것에 대해 화가 남. 공사 완료 시까지 걷기를 중단함

    B. 다소 혼란스러움: 공사 완료 시까지 어디로 걸어가야 할지 모르므로 다소 혼란스러움. 며칠 동안 걷는 것을 멈춘 다음 마지못해 새로운 길을 찾음

    C. 동기 부여됨: 새로운 길 찾기에 동기부여 되어 즉시 행동함

    D. 설렘: 이제 걷는 동안 새로운 풍경과 활동을 경험하게 되어 기쁨 (물론 처음부터 매일 같은 경로를 걷지는 않더라도)

4. 좋은 제품을 저렴하게 파는 것으로 유명한 슈퍼마켓이 이제 막 시내에 개업했습니다. 당신은…

    A. 새 슈퍼는 무시하고 항상 가던 매장에서 계속 쇼핑. 오래된 슈퍼는 나의 필요를 잘 충족시켰고 당신은 단골손님의 이점을 신뢰함

    B. 신규 오픈 매장을 확인하기 위해 한 번 들러봄. 그러나 모든 것의 진열 위치를 바로 찾을 수 있는 이전 매장으로 돌아감

    C. 이제 선택지가 있으므로 새 매장을 들러보고 선호하는 매장을 결정함

    D. 새 매장을 받아들이고 6개월 동안 거기서만 쇼핑하고 친구

들에게 같이 하도록 권함. 새 매장이 성공하는지 확인하고 (망하지 않고) 당신에게 지속적인 쇼핑 선택권을 줄 수 있을지 확인함

5. 당신은 스스로 납기를 정하고 중요한 일을 하고 있습니다. 친구가 전화를 걸어와 몇 가지 중요한 소식을 전하고 당신의 의견을 듣고자 합니다. 당신은…

    A. 전화벨 소리를 무시하고, 자동응답 메시지를 듣고, 작업으로 돌아감

    B. 전화벨 소리를 무시하고, 메시지를 듣고, 친구에게 전화하여 별도의 통화 약속을 잡음

    C. 작업을 15분 미루기로 하고, 전화를 받고, 친구의 소식을 듣고, 가능한 한 많은 피드백을 주지만, 작업으로 돌아가기 위해 전화를 짧게 끊음

    D. 작업을 미룰 수 있는지 확인한 다음 전화를 받고, 친구와 45분 동안 대화를 나눔

6. 의사는 당신이 고혈압이라고 판정하고, 당신에게 혈압계를 사서 주 2회 혈압을 측정하고 소금 섭취량을 하루에 한 티스푼으로 줄이라고 합니다. 이에 당신은 아마도…

    A. 경고를 무시하고 아무에게도 말하지 않고 이전과 같은 생활 방식을 유지함

B. 몇 달 동안 조언에 대해 생각한 다음 친한 친구들 또는 배우자와 정보를 공유하고 약국에서 혈압계를 둘러봄

C. 즉시 혈압계를 사서 잊지 않기 위해 잘 보이는 곳에 둠. 소금 사용량은 점차 줄임

D. 병원에서 집으로 가는 길에 약국에서 혈압계를 구입하고 정기적으로 사용하기 위해 욕실에 설치함. 집에 있는 소금통을 모두 버리고 더 이상 해로운 가공 음식을 사지 않겠다고 결심함

7. 당신은 유럽행 비행기에 탑승하기 위해 게이트에서 기다리고 있습니다. 게이트 요원은 항공기가 변경되었으며 모두에게 새로운 좌석 배정이 필요하다고 알립니다. 직원에게 좌석에 대해 이야기할 차례가 되면 당신은…

A. 항공기 변경에 대한 불만을 표현하고 같은 좌석을 요청함

B. 예약한 통로 쪽 좌석을 얻지 못할 수 있다는 우려를 전하고 원래 예약한 좌석과 최대한 비슷한 좌석을 배정해 달라고 요청함

C. 직원에게 변경된 비행기에서 이용 가능한 것이 무엇인지 물어보고 가능한 범위 내에서 새 좌석을 선택함

D. 직원이 배정하는 대로 좌석을 받고, 옆 좌석에 누가 앉을지 생각함

8. 친구가 당신이 좋아하는 행사의 막판 티켓을 줍니다. 당신은 그날

저녁 몇 가지 이메일에 답하고 녹화한 두 개의 새로운 TV 프로그램을 볼 계획이 있었습니다. 당신은…

    A. 그에게 감사를 표하지만, 당일 저녁 계획을 변경하기에는 너무 늦었다고 말함

    B. 고맙다고 말하고 그가 표를 줄 다른 사람이 아무도 없으면 티켓을 받겠다고 함

    C. 감사를 표하고 티켓을 받고 서둘러 집으로 가서 이메일만 공연 시작 전에 처리함

    D. 고맙다고 하고 티켓을 흔쾌히 받아 다른 사람을 불러 같이 감. 이메일은 잠시 제쳐 둠

9. 당신은 토요일 저녁에 친구와 함께 식당에 갔는데, 당신이 일주일 전에 한 예약 기록이 없다는 것을 알게 되었습니다. 이제 당신을 위한 테이블이 없고 대기자 명단은 이미 길어져 있습니다. 당신은…

    A. 화를 내며 그들에게 일주일 전에 걸었던 통화기록 증거를 보여줌

    B. 한숨. 대기자 명단에 올리고 바에서 기다림

    C. 친구에게 결정하게 함

    D. 친구에게 "근처 새로 오픈한 레스토랑에 한 번 가보지 뭐."라고 함

10. 당신의 치과 주치의가 이제 막 은퇴하면서 한 번도 본 적 없는 젊은 치과의사에게 병원을 넘겼습니다. 당신은…

A. 그가 당신을 버린 것에 대해 슬프고 속상하고 믿을 만한 다른 치과의사를 찾지 못할까 봐 불안해함

B. 화가 나고 이제 새 치과를 찾아야 함. 2년 동안은 치과 진료를 중단한 후 다른 사람에게 좋은 의사 추천을 요청함

C. 다소 당황했지만 즉시 친구에게 좋아하고 신뢰할 만한 의사 추천을 요청함

D. 이전 치과의사에게 축하 메시지를 보내고 병원을 인수한 새 치과의사 — 아마 학교를 갓 졸업했고 모든 최신 치과 기술에 대해 알고 있을 — 와 만나는 것을 기다림

11. 친구 몇 명과 저녁을 먹으러 나갔습니다. 원래 계획은 이른 저녁을 먹고 근처에서 영화를 보는 것이었습니다. 그러나 저녁은 포근하고 아름다웠고 한 친구가 영화에 대한 생각을 버리고 근처 공원에서의 산책과 일몰을 감상하자고 제안합니다. 당신의 반응은…

A. 아니요, 원래 계획이 좋습니다. 일몰이 아무리 장관이더라도 영화 보기는 계획된 것이라고 말함

B. 마지막 순간에 계획을 변경하는 것이 불편하다고 친구들에게 말함

C. 침묵하며 다른 사람들이 결정하는 것에 따름

D. 그래요. 영화는 다음에도 볼 수 있고 아름다운 저녁이 지금
   은 더 소중하다고 생각함

12. 파티에 가기 직전에 고양이/강아지가 당신이 입을 예정이었던
   셔츠에 '실수'했습니다. 당신은…
   A. 파티 주최자에게 전화를 걸어 참석할 수 없다고 함
   B. 셔츠에서 얼룩을 제거하는데 한 시간을 보냄. 짧은 세탁을 거
      쳐 건조하고 다림질한 다음 셔츠를 다시 입고 꽤 늦게 파티에
      도착함
   C. 셔츠를 빨래 바구니에 넣고 얼룩을 지우고 다른 옷을 입고
      파티장으로 향함
   D. 셔츠 없이도 살 수 있다고 생각하고 쓰레기통에 버리고 다른
      옷을 입고 파티 장소로 감

   득점   A: 1점, B:2점, C:3점, D:4점을 부여
   총점   _____
   아래 구간에 'X'로 당신의 총점을 표시하십시오.

12	24	36	48
변화에 매우 저항적	적당히 적응성이 좋음		적응성이 높음
적응성이 매우 낮음			변화에 자발적으로 잘 반응함

몇 점이 나왔나요? 30점 미만이 나왔다면 유연성을 기를 수 있는 방법을 찾아보세요. 이제 자신의 성향을 알고 있으므로 일상 속에서 당신의 유연성도 더 잘 관찰할 수 있을 것입니다. 자발성은 유연성, 적응성과 연결되어 있습니다. 더 자발적으로 행동하도록 스스로를 자극할 수 있다면, 재미있고 흥미로운 방식으로 유연성을 기를 수 있을 것입니다.

8.

사랑과 우정이 깃든 튼튼한 관계

"우정의 달콤함 안에 웃음과 기쁨의 나눔이 있게 하라. 이는 마음이 작은 이슬 속에서 아침을 찾고 새롭게 되는 것이니."

— 칼릴 지브란Kahlil Gibran

자녀가 없기 때문에 우리는 부모 세대보다 사회관계가 더 제한적입니다. 2장 54쪽의 그림이 설명하는 것처럼 아이들은 관계 지도를 복잡하게 만듭니다. 수학 공식처럼 각 자녀는 방정식의 다른 변수를 나타냅니다. 아이들과 친구들과의 관계, 그리고 결국에는 인척 관계도 부모 관계망의 일부가 됩니다.

당신이 독신이 아니라면 가장 강력한 연결 고리는 아마도 당신의 파트너일 것입니다. 독신이라면 형제자매나 친한 친구와 가장 끈끈한 관계를 맺을 수 있습니다. 사촌, 조카, 친구들과의 유대감은 다소 약하더라도 여전히 중요합니다. 자녀가 없는 사람들은 지역 사회와의 유대를 더 키우기도 합니다. 물론 이것은 일반적인 이야기입니다. 우리는 모두 다릅니다. 우리 중 일부는 결혼했으나, 일부는 그렇지 않습니다. 일부는 형제가 없고, 따라서 조카도 없습니다. 자녀가 없는 사람들의 형제자매 역시 자녀가 없을 수 있습니다. 일부는 형제자매가 먼저 세상을 떠나 조카들만 남겨진 경우도 있습니다.

사회적 지원 자원(관계)과 양호한 정신 건강 사이에는 직접적인 연관성이 분명히 존재합니다. 강력한 인간관계는 우리가 고통스러운 사건을 겪거나 일시적인 스트레스를 경험할 때 완충 역할을 합니다. 사실, 자녀를 키우지 않고 탄탄한 사회적 지원 네트워크를 가진 성인은, 그다지 크지 않거나 약한 사회적 네트워크를 가진 부모보다 정신적으로 더 건강합니다.

"이 생에서 우리가 알게 될 가치 있는 모든 것은 주변 사람들과의 관계에서 나오기 때문입니다. 사랑과 우정이라는 무형의 것을 측정할 수 있는 물질은 없기 때문입니다."

— 살바토레R. A. Salvatore

다음 워크시트를 활용하여 자신의 소셜 네트워크를 표현하십시오. 당신에게 중요한 사람들의 이름으로 타원을 채우십시오. 가장 가깝거나 가장 중요한 관계에는 굵은 선 또는 더 밝은 색으로 그리고 멀거나 덜 중요한 관계에는 가는 선으로 그립니다. 필요한 경우 네모 칸을 더 추가하십시오. 이 연습을 더 정확하게 할수록 관계 상태를 더 잘 파악할 수 있습니다.

개인 관계 네트워크

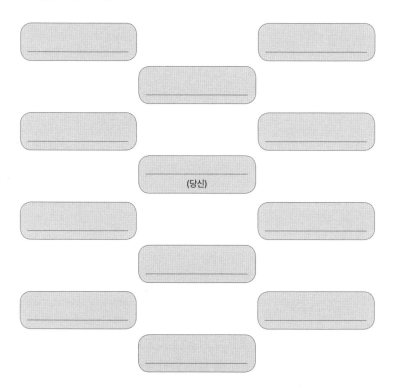

관계 구축을 위해 던져야 할 질문들

관계는 모든 사람에게 중요하며 특히 자녀가 없을 때는 더욱 중요합니다. 친구, 친척, 지역 사회 내 유대는 단지 있으면 좋은 삶의 일부가 아닙니다. 그들은 당신의 생존 열쇠입니다! 이러한 관계를 구축하고 유지하는 것이 첫 번째 미션이어야 합니다.

60세가 넘은 사람이라면 누구나 최우선시되는 기본 관계가 수년에 걸쳐 변해왔다고 말할 것입니다. 이상적으로 이러한 변화는, 호혜적인 사회적 지원 시스템을 향한 꾸준한 진전을 의미합니다. 강화할 관계와 버릴 관계는 당신만이 결정할 수 있습니다.

일반적으로, 한 사람이 말하고 다른 사람은 듣기만 하는 것은 균형 있게 주고받는 관계만큼 호혜적이지 않습니다. 연로한 부모의 경우 기본 관계는, 함께 있는 것이 즐겁든 아니든 간에, 성인 자녀를 포함합니다. 자녀가 없는 어른들에게 관계는 훨씬 더 선택의 문제입니다.

다음은 우리가 인생 후반기의 관계에 대해 생각할 때 던져야 할 질문들입니다.

- 나처럼 인생을 즐기는 사람은 누구인가?
- 나와 비슷한 방식으로 세상을 보는 사람은 누구인가?
- 내가 함께 있고 싶은 사람은 누구인가?
- 내가 좋아하고 존경하는 사람은 누구인가?
- 차별적이고 흥미로운 특성과 관점으로 내 스타일을 보완해

주는 사람은 누구인가?

- 나에게 지지와 성장의 자양분을 주는 사람은 누구인가?

또한 다음 질문도 해야 합니다.

- 내가 스스로를 돌볼 수 없는 경우 누가 나를 보살펴 줄까?
- 내가 말할 수 없다면 누가 나의 대변인 역할을 해줄까?
- 내가 무능력할 때 누가 나 대신 결정을 내릴 수 있을까?

이 장을 읽으면서 "내 친구들은 직장 동료들이야." "나는 너무 바빠서 친구 관계를 유지할 수 없어. 가족을 만나고 할 일을 끝내는 것이 내가 할 수 있는 전부야." 또는 "나는 사교 활동이나 친구들을 만날 시간이 없어. 나는 항상 ☐로 너무 바빠."라고 생각할지도 모릅니다. 이는 노년기로 접어드는 시기에 위험한 방식일 수 있습니다. 우리 모두는 가족 관계와 별도로, 나를 알고 관심을 가져주는 사람들이 필요합니다. 배우자나 인생의 동반자가 있더라도 공백을 메우려면 주위에 두세 사람 이상이 필요합니다.

보병 사단급 규모의 인간관계를 가지라고 말하는 것이 아닙니다. 좋은 친구나 가까운 친척을 합해 5~10명 정도면 충분합니다. 사람들은 당신의 삶에 영원히 머물지 않을 것이므로 한두 사람에게 배타적으로 의존하지 않도록 경계해야 합니다. 여기에는 배우자도 포함됩니다. 사람들은 다양한 이유로 우리 곁을 떠납니다. 멀리 이사 가고, 병에 걸리고, 관심사나 우선순위가 바뀌고, 나이가 들면서 점점 세상을 등집니다. 현실은 가혹할 수 있습니다. 친구 관계의 적절한 인원은 안전과도 직결됩니다. 항상 왕비에게 '왕위 계승자와 여분의 자식'을 요구하는 영국 왕실처럼, 우리는 삶의 전반에 걸쳐 여분의 친구들이 필요합니다.

현대 노인학의 아버지 중 한 사람인 조지 베일런트George Vaillant는 20세기 중반에 하버드 의대 교수이자 정신과 의사였습니다. 1938년에 그는 세계에서 가장 오래 지속된 노화 연구 중 하나를 시작했습니다. 그의 원래 목표는 무엇이 행복하고 성공적인 삶을 구성하는지 규명하는 것이었습니다. (모든 남성) 참가자들은 탁월한 하버드 교육과 학업적 성취로 인해 대부분의 범주에서 탁월한 결과를 보일 것으로 예상되었습니다. 그러나 결과는 관계가 행복과 성공 모두를 달성하는 데 가장 중요하다는 것이었습니다.

베일런트는 연구 결과가 발표된 후에도 오랫동안 이 남성들을 추적했으며 90대까지도 상당수를 관찰했습니다. 설문 조사와 인터뷰를 통해, 나이 들어가는 참가자들의 신체적, 정서적 건강을 추적했습니다. 그는 "관계가 건강한 노화의 열쇠"라고 결론지었습니다. 그는 활력과 신선한 사고를 위해 젊은 친구들을 만들라고 권장했습니다. 그는 말합니다. "취미나 크로스워드 퍼즐, 또는 증권계좌보다 근원적인flesh and blood 분야에 관심을 공유하는 다른 누군가가 있어야 합니다. 특히 은퇴 연령에 다다르면 매일 운동을 하고, 세금을 내고, 건강한 식단을 섭취하는 것처럼, 친구 하나를 잃게 되면 바로 새로운 친구를 찾아 채워야 합니다."[15]

우정의 정원 가꾸기

우정 네트워크를 강화하기 위해 어디서부터 시작해야 할지 모르겠다면 다음 제안들이 도움이 될 것입니다.

- 주위를 둘러보세요. 잘 모르는 이웃이 있습니까? 가까운 이웃과 관계를 더 돈독히 하기 위해 무엇을 해야 할까요?

- 당신의 흥미를 끄는 것은 무엇입니까? 미국 전역에서 매일 지역 기반으로 만들어지는 수천 개의 'Meetup'[미국 소셜 모임. 전국에 지역별로 20만 개가 넘는 동아리가 있으며, 한국의 온라인 기반 지역별 모임(밴드나 카페)과 유사함.] 중 하나에 가입하십시오. meetup.com 웹사이트는 모임을 꾸리는 데 특화되어 있습니다. 당신의 지리적 위치에 따라 정기적으로 만나 서로의 관심사를 공유하는 소수의 사람들, 또는 큰 대도시 지역에서는 수십 개의 모임을 찾을 수 있습니다. 스티치(stitch.net)도 관심사를 공유하는 사람들을 연결합니다. 스티치는 데이트 사이트처럼 운영되며, 회원 데이터베이스를 기반으로 교제나 로맨스를 위해 채팅하고 만날 수 있는 사람을 찾을 수 있습니다. 스티치는 나이 든 독신 성인의 외로움을 덜기 위해 고안되었습니다. 스티치의 강점은 여행 프로그램입니다. 사이트에서 여행을 검색하면 쿠바, 요세미티 국립공원, 런던, 스톡홀름, 알래스카, 페루, 프로방스, 이탈리아, 뉴잉글랜드, 노바스코샤, 타호 호수, 이스터 섬 등 정말 많은 목록을 찾을 수

있습니다.

- 무엇에 관심이 있습니까? 당신의 열정은 지역 정치, 동물 권리, 교통안전 또는 지구 반대편에서 하는 의료 행위 등 세상을 변화시키는 데 도움을 주고, 동시에 같은 생각을 가진 사람들을 만날 수 있는 자원봉사의 기회를 만듭니다. 어떻게 시작해야 할지 모르겠다면 volunteermatch.org 웹사이트를 둘러보십시오. 각자 사는 지역의 우편번호와 관심 분야에 따라 웹사이트는 앞으로 몇 주 동안 그 지역에서 일어나는 활동 목록을 제공할 것입니다.

- 좋아하는 스포츠 활동을 시작하십시오. 20년 전에 즐기던 스포츠여도 좋습니다. 다시 말하지만, 인터넷은 적합한 그룹이나 같은 생각을 가진 파트너를 찾는데 좋은 정보를 줍니다. 같은 생각을 가진 스포츠 동료를 찾기 위해 meetup.com을 검색해 보십시오.

- 학교로 돌아가십시오. 항상 배우고 싶었던 언어가 있습니까? 해보고 싶은 취미나 익히고 싶었던 컴퓨터 기술은요? 지역 전문대나 대학교마다 지역 사회를 위한 프로그램을 갖추고 있습니다. 학교는 비슷한 관심사를 가진 새로운 친구들을 만날 수 있는 좋은 장소입니다. 대학의 지역 확장 프로그램 외에도 전국의 많은 대학 캠퍼스에서 OLLI[Osher Lifelong Learning Institute. 미국의 대학들이 50세 이상 성인을 위해 제공하는 비학점제 교육 프로그램.] 프로그램을 찾을 수 있습니다. 그들은 '노

련한 성인'(50세 이상)을 위해 고안된 일련의 과정을 운영합니다. 지역 OLLI 과정의 일반적 커리큘럼에는 두세 시간짜리 단기 코스나 며칠간 진행되는 장기 과정이 모두 포함됩니다. OLLI를 통해 언어, 국가, 역사, 문화를 공부하고, 뇌가 어떻게 작동하는지 배우고, 음악 장르를 공부하고, 음악회에 참석하고, 랜선 여행자가 되는 등 많은 것을 할 수 있습니다. 버나드 오셔 재단 웹사이트(osherfoundation.org)를 참조하십시오.

- 여행에 관심이 있으십니까? 마음 맞는 사람들과 함께 여행을 떠나면 멋진 우정을 쌓을 수 있습니다. 로드 스칼라(Road Scholar, '길 위의 현자', 이전의 엘더 호스텔)와 같이 고령자 전문 여행사도 있습니다. 자녀가 없고 미혼이거나 배우자가 동행하지 않는 많은 사람들이 혼자 여행합니다. 로드 스칼라 여행에서 당신과 관심사를 공유하는 사람과 방을 같이 쓰거나 1인실을 쓸 수도 있습니다. 해외 모험 여행Overseas Adventure Travel, OAT이 제공하는 도전을 체험하고 싶을 수도 있습니다. 로드 스칼라보다 다소 비싸지만 여전히 합리적이며 종종 1인실 추가 요금을 면제하므로 추가 비용 없이 1인실을 쓸 수 있습니다.

- 온라인으로 시작하세요. 젊은이들이 대면 미팅 전에 소셜 미디어를 통해 서로 만나고 알아가는 것과 같은 방식으로 노인들도 우정을 쌓아갈 수 있습니다. 온라인 검색을 통해 모든 종류의 특별한 관심 그룹과 연결될 수 있습니다. 뜨개질을 좋아한다면 검색 창에 '뜨개질' 또는 '나는 뜨개질을 좋아합니

다'라는 단어를 입력하고 무엇이 나타나는지 기다려 보십시오. 실제로 뜨개질을 입력해보니 첫 페이지에 ravelry.com이라는 재미있고 친근해 보이는 사이트가 나타났습니다. 링크를 클릭하니 그곳은 뜨개질하는 사람들을 연결하고 뜨개질 패턴과 아이디어를 공유하는 사이트였습니다.

새로운 관계를 만들고 키우는 데 익숙하지 않다면, 모든 관계는 결국 어딘가에서 시작된다는 것을 기억하고 당신이 그 관계의 첫 단추를 끼우게 될 것이라고 상상해 보십시오. 더 알고 싶은 사람을 찾았다면 커피 모임, 점심 식사, 산책, 골프 또는 테니스 게임에 초청하여 첫 단추를 끼우십시오.

"친구를 사귀려면 친구가 되어야 한다."

— 릴리안 게버Lillian Geber

그룹 활동에 참여하고 나면, 서로 더 가까워질 수 있도록 자연스러운 질문을 통해 서로를 알아가십시오. 말을 많이 하는 것보다 질문을 많이 함으로써 대화의 균형을 맞추도록 노력하십시오. 혼자 말하고 있다고 생각되면 당신은 충분히 질문하고 있지 않은 것입니다. 한발 뒤로 물러나 다시 시작하십시오. 다음과 같이 질문해보세

요. "그 영화 보셨어요?" "어떻게 생각하셨어요?" "그 동네에 얼마나 오래 사셨나요?" "어떤 계기로 이곳에 정착하게 되셨나요?" "어떻게 시간을 보내세요?" "즐기는 취미가 있으신가요?" 논쟁을 유발하지 않는, 중립적인 주제에 집중하십시오. 서로의 정치적, 종교적 입장에 대해 알 수 있는 시간은 나중에 충분히 있을 것입니다.

"친구를 사귀려면 친구가 되어야 한다." 내 남편이 자주 인용하는 말인데, 그가 중학생이었을 때 어머니가 했던 말이라고 합니다. 관계가 발전하는 과정에서 새 친구를 위해 뭔가를 해줄 기회를 찾으십시오. 공항까지 태워다 주거나 디너 파티에 초대하십시오. 경미한 의료 시술 후 돌봄을 제공할 기회가 있을 수도 있습니다. 이런 종류의 작은 행동은 관계를 묶는 끈입니다.

'커뮤니티 구축'은 자녀가 없는 사람들의 관계 구성요소를 보는 또 다른 방법을 제공합니다. 자녀가 있을 때 함께 따라오는 기본 커뮤니티가 없기 때문에 우리만의 커뮤니티를 만들어야 합니다. 커뮤니티에는 형제자매, 조카, 사촌 등이 포함될 수 있습니다. 평생 갈 법한 친구도 포함될 수 있습니다. 당신의 커뮤니티에 속할 사람을 결정하는 것은 당신 자신입니다. 친척과 친구를 당신의 울타리 안에 넣는 것을 고려하십시오.

의붓자녀는 어떨까요? 정해진 답은 없습니다. 오직 당신만이 그 관계의 수준과 강도를 압니다. 당신이 그들과 갖는 친밀감의 정도는 종종 당신이 그 관계에 언제 들어왔는지에 달려 있습니다. 의붓자녀를 키우는 데 중요한 역할을 했습니까? 그들은 근처에 살고 있습니까? 그들은 당신의 가치를 공유합니까? 당신은 그들과 가깝습니까? 그들은 당신을 신뢰합니까? 노후 설계에 그들을 포함시키려 한다면 그들과 먼저 대화해야 합니다. 당신과 재혼한 배우자의 자녀는 생모 또는 생부가 당신보다 먼저 죽는다면, 당신과의 관계를 어떻게 이어 가야 할지에 대해 당신만큼이나 혼란스러워 할 수 있습니다.

9.

나 자신보다 더 큰 것에 대한 믿음

"과거의 위대한 성인과 현자들이 설명했듯이 영성spirituality은
매우 넓은 길입니다. 모든 유형의 신념 체계를 수용합니다. 모두
를 만족시켜야 합니다."

— 마타 암타난다메이 데비Mata Amrtanandamayi Devi,
힌두교 영적 지도자

노화에 관한 대부분의 연구는 인생 2막에서 신념 체계의 중요성을
언급합니다. "나 자신보다 더 현명하고 큰 인도guidance와 위로를 기대

할 수 있는 것이 있습니까?"라는 질문은 노인들에게 중요합니다. 가족이나 사랑하는 사람을 일찍 잃은 경험이 있는 사람들에게는 이미 일어났을지 모르는 일이지만, 나이 듦에 따라 낯설고 때로는 두려운 풍경 속을 걷게 되고, 그 안에서 우리는 알지 못하고, 알 수도 없는 어떤 것에 대한 깊은 믿음으로부터 위안을 받기도 합니다.

종교적 또는 영적 생활로 돌아가는 것은 어떤 사람들에게는 자연스러운 일입니다. 청소년이나 성년기 초기에 그러한 신념과 일상을 버렸는지 여부와 관계없이, 어린 시절에 배운 습관과 의식儀式에 다시 끌리게 되기 때문입니다. 그런가 하면 삶의 2막에서 영적 연결을 찾으려는 어떤 사람들은 완전히 새로운 관습을 받아들이기도 합니다.

일부 사람들에게 전통적인 종교는 부모와 조부모로부터 물려받은 모태 신앙과 영적 안식처를 의미합니다. 반면 어떤 사람들에게 종교는 [부정적인 것들을 끌어모으는] 피뢰침을 연상시키며 극단주의, 편협함, 심지어 폭력의 이미지를 떠올리게 합니다. 그러나 어떤 종류의 영적 수련이든, 사회가 정의한 성공적인 삶에서 의미와 목적 있는 삶으로 전환하는 데 도움이 된다는 것은 의심의 여지가 없습니다. 이는 우리가 나이 듦에 따라 삶의 궁극적인 지향이 됩니다.

탈종교 시대의 영적 수행

서로 다른 의미와 인식에도 불구하고 노화의 맥락에서 영성은 무시할 수 없습니다. 역사적으로 인생의 마지막 순간에 찾아오는 신앙의 힘에 대한 증거는 많습니다. "전쟁의 참호에는 무신론자가 없다." "몸이 쇠약해지자 신과 가까워졌다" 등의 표현을 우리는 문학에서 흔히 볼 수 있습니다. 나이 들수록 증가하는 영성에 대한 언급은 죽음과 임종에 대한 고민을 자극합니다. 영성은 단지 죽음에 대한 두려움을 위한 치료제에 불과할까요? 아니면 더 많은 의미가 있을까요? 스스로 답해야 할 문제입니다.

자녀를 양육한 우리의 형제자매와 친구들은 자녀에게 종교적 또는 영적 기반을 심어주기 위해 종교적인 생활을 생생히 유지해왔을지도 모릅니다. 하지만 자녀가 없는 우리에게 종교 생활은 어린 시절의 오래된 기억으로 남아 있거나 아예 없을 수도 있습니다.

영성에 대한 고려가 불가지론자와 무신론자를 소외시키거나 배제해서는 안 됩니다. 신을 숭배하지 않으면서 영적 수련을 배우고 따르려는 이들이 미국과 서유럽에서 증가하는 추세입니다. 미국에서 '종교'로 간주되는 불교의 교리는 예배를 위한 형식이라기보다 명상의 실천과 삶의 방식에 더 가깝습니다. 불교도는 신이 아니라 스승과 안내자를 따릅니다. 불교의 영적 생활에는 개인적 관심사와 신념에 대한 탐구가 포함되며, 정기적인 명상 수련은 자신보다 더 큰 무언가와 '하나됨'의 느낌에 다가가기 위한 것입니다.

오늘날 선진국의 많은 사람들은 전통적인 유대-기독교 신앙 체계를 넘어서고 있습니다. 미국에서는 새로운 세대의 요구를 충족시키고자 전통적인 예배 장소에 변화가 일어나는 중입니다. 서유럽, 스칸디나비아, 영국은 한때 세계 기독교의 중심이었기에 변화가 더욱 뚜렷하게 드러납니다. 많은 교회가 버려졌고 많은 사람들이 이제 자신은 "탈기독교 시대post Christian era"에 살고 있다고 주장합니다. 전통적인 기독교는 더 이상 그들의 삶의 방식과 영적 실천을 대변하지 않습니다.

연구에 따르면 영적 또는 종교적 활동은 노인의 웰빙 감각 증가와 관련이 있습니다. 노년에 만족스럽고 의미 있는 삶을 위해 육체적으로나 정서적으로뿐만 아니라 영적으로도 준비하는 것을 고려해 보십시오. 현재 삶의 일부로서 종교적 또는 영적 수행을 하고 있지 않지만 이 영역을 탐구하고 싶다면, 로저 월시Roger Walsh의 책, 『본질적 영성Essential Spirituality』을 추천합니다.[16] 그는 세계의 모든 위대한 종교의 원리를 탐구하여 다양한 종교에서 일반적인 원칙들을 뽑았습니다. 사람들이 무엇을 하든 그 속에 친절, 사랑, 기쁨, 평화, 비전, 지혜, 관용 등이 깃들게 해주는 보람있는 삶의 원칙들입니다.

"나에게 영성은 우리 자신보다 더 큰 것에 대한 믿음, 자연과 아름다움에 대한 감사, 세상에 대한 감수성, 다른 창조물들과 연결된 느낌, 불우한 이웃들을 돕고자 하는 열망을 포함합니다. 이 모든 것들은 신과 함께, 또는 신 없이 일어날 수 있습니다. 나는 신의 존재를 믿지 않지만, 위에서 말한 맥락 속에서 나만의 방식으로 영적인 사람이라고 생각합니다. 나는 스스로를 영적

무신론자라고 부릅니다. 나는 많은 사람들이 영적 무신론자라고 생각합니다."

— 앨런 라이트만Alan Lightman, 물리학자·『아인슈타인의 꿈』 저자

월시에 따르면 일곱 가지 영적 수행(괄호 안은 저자의 정의)은 다음과 같습니다.

1. 동기를 바꾸십시오(인생에서 물질적인 것에 대한 갈망과 집착 버리기).
2. 정서적 지혜를 계발하십시오(마음에서 사랑을 느끼고 표현하는 법 배우기).
3. 윤리적으로 사십시오(선입견 없는 도움과 관대함).
4. 집중력을 높이십시오(마음을 진정시키고 마음 챙김 하기).
5. 영적 시야를 일깨우십시오(일상에서 아름다움을 보기).
6. 영적 지능을 풍요롭게 하십시오(생활에서 지혜와 포용 실천).
7. 행동으로 영성을 표현하십시오(너그러움, 섬김 자세 실천).

영성을 탐구하기 위한 방법에는 여러 가지가 있습니다. 요가, 태극권, 찬송, 노래, 식이요법 등 몸 전체와 정신을 포함하는 좀 더 활동적인 대안도 있습니다. 일기 쓰기, 기도, 명상, 예술적 표현, 영적 토론과 같은 방법은 보다 사색적입니다. 당신에게 가장 잘 맞는 길을 따르십시오.

더 나은 미래와 가치를 위한 여섯 가지 열쇠

3장부터 10장까지는 성공적인 노년 생활의 여섯 가지 열쇠를 설명했습니다. 다음은 이러한 여섯 가지 요소와 관련하여 자신을 평가할 수 있는 도구입니다. 당신의 점수는 당신이 앞으로 더 집중해야 할 영역을 보여줄 것입니다.

다음 항목에 대해 자신을 평가하십시오: 1=낮음, 10=높음

1. 재정적으로 얼마나 안정된 상태입니까?									
1	2	3	4	5	6	7	8	9	10

2. 식이요법과 운동을 통해 건강과 웰빙을 얼마나 적극적으로 추구하십니까?									
1	2	3	4	5	6	7	8	9	10

3. 스스로에 대한 지식 — 자신의 가치, 삶에 의미와 목적을 주는 것 — 은 얼마나 견고합니까?									
1	2	3	4	5	6	7	8	9	10

4. 일과 생활 방식에 대해 얼마나 유연합니까?									
1	2	3	4	5	6	7	8	9	10

5. 맺고 있는 관계의 질에 대한 당신의 평가는 어떻습니까?									
1	2	3	4	5	6	7	8	9	10

6. 영적/신앙적인 것에 대한 당신의 관심 그리고/또는 실행 정도는 어느 수준입니까?									
1	2	3	4	5	6	7	8	9	10

10.

대세 클럽, 은퇴 자금이 부족한 사람들

"일할 때 당신은 시간의 속삭임이 심장을 통해 음악으로 바뀌는
플루트입니다."

— 칼릴 지브란

남은 생을 저축이나 다른 은퇴 자금으로 충당할 재정적 준비가 아
직 안 되었다고 판단하십니까? 대다수가 속한 클럽에 오신 것을 환
영합니다! 근로자 보장 연구소Employee Benefits Research Institute, EBRI는
50~60대 근로자의 평균 누적 자산이 15만 달러[약 2억 원] 미만인 것

으로 추정합니다.[17] 사회보장을 추가하더라도 이 금액은, 특히 주요 대도시 지역에 거주하는 경우 25년~40년 남짓 되는 은퇴 기간의 여가, 자원봉사, 여행에 충분하지 않습니다. 적어도 몇 년은 더 수입을 만들어야 합니다. 얼마나 더 일해야 할지는 사람마다 다릅니다. 당신의 재무설계사가 가장 신뢰할 수 있는 답을 줄 수 있을 것입니다.

재정적으로 준비되어 있고 여전히 좋아하는 직업을 갖고 있으며 건강 상태가 양호하다면 왜 굳이 은퇴하고자 합니까? 추구하고 싶은 취미, 대의 또는 관심사가 있습니까? 당신이 돌봐야 하는 노인이나 아픈 친척이 있습니까? 당신이 갈망하는 이국적인 여행지가 있습니까? 이 중 하나(또는 이와 유사한 것)에 단호하게 그렇다고 대답할 수 있다면, 지금 일을 그만두고 인생의 다음 단계로 넘어가십시오. 반면에 직장을 그만둘 합당한 이유를 찾지 못했다면 경력 이후의 계획을 세울 때까지 현재를 고수하는 것은 어떻습니까? 일반적인 은퇴 연령 이후에도 계속 일하는 것은 매우 건전한 전략입니다. 다른 사람들이 당신이 '은퇴'해야 하는 시기와 방법을 결정하게 할 필요는 없습니다.

인생 후반기에 무엇을 하고 싶은지 알아내는 것은 창의적이고 흥미로운 여정이 될 수 있습니다. 직장은 계속 유지하고 싶지만 일을 덜 하고 싶다면 단축근무를 신청할 수 있습니다. 주 4일 근무는 연로한 부모를 방문하거나 긴 주말여행을 떠나거나, 아니면 그저 휴식을 더 취할 수 있게 해줍니다. 잭이 직장을 어떻게 유지했는지는 다음에 잘 나와 있습니다.

단계적 퇴직의 다양한 방법

잭은 회사 연금을 받을 수 있는 연령에 도달했을 때 은퇴에 대해 숙고하기 시작했습니다. 그는 엔지니어링 프로젝트 관리자로 일했으며 대부분의 경력을 중서부의 대형 항공 우주 회사에서 보냈습니다. 그는 긴 근무 시간과 마감을 준수해야 하는 끊임없는 압박에 지쳐 있었지만, 은퇴 후 시간을 어떻게 보낼지 아직 확신이 없었습니다. 또한 그는 여전히 강건한 체력을 유지하고 있었기에 일을 그만두는 것은 매우 잘못하는 것이라고 느꼈습니다. 잭과 아내 디에드레는 직장을 그만두면 여행을 하고 싶었고 아내는 이미 준비가 되어 있었습니다. 일 년 전에 사업체를 매각한 그녀는 여가 시간을 활용하고 자신이 여전히 쓸모 있는 사람이라는 것을 느끼기 위해 지역에서 자원봉사 활동을 하고 있었습니다. 그녀는 자신의 삶을 즐겼고 잭에게 은퇴하라고 잔소리하지 않았지만, 둘 다 60대 중반에 삶의 속도를 늦추어 여행도 하고 그간 미뤄왔던 일들을 하자는 데 합의했습니다.

잭의 골프 친구가 이전에 정규직으로 일했던 건설 회사에서 파트타임으로 일하게 된 경위를 전해주었습니다. 그 친구의 회사는 시즌에 따라 회계 직원이 더 필요했으며 그는 모든 시스템을 알고 있었기 때문에 회사의 필요에 완벽하게 부합했습니다. 잭은 자신의 회사에서 그러한 프로그램을 듣지 못했지만, 상사에게 물어본다고 손해 볼 것은 없다고 생각했습니다. 기쁘게도 상사는 잭의 아이디어에 반색했습니다. 그는 잭이 연금을 받을 나이에 가까워지고 있다는 것을 알고 있었고, 그가 하던 일을 누가 대신할 것인지 고민하던 중이었습니다. 젊고 경험이 적은 프로젝트 관리자가 몇 명 있었지만, 그들이 시스템을 온전히 이해하고 회사 내 핵심 직원들과 협업하기 위해서는 훨씬 더 많은 시간이 필요했습니다. 그는 잭이 그 젊은 직원들에게 훌륭한 멘토가 될 것이라고 생각했습니다.

잭은 완전한 은퇴를 원하지 않았고, 상사는 그의 경험과 전문성을 잃고 싶지 않았습니다. 잭과 그의 상사는 함께 세부 사항을 조율하기 위해 인사팀으로 갔습니다. 그들은 잭이 은퇴는 하되, 회사와 계약을 맺은 대리점을 통해 재고용되는 계획을 세웠습니다. 인사 담당자는 잭과 그의 상사에게 그와 같은 '단계적 퇴직' 요청이 점점 더 많아지고 있다고 알려주었습니다.

근로 시간을 줄이면 몇 년에 걸쳐 점진적으로 은퇴할 수 있습니다. 매년 더 많은 회사들이 젊은 직원들에게 장기근속자의 지식을 전수하기에 충분한 시간을 확보하는 방법으로 유사한 제도를 도입하고 있습니다. 잭과 마찬가지로 당신도 정년이 임박했을 때 멘토가 될 기회를 얻을 수 있습니다.

단계적 퇴직은 다양한 형태를 취할 수 있으며 이 운동의 선두에 있는 회사는 여러 방식을 활용합니다. 케리 하논Kerry Hannon은 전미은퇴자협회에 기고한 글, 「일상에서의 속도 늦추기」에서 버지니아주 리치몬드의 본세쿠어 헬스시스템과 미시간주 가구 제조업체인 허먼 밀러를 대표적인 사례로 꼽았습니다. 본세쿠어는 고령 직원이 근무 시간을 점진적으로 줄이거나 회사에서 덜 복잡한 일을 선택할 수 있도록 합니다. 이 조치로 인해 급여가 감소하면 직원은 퇴직금(연금)을 인출할 수 있습니다. 또한 주당 최소 16시간 근무하면 건강보험 혜택을 유지할 수 있습니다. 허먼 밀러는 고령 직원에게 '유연한 퇴직 계획'을 제공하여 직원이 6개월에서 2년 동안 은퇴 기간을 연장하고 점진적으로 근무 시간을 줄일 수 있도록 합니다. 이 제도의 수혜를 받으려면 직원은 미래에 업무를 수행할 후배들을 위한 지식 전수 계획을 세워야 합니다.

"돈은 중요합니다. 그렇다고 급여에만 얽매이진 마세요. 다른 혜택들도 고려해야 합니다. 예를 들면 이런 것들입니다. 유연한 근무, 건강한 일과 삶의 균형, 의미 있는 일, 다른 사람들과 교류하고 생산성을 유지할 수 있는 기회, 배움의 기회."

— 케리 하논Kerry Hannon,
『50세 이상을 위한 훌륭한 직업들Great Jobs for Everyone 50+』

CVS 케어마크사는 사업의 계절적 수요 변화에 따라 직원들이 연중 다른 시기에 타 지역에서 근무할 수 있는 제도[겨울 철새snowbird 프로그램.]를 운영한다. 가장 인기 있는 전환 배치는 겨울에 북에서 남쪽으로의 이동 근무입니다. 예를 들어 겨울철에 미시간에 있는 CVS 케어마크 직원은 11월부터 4월까지 시기적으로 가장 바쁜 플로

리다주의 CVS 매장에서 일할 수 있는데 이는 사업효율 관점에서도 생산적입니다.

국가 안보 분야의 기술 분석 및 평가를 제공하는 독립적인 비영리 회사인 에어로스페이스사는 은퇴한 엔지니어를 다시 데려오는 '임시 퇴직자' 프로그램을 운영하고 있습니다. 또 다른 비영리 단체인 MITRE는 '준비된 예비군' 제도를 만들었습니다.

위의 내용은 모두 기업이 직원의 퇴직을 단계적으로 지원하는 방법의 예이므로 직원도 회사도 벼랑 끝에서 떨어지는 느낌은 없습니다. 또 다른 단계적 해법으로는 근로 시간 조정이 있습니다. 예를 들어 20~40% 더 적은 시간을 일하거나 압축근무로 근로일수를 줄일 수 있습니다. 보다 급진적인 형태로는 '대기' 상태에서 일이 있을 때만 나오거나 프로젝트 단위 또는 일자리를 공유하는 근무 방식이 있습니다. 관리자와 인사 부서와 상의하여 정규 직원에서 임시직 또는 컨설턴트로 고용 상태를 전환할 수도 있습니다.

단계적 은퇴는 당신과 회사가 창의적이기만 하다면 여러 형태로 구현될 수 있습니다. 이는 당신에게 중요한 것, 예를 들어 건강보험 적용을 유지한다거나 연금 수준을 유지하는 것 등의 조건들을 협상하는 당신의 창의력도 중요하다는 뜻입니다. 근무 시간을 줄이고 싶다면 단계적 퇴직 프로그램을 상사와 상의해 보기를 권합니다.

직장일 외에 내가 가진 기술과 평생 축적한 지식으로 무엇을 할 수 있을지 궁금하다면 책, 웹사이트, 워크숍에서 경력 개발 조언과 정보를 얻을 수 있습니다. 인생의 이 시점에서 당신에게는 자신을 재창조할 기회가 있습니다. 커리어 코치이자 작가인 낸시 콜라머Nancy Collamer는 인생 후반기에 자신의 소명을 찾는 방법에 대해 저술했습니다. 『당신 어머니 세대의 은퇴가 아닙니다Not Your Mother's Retirement』라는 책에서[18] 그녀는 독자의 사고를 자극하는 다음 질문들을 던집니다.

- 무슨 이야기를 하며 시간을 보내고 싶나요?
- 당신이 다른 사람을 가르치는 데 꽤 좋은 자질이 있다고 느끼는 한 가지는 무엇입니까?
- 당신에게 가장 중요한 정치적, 세계적, 영적 또는 공동체적 문제는 무엇입니까?
- 다른 사람들은 어렵다고 생각하지만, 당신에게는 쉬운 일은 무엇입니까?
- 지역 사회 또는 더 넓은 범위에서의 문제나 도전 과제 중에 당신이 해결에 도움을 줄 수 있는 것은 무엇입니까?
- 어린 시절, 즐겨 하던 것은 무엇이었습니까?
- 당신은 이루고 싶은 꿈이 무엇인가요?(아무리 멀리 나간 것이라 할지라도)
- 누구의 직업을 갖고 싶고 이유는 무엇입니까?
- 어떤 일에 몰입합니까?

이러한 질문은 "무엇을 해야 합니까?"라는 질문에 대한 직접적인 답을 제공하기 위한 것이 아닙니다. 당신이 세상에 기여하는 것에 대해 더 창의적인 생각을 끌어내기 위한 것입니다. 종종 가장 매력적이고 시장성 있는 아이디어는 독창적인 사고에 평생 습득한 기술 및 지식에 대한 현실적인 평가가 더해졌을 때 나옵니다.

50대에 직업을 바꾸는 것에 대한 다섯 가지 착각

1. 직업을 바꾸기에는 너무 늦었다.

2. 창피하다.

3. 취직을 못 하거나 사업을 시작할 수 없다.

4. 파트타임으로 일해야 할 것이다.

5. 젊은 지원자들과 경쟁할 수 없다.

— 레슬리 보스Leslie Vos, 넥스트에비뉴NextAvenue.com

60~65세의 일반적인 퇴직 연령 이후에도 일해야 하는 수백만 명의 베이비부머 세대 중 한 명이고 현재 고용 상태가 아니라면, 당신은 소득을 창출하는 방법과 장소에 대한 고정관념에서 벗어날 필요가 있습니다. 또한 자녀가 없는 당신은 자녀를 둔 동년배들보다 더 유연할 수 있습니다.

AARP의 직업 웹사이트(aarp.org/work/career-change)는 직업 및 경력 기회를 탐색할 수 있는 훌륭한 온라인 자료입니다.[한국에는 각 금융기관의 퇴직연금 사이트에 주로 재무 관점의 은퇴 설계 관련 자료들이 있음. 하나은행 퇴직연금 은퇴 설계 사이트(https://pension.kebhana.com/

rpc/hhom/kr/main.do)가 그 예. 전반적 생애 설계 관련 사이트는 서울시 50플러스 포털(www.50plus.or.kr) 참조.] AARP는 당신에게 적합한 일을 찾기 위해 흥미롭고 생각을 자극하는 일련의 아이디어, 도구 및 자료를 모아 정리해 놓았습니다. 또한 노년기에 생계를 유지하는 새롭고 흥미로운 방법을 찾아 인생을 바꾼 다른 사람들의 사례와 비디오 영상을 찾을 수 있습니다.

이 장의 제목을 '노년에 직업 찾기'로 하지 않았음을 주목하시기 바랍니다. 직업은 많은 베이비부머 세대가 돈벌이를 생각할 때 연상하는 것입니다. 현대사회에서 직업은 나이에 상관없이 어떻게 생계를 꾸릴 수 있는지에 대한 시야를 편협하게 만들었습니다. 세계 경제는 '직업'만이 수입을 얻는 유일한 방법이라는 생각을 오래전에 넘어섰습니다.

'긱 이코노미gig economy'라고 들어보셨나요? 비전통적인 형식으로 생계를 유지하는 것을 가리키는 용어입니다. '긱'라는 단어는 1920년대 재즈에서 유래했습니다. 긱은 관여를 의미하는 속어로써 주로 음악가들이 많이 사용했는데, 모든 장르의 음악가들이 유료로 연주에 참여하는 것을 의미합니다. 이 용어는 이제 직업 세계에서 일반적으로 정규직 고용 형식을 요구하지 않는, 단기간 프로젝트를 기반으로 '헤쳐 모여' 식의 유급 작업을 의미하게 되었습니다.

'프리 에이전트'는 동일한 개념의 또 다른 용어입니다.[한국에서는 형태에 따라 개인사업자, 특수고용직, 또는 프리랜서라는 용어가 더 일반적임.] 컨설턴트는 프리 에이전트이며 긱 이코노미의 일부입니다.

전세 보트 선장, 작가, 마사지 치료사, 택시 운전사, 개인병원 의사, 치과의사, 잡역부도 마찬가지입니다. 프리 에이전트는 정규직 계약을 맺지 않은 근로자입니다. 그들은 연방 W-2양식[미국의 근로계약서 양식으로 근로자와 고용주가 작성하고 국세청에 통보됨.]을 작성하지 않습니다. 대신, 그들이 번 돈은 IRS 양식 1099로 연방 및 주 정부에 통지됩니다. 프리 에이전트는 스스로 세금을 정산하고 납부합니다.

긱 이코노미는 언제 어디에나 있습니다.[한국에서는 크몽, 숨고 등 전문가플랫폼사이트에서 자신의 전문 지식/기술을 제공하고 소득을 얻는 것이 긱 이코노미의 대표적 사례라 할 수 있음.] 오늘날 당신이 재택 형태로 제공할 수 있는 시장성 있는 기술을 갖고 있다면, 지구상 거의 모든 곳에서 그 일을 할 수 있습니다. 다니엘 핑크Daniel Pink의 저서 『프리 에이전트 국가Free Agent Nation』는 상대적으로 새로운 생계 수단에 대해 자세히 알아볼 수 있는 훌륭한 가이드입니다.

임시 일용직 회사는 프리 에이전트 시장에 발을 담글 수 있는 기회를 제공합니다. 근로자와 단기 근로를 연결하는 것은 그들의 사업 모델이며, 많은 임시직 중계회사가 수십 년 동안 우리 주변에 존재해 왔습니다. 그들은 당신의 기술을 평가하고 적절한 후보인지 판단하는 데 도움을 줄 것입니다. 물론 그들은 고용을 위해 회사가 지불하는 금액의 상당한 부분을 떼어가기 때문에 당신이 긱 이코노미에 익숙해지면 임시직 중계회사의 영역에서 나가는 것이 좋습니다. 대도시 또는 그 주변에 있는 경우 크레이그 리스트(craigslist.com)는 자신의 기술과 일치하는 긱 이코노미에 관한 가장 인기 있는 자료를 제공합니다.

나는 종종 내가 코칭하는 사람들에게 '일-생활work-life 포트폴리오'를 개발하라고 조언합니다. 프리 에이전트가 되면 당신만의 집중 포트폴리오를 생각할 수 있는데 어떤 것은 돈벌이를 위한 것이고 다른 것은 돈은 벌지 못하지만 당신의 흥미를 끄는 것일 수 있습니다. 이 포트폴리오 커리어는 다채로운 일상을 추구하는 개인들에게 특히 매력적일 수 있습니다. 프리 에이전트는 자신이 관리 가능한 수만큼의 일을 수행할 수 있습니다. 말리스는 사진 세계에서 포트폴리오 경력을 쌓았습니다.

말리스는 스스로 "독립적이고 재능이 많다."라고 자랑합니다. 71세의 그녀는 다양한 일을 해왔지만 사진은 그녀의 삶을 관통하는 주제입니다. 카메라 작업 외에도 그녀는 이제 자신의 예술적 안목을 활용하여 캘리포니아 오클랜드 박물관의 이벤트를 기획합니다.

일하는 동안 그녀는 새로운 경험을 수용했고 이러한 개방성은 올림픽 촬영 스태프가 되는 것과 같은 매혹적인 경험으로 이어졌습니다. 15년 동안 기업 회의 및 컨퍼런스를 위한 슬라이드 쇼를 제작했으며, 비디오, 영화 및 광고에 뛰어들었고 LA 영화 제작업계에서 4년 동안 일했습니다. 이후 선셋 매거진에서 사진 기자로 일했고, 스미스소니언 박물관에서 전시도 하게 되었습니다. 말리스는 은퇴할 생각이 없으며 카메라 뒤에서의 더 많은 시간을 기대합니다.

아직 끝나지 않은 경력 포트폴리오

샤리는 경력 포트폴리오에 대해 훨씬 더 다채로운 예시를 제공합니다. 내가 샤리를 인터뷰했을 때 그녀는 자신이 "위대한 삶"을 보냈고 "자신이 한 모든 일을 사랑했으며 자신이 내린 결정에 대해 단 하나, 또는 1분도 후회하지 않는다."라고 단언했습니다.

75세의 샤리는 네바다주 리노의 잘 관리된 이동 주택 공원인 '리버 밴드 매노'에 살고 있습니다. 그녀는 20여 년 전에 세 번째 남편과 함께 이곳으로 이주했고 지금은 여생을 마무리할 마지막 집으로 여기고 있습니다. 그녀는 거주자가 관리하는 입주자협의회에 자원했지만, 결국 이웃에게 리더 지위를 양보하고 다른 일에 집중하기로 했습니다.

인생에서 샤리는 다 기억하지 못할 만큼 많은 경력을 쌓았습니다. 첫 번째 직업은 시어스[미국의 대형 백화점.]의 고객 서비스 담당자였으며, 같은 회사의 사무 및 관리직으로 이어졌습니다. 1960년대 후반에 중서부에서 서부 해안으로 이주했고, 저명한 샌프란시스코 법률 회사에서 선불 법률 서비스 프로그램을 시작했습니다. 이곳에서 7년 동안 일한 후 친구가 시작한 어린이용 댄스 스튜디오를 운영하게 되었습니다.

두 번째 결혼과 함께 라스베이거스로 이주하여 낮에는 자동차 임대 회사를 운영하고 저녁에는 스트립 클럽을 운영했습니다. 1980년대 후반에 샤리와 그녀의 남편은 리노로 이사했습니다. 결혼 생활은 지속되지 않았지만 샤리는 성장 가도에 있는 간판 제작 사업을 하고 있어서 리노에 머물렀습니다. 1991년 그곳에서 세 번째 남편을 만나 결혼했습니다. 그들은 리버 밴드 매노로 이사했고 그곳에 뿌리를 내렸습니다. 그녀는 간판 사업을 매각하고 세이프 웨이[미국 편의점 체인.]에서 일하기 시작했으며, 그곳에서 빠르게 관리직으로 승진했습니다. 사무에 지친 그녀는 기업 내 코치로 활동하다 이내 캘리포니아-네바다-오리건 세 개 주의 신규 매장 개설 총책임자가 되었습니다.

그러나 출장이 너무 많다 보니 피곤하고 힘에 부쳐 그만두기로 했습니다. 회사로부터 리노에서의 사무직을 제안받았지만 샤리는 이사하기로 결심했습니다. 그녀는 지역 축제에서 모자 판매를 시작했고 전국 각지에서 온 사람들을 만날 수 있는 기회가 좋았습니다. 지역 축제에서 다른 사람들은 여행을 계속했지만 그녀는 자리를 지켜야 했습니다.

샤리는 6년 전 사별 후 혼자가 되었습니다. 그녀는 아이를 갖지 않았습니다. 선택에 의한 것이 아니라 "그냥 생기지 않았기 때문"입니다. 그러나 인생의 다른 모든 것과 마찬가지로 그녀는 후회하지 않습니다. 그녀는 삶이 재미있고 다양하며 "아직 끝나지 않았다."라고 말합니다.

스스로에게 물어보십시오. "내 인생의 이 시점에서 나는 정말로 얼마나 많은 돈이 필요한가?" 이 분야에서 자녀가 없는 사람들은 나이 들고 자녀가 있는 부모보다 큰 이점이 있습니다. 자녀를 안착

시키기 위해 필사적으로 노력하는 나이 든 부모들은 학자금 대출을 갚고, 20, 30대 자녀를 양육하고 그들이 첫 일자리를 찾는 동안 집세를 내고 있습니다. 당신에게는 그런 부담이 없습니다. 다만 이전 직장에서 벌었던 것과 비슷한 연봉을 목표로 하면 취업 기회가 제한될 수 있습니다. 당신에게는 현재나 미래에 다른 소득원이 있을 것입니다. 연금이나 사회연금, 퇴직연금 계좌의 분배금 등이며, 이것들은 당신의 부담을 줄여 줄 것입니다. 이러한 출처 이외의 수입에 대한 추가적 소득 수요는 당신의 라이프 스타일과 예산에 따라 결정됩니다. 당신이 원하는 경우 임시직 자리를 찾을 수도 있고, 활용할 수 있는 다른 대안도 많습니다.

서비스 및 접객산업은 극적으로 변화했습니다. 때때로 '공유 경제'라고도 하는 긱 이코노미는 이러한 변화의 많은 부분을 차지합니다. 공항에서 저렴한 주차 공간을 찾든, 파티를 돕든, 정원 일을 해줄 사람을 찾든, 컴퓨터 고장을 수리하거나 숙소 렌탈을 하든, 오늘날 우리는 서비스가 필요할 때 온라인으로 시작합니다.

긱 이코노미의 전형인 크레이그 리스트Craig's List는 상품 거래를 넘어 서비스 교환에 이르기까지 이 분야 최초 사이트 [한국의 벼룩시장, 당근마켓 같은 온라인 플랫폼.] 중 하나였습니다. 1995년 자칭 '괴짜' 크레이그 뉴마크가 시작한 크레이그 리스트는 친구들에게 지역 행사를 알리기 위한 이메일 배포로 시작되었습니다. 이 사이트는 샌프란시스코 베이 지역에서 공지 및 광고를 위한 사이트로 빠르게 인기를 얻었고 크레이그는 구독을 원하는 모든 사람에게 사이트를 개방했습니다. 1996년에 크레이그 리스트는 '물건' 사고팔기 메뉴가 있는 웹 기반 서비스로 확장되었습니다. 크레이그는 2000년까지 회사를 직접 운영하면서 구인 목록을 추가하고 더 많은 대도시 지역으로 범위를 확대했습니다.

전 세계 70개국 700개 이상의 도시에 크레이그 리스트 사이트가 있습니다. 오늘날 크레이그 리스트에서는 거의 모든 (법이 허용하는) 서비스를 찾을 수 있습니다. 잡역부, 데이 케어, 전자 제품 수리, 정원 관리, 이사 지원, 재무 분석 및 조언, 미용 조언, 법률 지원, 음악 교습 등등… 그들은 또한 '팔아요'의 상대 개념인 '구해요' 게시물도 보여줍니다

'구해요' 목록을 게시하는 사람들은 필요한 서비스를 제공할 사람을 찾고 있습니다. 예를 들면 가사도우미, 작업자, 행사 보조, 예술 작업, 비디오 촬영, 글쓰기 등이 있습니다. 크레이그 리스트의 많은 수익(연간 1억 5천만 달러)은 대기업 채용 공고에서 나옵니다. 이를 통해 다른 모든 사람은 사이트를 계속 무료로 사용할 수 있습니다. 수익 수치를 볼 때 크레이그 리스트는 오랫동안 유지될 것입니다. 긱 이코노미가 무엇이고 어떻게 사용되는지 이해하기에 이보다 더 좋은 사이트는 없습니다.

현재 긱 이코노미에는 훨씬 더 많은 전문 사이트가 존재합니다. 일토끼(taskrabbit.com) 사이트는 인력이 필요한 특정 작업과 사람들을 연결합니다. 부업으로 목공 작업을 하거나 개인 비서가 되고 싶다면 일토끼가 광고하기에 적합한 사이트일 수 있습니다. 로버

(Rover.com)는 반려견 돌봄과 산책시키는 일의 수요자와 공급자를 연결합니다. 남편과 저는 며칠 또는 몇 주 동안 집을 비우고 우리 강아지와 함께 있을 사람이 필요할 때 로버를 이용합니다. 반려견 돌봄 제공자로서, 반려동물과 함께 주인들의 집에 머물거나 반려동물을 집으로 데려가겠다고 광고할 수 있습니다. 아니면 자거나 재우는 책임 없이 반려동물에게 산책과 사료를 주는 것만 제안할 수도 있습니다.

집보기로 돈을 벌고 싶다면 가입자를 위한 홈케어 서비스를 제공하는 여러 사이트 중에서 선택할 수 있습니다. TrustedHouse sitters.com, MindMyHouse.com, HouseSittersAmerica.com 등 인기 있는 사이트들이 있습니다. 집보기는 휴가를 보내는 동시에 약간의 돈을 버는 좋은 방법이 될 수 있습니다.

직장 은퇴 후 소득을 얻기 위해 무엇을 할 수 있는지를 생각하려면, 다음에 소개하는 전통 경제와 긱 이코노미를 통해 사람들이 참여하는 시간제 또는 정규직 직업을 참고하십시오.

야외 일자리 기회
- 반려견 산책 대행
- 정원 관리사
- 잡역부(남/여)
- 운전기사(택시, 통학버스, 트럭, 택배)
- 코치(축구, 농구, 유소년 야구 리그 등)

2부 가치 설계: 어떤 삶을 살 것인가, 그리고 무엇을 남길 것인가

- 학교 횡단보도 도우미

사람들과 어울릴 수 있는 일자리 기회

- 대체 교사 또는 보조 교사
- 부동산 중개인/브로커/도우미
- 어린 학생 또는 ESL[영어가 모국어가 아닌 학생들에게 가르치는 영어.]을 위한 멘토링/코칭
- 식료품점 점원(Trader Joe's, Whole Foods 등)
- 꽃과 식물 가게 직원(꽃꽂이 또는 프런트 데스크)
- 개인 비서
- 식품 회사를 위한 요리 시연자
- 여행 가이드 또는 여행사 직원
- 당직 기술 지원 담당자(예: 긱 스쿼드Geek Squad)
- 호텔 프런트 데스크 직원
- 우버 또는 리프트 드라이버
- 당신 전문 분야의 계약직/임시직

발로 뛰는 일자리 기회

- 은행 관리자/수납직
- 백화점 점원
- 놀이공원 직원
- 당신이 좋아하는 특별한 용품 판매: (철물, 화장품, 가구, 사무

용품, 홈데코, 골프용품점)
- 개인 트레이너
- 커피숍 바리스타

집에서 돈을 벌 수 있는 기회

- 재봉사-수선 및/또는 새 의복 디자인
- 작가/블로거/에디터/웹마스터
- 가정 교사
- 재택 다단계 비즈니스(메리 케이, 에이본, 캐비, 타퍼웨어 등)
- 고객센터/콜센터 근무
- 의료비 청구 및 기록 사무원
- 가상의 비서 및 컨시어지 서비스(전화나 컴퓨터 활용)
- 번역가
- 음악 교습(피아노, 기타 등)
- 해당 분야의 가상 에이전트(의사, 변호사, 컴퓨터 기술자, 기계공, 수의사, 요리사, 약사)
- 온라인 기술 지원
- 온라인 마케터(자기 물건 판매)
- 반려동물 돌봄(펫시터)
- 어린이 돌봄
- 보석, 그림, 의류 및 기타 공예품의 제작자 및 마케팅 담당자 – 온라인 판매

경험과 자산을 소득으로 전환하기

고령 근로자에게는 몇 가지 장벽이 생길 수 있으며 기술은 이러한 장벽의 가장 대표적 예입니다. 클로디아의 사례는 변화하는 세계 속에서 한때 익숙했던 것이 얼마나 낯설게 느껴질 수 있는지 알려줍니다.

66세의 클로디아는 항상 자신을 예술가로 여겼습니다. 대학에서 그녀는 자신의 예술적 재능을 고소득 직업으로 연결하기 위해 그래픽 디자인을 공부했습니다. 전통적 교육은 그녀가 북동부의 한 패키징 회사에서 그래픽 아티스트로 일할 수 있도록 했습니다. 1974년 입사해 디자인 능력과 근면성 등에서 좋은 평가를 받아 1980년 관리직에 올랐습니다. 그녀는 디자이너로서의 일 외에 다른 아티스트들을 지원하고 후배들이 세상에 적응하도록 돕는 것도 좋아했습니다.

1980년대 중반, 상황이 바뀌기 시작했습니다. 회사의 많은 시스템이 자동화되었고 디자인을 위한 값비싼 컴퓨터가 도입되었습니다. 클로디아는 자신의 디자인 기술을 스타일러스 소프트웨어로 변환하는 방법을 이해하는데 어려움을 겪었습니다. 그녀는 기술적인 어려움 외에도, 매킨토시로 무장한 모든 엔지니어와 회계사가 그녀만큼 디자인 일을 잘할 수 있다고 믿는 것처럼 느껴졌습니다. 결국 그녀는 변화에 대한 거부감과 직장에서의 상실감으로 인해 경력을 '축소'하게 되었습니다. 이후에도 그래픽 아티스트로서 세 곳의 다른 직장에서 더 일했지만 회사 생활이 컴퓨터 중심으로 재구성되는 것을 완전히 이해하지는 못했습니다. 기술이 발전함에 따라 클로디아는 점점 더 물 밖에 나온 물고기처럼 느꼈고, 그녀의 마지막 회사 생활은 2005년에 끝났습니다.

클로디아는 처음에는 직장생활에서 해방된 자유로움을 느꼈습니다. 남편이나 아이들의 방해 없이 시간을 내 미술 과외를 몇 개 하면서 다음 행보를 고민했습니다. 정리 해고 8개월 후, 클로디아는 자신이 일의 창의적인 부분을 놓치고 있다는 것을 깨닫고 새로운 형태의 예술인 보석 가공을 시작했습니다. 그녀는 보석 제작에 큰 매력을 느꼈고 독특한 귀걸이와 목걸이를 만들기 시작했습니다. 친구들과 가족들에게 선물하자 한 친구가 그녀에게 돈을 줄 테니 목걸이에 어울리는 귀걸이를 만들어달라고 요청해왔습니다. 그때 클로디아는 자신의 공예가 상업적 가치가 있음을 깨달았습니다.

현재 클로디아는 회사 생활로 돌아가기에는 많이 뒤처져 있습니다. 그녀는 자신의 예술품을 전국의 축제와 공예 박람회에서 전시 판매하면서 생계를 꾸려 갑니다. 그녀는 현재 엣시(예술가와 공예가를 위한 온라인 소매 사이트)의 페이지를 디자인하고 유지 관리하는 전문가에게 비용을 지불할 만큼 충분한 돈을 벌고 있습니다. 이 일은 그녀가 컴퓨터 기술과 동행할 의향이 있는 한 지속될 것입니다.

누구라도 지난 10년 동안 직장에 있었다면 컴퓨터와 스마트폰에 익숙할 것입니다. 그러나 어떤 사람들은 사용법을 새로 익혀야 할 수도 있습니다. 기술 변화를 따라잡는 것은 하나의 도전이지만 다행히 도움을 주는 다양한 곳들이 있습니다. 지역 사회 대학, 성인을 위한 학교, 도시 여가 교실, 지역 확장 대학 및 오셔평생학습연구소OLLI 지부 들은 컴퓨터 응용 프로그램 및 휴대폰 응용 프로그램에 대한 다양한 과정을 제공합니다. 인생 후반부에 학교로 돌아가는 것은 많은 즐거움을 줄 수 있고 새로운 사람들을 만날 수 있는 좋은 방법입니다. 게다가 교실에는 젊은이들만큼 당신과 같은 나이 든 학생들이 많이 있습니다. 요즘 표현으로 50대, 60대, 70대의 학교 복귀는 '핫'합니다.

50세 이후의 일은 책 한 권을 다 채우고도 남을 소재입니다. 실제로 지난 10년 동안 훌륭한 책들이 많이 출간되었습니다. 이 책의 끝부분에 있는 참고 문헌 목록에도 몇 권의 책과 훌륭한 기사를 실었습니다.

그러나 '일'만 소득을 가져오는 것은 아닙니다. 당신이 지금 있는 곳, 당신의 집이 가장 큰 소득 원천이 될 수도 있습니다.

62세의 르네는 30여 년간 열정적으로 사업을 성장시켜 꽤 괜찮은 소득을 만들어 냈습니다. 그녀는 전 세계 대기업에서 소통과 대화 코칭을 진행했습니다. 자신의 회사가 있었고, 자신만의 콘텐츠를 개발했으며, 자녀 없이 이혼했기 때문에 계속되는 출장을 즐길 수 있었습니다.

르네는 사업을 견실하게 성장시켜왔지만 2008년 금융위기를 지나면서 변화가 일어났습니다. 의뢰 건수가 줄어들었고, 기업들은 비용 절감을 위해 관리자 교육을 온라인으로 전환하기 시작했습니다.

향후 10년 동안 교육 사업이 지속될 것이라고 생각했는데 전망은 점점 어두워지고 있었습니다.

태국에서 교육을 마친 르네는 사흘간 휴가를 얻어 방콕에 더 머무르게 되었습니다. 친구에게 에어비앤비 숙소에 머무르는 멋진 경험에 대해 들었던 적이 있어 이번 휴가에 시도해보기로 했습니다. 그는 아일랜드 여성이 소유한 방콕 외곽의 개인 주택에 방을 예약했습니다. 집은 지하철 환승역에서 도보 거리에 있었기 때문에 그녀의 조건에 맞았고, 방값은 방콕의 대형 호텔보다 훨씬 저렴했습니다.

르네는 에어비앤비에서 멋진 경험을 하고 집으로 돌아와 텍사스주 오스틴에 있는 침실 4개짜리 오래된 집을 둘러보며 "나는 왜 그렇게 할 수 없을까?"라고 자문했습니다. 그녀의 집에서는 시내로 오가는 대중교통을 편리하게 이용할 수 있습니다. 또한 텍사스 대학교 캠퍼스에서 멀지 않아, 대학원생이나 자녀를 보러 오는 학부모 대상으로 안정적 임대 수입을 만들어 낼 여지가 있어 보였습니다. 그녀는 마케팅 노력을 줄이는 대신 여름 석 달 동안 시범 운영을 에어비앤비에 제안했습니다.

시범 운영은 기대 이상으로 성공적이었습니다. 여름이 끝날 무렵, 르네는 가용할 수 있는 방 전체의 80% 숙박률을 기록했고, 8천 달러가 넘는 수입을 올렸습니다. 르네는 이 과정의 모든 순간을 즐겼습니다! 천성적으로 사교적인 르네는 전 세계 사람들을 환대하는 것이 좋았습니다. 그녀는 많은 친구를 사귀었고 전 세계 사람들로부터 방문 초대를 받았습니다. 시범 운영이 끝난 후 르네는 자문했습니다.

"낡고 오래된 내 집이 1박에 75달러를 낼 만큼 매력적이라면, 주방과 욕실을 대대적으로 리모델링하면 어떤 일이 일어날까?" 지역 내 다른 에어비앤비 방들과 비교하여 계산해보니 리모델링을 통해 1박에 90~125달러로 방 3개를 임대할 수 있을 것 같았습니다. 2년 안에 투자 비용이 회수될 것이라는 판단이 서자, 르네는 리모델링을 단행했습니다.

르네의 삶은 이제 약간의 소통 교육과 많은 에어비앤비 임대수입으로 구성됩니다. 그녀는 또한 에어비앤비 회의에서 강연하며 에어비앤비 호스트가 되는 법에 대해 다른 사람들을 교육하고 동기부여를 하고 있습니다.

나는 에어비앤비의 열렬한 팬이며, 에어비앤비 호스트가 되기 위해 꼭 침실 4개짜리 집을 소유할 필요가 없다는 것을 배웠습니다. 2년 전 샌디에이고에서 열리는 회의에 참석할 계획이었습니다. 해안가에 있는 1박에 300달러짜리 컨퍼런스 호텔보다 저렴한 숙소를 찾고 싶었습니다. 또한 밖으로 나가 아름다운 날씨를 즐기고 싶었습니다. 온라인에서 1박에 125달러 하는 에어비앤비 숙소를 찾았습니다.

숙소는 컨벤션 센터에서 약 1마일 떨어진 고층 아파트의 욕실 딸린 개인실이었습니다. 집주인은 2년 동안 샌디에이고에서 일하는 유쾌한 젊은 호주 부부였습니다. 그들은 침실과 욕실이 각각 2개인 아파트를 장기 임대했습니다. 이를 통해 약간의 추가 수입을 올리고 싶었던 것입니다. 그들은 건물 내 헬스클럽을 포함하여 필요한 모든 열쇠를 나에게 주었습니다. 한 번 만났을 뿐이지만 우리는 여행과 가족에 대해 즐거운 대화를 나누었습니다. 이 거래는 우리 모두에게 멋진 경험이었습니다. 그들은 3일 동안 임대료를 추가로 벌었고 나는 컨벤션 센터를 오가며 운동을 하고 신선한 공기를 마셨습니다. 그것은 샌디에이고의 최고급 스위트룸과도 바꿀 수 없는 것이었습니다!

여러분도 관심 있다면 한 번 도전해보세요. airbnb.com에서 호스트가 되는 단계, 호스트로서 성공하는 (안전한) 방법에 관한 조언을 찾아볼 수 있습니다.

주거 설계:
어디에서, 어떻게 살 것인가

11.

외로움과 고립을 피하는 공간을 찾아서

"외로움과 소외되는 느낌은 가장 끔찍한 빈곤입니다."

— 테레사 수녀Mother Teresa

많은 사람들이 50대 후반, 60대가 되면 불안해하기 시작합니다. 그들은 더 따뜻한 곳, 도심, 더 조용한 환경이나 고향에서 친척과 친구들과 더 가까이 사는 것이 어떨지 생각하고 이야기하기 시작합니다. 60대가 되면 친구들이 은퇴하고, 경력을 접고, 아이들이 자립해 떠나면서, 아이들과 손주들에게 더 가까이 가기 위해 옛 동네를 떠나

3부 주거 설계: 어디에서, 어떻게 살 것인가

기도 합니다. 자녀가 없는 사람들은 이러한 이주를 생각하지는 않습니다. 나이 든 부모들에게 손주 보기는 새로운 풀타임 일거리가 될 수 있지만, 자녀가 없는 우리들은 대안이 될 사회적 소일거리를 찾아야 합니다. 여기에는 새로운 친구, 새로운 생활 방식 또는 새로운 거주지가 포함될 수 있습니다.

동시에 많은 진보적인 도시와 마을에서 사람들이 '내 집에서 나이를 먹을' 수 있도록, 보다 살기 좋고 편하게 걸을 수 있는 지역 사회를 만들기 위해 노력하고 있습니다. 실제로 AARP의 연구에 따르면 50세 이상 대다수의 사람들이 자신의 집에 머물고 싶어합니다.[19] 제자리에서 늙는다는 것은 소중한 개념이지만 자녀가 없는 우리에게는 정답이 아닐 수 있습니다. 거주 대안에 관한 모든 정보를 신중하게 고려하고 서두르지 말고 명료한 결정을 내리시기 바랍니다.

노년에 살 곳을 결정하는 것은 우리의 새로운 수명longevity을 위한 2단계 과정이어야 합니다. 90대 이상까지 지속될 수 있는 '노년기'는 두 단계, 어쩌면 세 단계로 이루어져 있습니다. 첫 번째 단계는 50대 후반 또는 60대 초반에 시작됩니다. 이 시기는 많은 사람들이 중년의 직장생활에서 벗어나기 시작하는 시기입니다. 그 시점에서 우리가 건강하기만 하다면 몇 가지 새로운 기회를 맞이하게 됩니다.

자녀가 없기 때문에 이 초기 단계에 더 많은 선택지가 있습니다. 우리는 성인 자녀와 손주들과 가까워지려고 (또는 멀어지려고) 고민할 필요는 없습니다. 그러나 기혼자라면 여전히 배우자와 상의해야 하며, 부모님이 아직 살아 계시거나 형제자매와 가까운 경우 가족

관계가 선택에 영향을 미칠 것입니다. 대체로 이러한 선택은 복잡합니다. 자신에게 중요한 것이 무엇인지 생각하고 내 삶에서 중요한 사람들과 당신의 호불호에 대해 논의를 시작하기 바랍니다. 또한 이러한 결정은 자녀 없는 성인들에게 중요한 두 가지 목표, 즉, 커뮤니티 구축 및 사회적 지원 시스템 확보 과정의 일부입니다.

3부는 오늘날 활용 가능한 다양한 선택 사항을 이해하는데 도움 되도록 구성되었습니다. 자세한 워크시트는 선호 사항을 분류하고 현재와 미래에 가장 매력적인 것이 무엇인지를 결정하는데 도움이 될 것입니다.

현재는 이사할 장소에 대한 선택지가 더 많을 뿐만 아니라, 집에서 계속 살면서 사람들과 끊임없이 교류할 수 있는 사회적 지원 시스템을 구축하거나 강화할 수 있는 추가적인 선택지들도 있습니다. 직장 커뮤니티가 없을 때 고립과 외로움이 오히려 빠르게 스며들 수 있기 때문에 이러한 대안은 반가운 소식입니다. 단기 거주와 장기 거주 요구를 모두 충족하는 장소를 선택하는 것은 딜레마 상황을 만들 수도 있습니다. 초기 주거 선택이 20년 후에는 적절하지 않다면, 다시 이사해야 합니다. 그렇기 때문에 노년기 또는 은퇴 시기를 단계적으로 설정하고 이를 염두에 둔 결정을 하시기 바랍니다.

섣부른 노년 이사가 부른 재앙

노화에 관해 연구하다 보면, 노인의 건강과 웰빙에 대한 위험 목록의 맨 위에 외로움과 고립이 있음을 알게 됩니다. 근처에 성인 자녀가 없으면 우리는 특히 이 불행한 상태에 빠지기 쉽습니다. 이사는 고립과 외로움을 피하는데 도움이 됩니다. 반대로 때로는 움직이지 않는 것이 친구 및 가족과의 중요한 유대를 유지하는 방법이 됩니다.

63세 케이티는 노스캐롤라이나에 있는 유명 대학의 진로 상담사로 30년 동안 일하다가 2013년 5월, 은퇴했습니다. 상당한 연금을 받은 터라 66세에 사회보장연금을 전액 받을 때까지는 버틸 수 있어 보였습니다. 케이티는 집을 소유한 적이 없으며, 34년 동안 그녀가 살아온, 상대적으로 비싼 지역인 채플 힐에서 침실 하나짜리 콘도를 임대했습니다. 집을 사기 위해 돈을 모으긴 했지만 계약금과 주택 담보 대출 원리금을 감당하기에 충분하지는 않았으므로, 계속 임대를 선택했습니다. 그녀는 그곳에 친한 친구들이 있었고 극장, 지역 박물관 및 대학 도시의 전형적인 여러 문화적 편의 시설을 즐겼습니다. 그러나 이제 은퇴한 그녀는 상당히 적은 수입으로 살아야 했고, 채플 힐 임대료를 계속 감당할 수 없다는 것을 확실히 알았습니다. 케이티는 더 저렴한 지역에 집을 사기에 충분한 돈을 모았고, 내 집에 대한 욕망(그녀가 수십 년 동안 미뤄왔던 꿈)은 그녀에게 이사할 용기를 주었습니다.

케이티는 펜실베이니아주 피츠버그에서 태어나 자랐으며 여전히 그곳에 가족이 있습니다. 그러나 추운 지역을 싫어했으므로 북동부로 돌아갈 생각은 전혀 하지 않았습니다. 선벨트 여러 도시의 생활비, 부동산 가격 및 문화적 기회 등을 비교하면서 몇 주 동안 주어진 선택지를 검토한 끝에 마침내 애리조나 투손을 선택했습니다. 그 지역에 몇 번 다녀오면서 그녀가 감당할 수 있는 침실 두 개의 멋진 콘도를 발견하고 집에 돌아와 짐을 꾸렸습니다.

2013년 8월, 케이티는 투손의 집을 구입해 이사했습니다. 처음엔 새 동네가 흥미롭고 새로웠습니다. 투손에는 대학과 쇼핑몰, 영화관, 라이브 공연, 그리고 그녀가 노스캐롤라이나에서 즐겼던 대부분의 문화 편의 시설이 있었습니다. 그러나 새로움은 이내 사라졌습니다. 추운 겨울 동안 케이티는 집에 머무는 시간이 길어졌고, 난방 비용은 예상보다 많이 들었습니다. 테니스를 시작했지만 복식 그룹의 여성들은 마을 반대편에 살았고 게임 이상의 우정에는 관심이 없는 것 같았습니다. 그녀는 독신자 모임, 하이킹 그룹 및 기타 특별 동아리 모임을 찾았지만 행운이 따라주지 않았습니다. 무엇보다도 투손의 주류 정치 풍토는 케이티의 가치와 신념에 부합하지 않았습니다.

"사람의 마음은 다른 사람의 마음에 호응하지 않으면 시든다."

— 펄 벅Pearl S. Buck

케이티는 항상 외향적이었습니다. 그녀는 비슷한 생각을 가진 사람들과의 우정을 갈망했습니다. 탄탄한 관계의 불꽃을 잡기가 점점 더 어렵게 되자 케이티는 점점 우울증과 외로움 속으로 가라앉았습니다. 채플 힐에서 온 친구들과 얘기하고, 피츠버그에 있는 몇몇 가족들과 전화 통화를 하는 것이 그녀에게 유일한 낙이었습니다.

2015년까지 케이티는 지지와 소속감이 느껴지는 소셜 네트워크를 구축하는데 어느 정도 진전을 이루었지만, 여전히 그녀가 기대했던 수준에는 한참 못 미치는 것이었습니다. 케이티는 이사 전에 정착지의 연중 기후, 지역의 이면, 다양한 이웃, 도시의 정치적 성향과 기타 사항들에 대해 더 철저히 조사하지 않은 것을 후회했습니다.

케이티의 사례는 목표 지역을 미리 철저히 연구하고 테스트(즉, 연중 다른 시기에 여러 번의 장기 여행으로 사전 조사하는 것)를 하지 않았을 때 노년의 이사가 얼마나 문제가 될 수 있는지를 보여줍니다. 또한 그녀와 같이 외향적이고 사교적인 사람도 얼마나 쉽게 외로움과 고립의 늪에 빠질 수 있는지 보여줍니다. 케이티는 성격이 쾌활하고, 자신이 처한 곤경에 대해 잘 이해하고 있습니다. 자신이 어떻게 현재 상황에 처하게 되었는지 알고 필요한 조정을 하고 있으며, 다행히 그녀를 단순한 지인 이상으로 생각하는 친구 모임도 찾았습니다. 케이티는 또한 비교적 젊은 노년입니다. 63세의 건강한 그녀는 새로운 관계를 찾고 자신을 위한 지원 시스템을 재건할 시간과 에너지가 있습니다.

케이티는 혼자 사는 나이 든 여성 중 한 명입니다. 65세 이상 남성의 72%가 결혼한 상태인 반면 여성의 결혼 비율은 42%였습니다.[20] 65세 이상 여성의 거의 절반이 혼자 삽니다. 나이가 들면서 혼자 사는 여성의 수와 비율이 급격하게 증가하고 있습니다. 일반적으로 여성만큼 오래 살지 못하는 남성은 배우자와 함께 사는 경우가 가장 많습니다. 이혼하면 대부분 재혼합니다. 나이가 들수록 남성과 여성의 비율이 더 차이를 보입니다. 나머지 남자들은 가능한 여자들과 짝을 지어 더 많은 여자들이 혼자 남게 됩니다. 의자 뺏기 게임처럼 느껴질 수 있습니다. 아래 차트는 2010년 남성 대 여성의 생활 환경을 분석한 것입니다.[21]

남성 거주 형태   여성 거주 형태

하루에 1만 명의 베이비부머 세대가 65세 생일을 맞습니다. 그 중 20%(2천 명)는 자녀가 없으며, 이는 고령 독신 숫자가 더욱 두드

러질 것임을 의미합니다. 신중히 선택하지 않으면 고립과 외로움이 뒤따를 수 있습니다. 장수 요인에 대한 10년 간의 호주 연구에 따르면 가장 많은 친구 네트워크를 가진 사람들이 가장 적은 친구를 가진 사람들보다 상당 기간 더 오래 살았습니다.[22] 독신들은 대부분 자신의 삶에 만족하고, 스스로를 어떻게 돌보는지를 알고, 자신들이 의지할 수 있는 가족과 친구들의 사회적 지원 시스템이 있을 때 위험에 덜 노출됩니다. 중요한 것은 자녀가 없는 우리에게는 자녀나 배우자가 아닌 친구가 차이를 만든다는 점입니다.

새로운 거주지, 소셜 네트워크가 핵심

친구와 가족에게서 멀어지는 것은 케이티와 같이 독신생활을 오래 한 사람이라도 위험할 수 있습니다. 그녀는 견고한 지역 이너서클에 진입하는 것이 만만치 않다는 것을 알게 되었습니다. 다음 테스의 사례는 더 나은 선택을 한 경우입니다.

61세의 테스는 결혼하지 않았고 아이도 없으며 항상 그녀가 일하던 실리콘 밸리에서 혼자 살았습니다. 1990년대 초, 경기 침체기에 그녀는 오래된 단지에 있는 작은 콘도를 구입했습니다. 동네가 좋지는 않지만, 자신만의 집을 갖고 싶었기 때문에 부동산이 덜 비싸던 시기에 뛰어들었습니다.

약 20년 후, 테스는 삶의 속도를 늦추고 실리콘 밸리에서 벗어날 때가 왔다고 판단했습니다. 그녀는 계속해서 약간의 수입을 창출해야 한다는 것을 알았고, 자신의 역량을 날카롭게 유지했으며, 원격으로 작업(재택근무)할 수 있는 방법을 마스터했습니다. 그녀는 움직일 때가 왔다고 생각했습니다. 그녀가 소유한 작은 콘도를 팔았을 때 테크 기업들은 호황을 누리고 있었고 주변은 수년에 걸쳐 훨씬 더 좋아진 상태였습니다. 그녀는 매입 금액의 거의 4배에 달하는 가격에 콘도를 팔았습니다. 그녀는 이제 그녀가 가기로 결정한 곳 어디든지 작은 집을 살 수 있는 좋은 출발선에 있었습니다.

와인은 20년 넘게 테스의 관심사였습니다. 그녀는 와인 재배 및 제조에 대해 자세히 알아보기 위해 수업을 들었고 때때로 집 근처의 자선 와인 경매를 도왔습니다. 또한 예산이 허락하는 한 자주 친구들과 함께 캘리포니아의 와인 산지를 방문해서 좋아하는 와인을 시음하고 구입했습니다. 그녀가 콘도를 팔고 어디로 이사할지 결정할 때가 되었을 때, 발효 포도에 대한 그녀의 열정은 목적지에 큰 영향을 미쳤습니다. 그러나 와인이 유일한 결정 요인은 아니었습니다. 테스의 어머니는 와인 생산지에서 남쪽으로 36킬로미터 떨어진 곳에 살았고 그녀의 남동생 가족도 그 근처에 살았습니다. 소노마나 나파 카운티로 이사하면 어머니와 남동생 가족 모두에게 가까워지게 됩니다.

나파 카운티의 부동산 가격이 높았기 때문에 테스는 주택 가격이 조금 낮은 소노마 카운티가 그녀의 다음 집이 될 것이라고 판단했습니다. 부동산 중개업자를 찾아 그 지역을 대여섯 번 여행했고 마침내 마음에 드는 마을과 적당한 집을 찾았습니다.

그녀는 주말에 와인 산지로 많은 여행을 갔지만 그곳에 친구가 있는 것은 아니었으므로 새로운 소셜 네트워크를 구축해야 한다는 것을 알고 있었습니다. 이는 집 선택에도 영향을 미쳤습니다. 콘도 매각 대금으로 테스는 55세 이상이 거주하는 대규모 커뮤니티인 오크몬트에 침실 2개짜리 단독 주택을 구입했습니다.

그녀는 이사 온 날부터 그녀의 새로운 보금자리를 좋아했습니다. 비록 많은 주민들이 당시 테스보다 나이가 더 많았지만 그녀는 사람들을 모이게 하는 많은 프로그램을 갖춘 커뮤니티에 둥지를 틀었습니다. 테스는 헬스클럽, 독신자 모임, 그리고 당연히 와인 시음 클럽에 가입했습니다. 이러한 연결은 새로운 친구를 사귀고 새로운 관계를 만들기 위한 그녀의 노력을 더욱 배가시켰습니다.

주말에 테스는 때때로 인근 와이너리 중 한 곳에서 일하며 관광객을 위해 와인을 따르고 맛있는 와인 제조에 관한 전문 지식을 나눕니다. 이 일로 돈을 많이 벌지는 못하지만 흥미로운 사람들을 많이 만나고 좋아하는 분야의 일을 한다는 장점이 있습니다. 또한 이전 직장의 파트타임 직원으로서 새집에서 원격으로 일을 이어가고 있습니다. 가족과도 정기적으로 만납니다. 10개월 지난 지금, 그녀는 바쁘고 만족스러운 삶을 살고 있습니다.

테스는 케이티보다 운이 좋았을까요? 그렇지 않습니다. 테스는 사전에 이사 가고자 하는 곳에 대해 훨씬 더 잘 알고 있었고, 노년의 자기 계발 모델을 선택하는데 어느 정도 예리한 선견지명을 갖고 있었습니다. 은퇴자 커뮤니티에서는 상당한 비율의 거주자가 어떤 형태로든 다시 시작하고 있으며 이는 새로 이사 온 사람에게 큰 이점이 될 수 있습니다. 일부는 같은 도시에 살다가 다운사이징을 위해 단거리 이동을 했을지도 모릅니다. 테스와 같은 많은 주민들이 다른 도시와 주에서 이곳으로 이주했습니다. 일부는 최근에 싱글이 되었을 것이며, 몇몇은 새로 결혼했을 수도 있습니다. 파벌이 확고하지 않을 때 기존 모임에 진입하는 것은 더 쉽습니다. 은퇴 커뮤니티에서 변화는 예외적인 것이 아니라 빈번한 것입니다. 테스는 의미 있는 우정을 쌓고 싶어 하는 비슷한 생각을 가진 많은 사람들을 만났습니다.

이동 수단의 부족은 노년 고립의 주된 이유 중 하나입니다. 통계에 따르면 비운전자의 절반은 대중교통이 집에서 도보로 10분 이상 거리에 있을 때 집을 나서지 않습니다.[23] 스스로에게 "내가 더 이상 운전하지 않을 때, 식료품점, 병원, 식당에 가거나 가족과 친구를 방문하기 위해 어떻게 하지?"라고 자문해 보십시오. 현재 집에서 도보 거리 내에 대중교통이 없다면 고립될 위험이 높습니다. 인구 밀도가 높은 대도시에는 더 많은 교통수단이 있으므로 돌아다니는 것이 문제가 될 가능성이 적습니다. 작은 마을이나 넓은 교외 지역에 거주하는 경우 접근 가능한 대중교통 평가에서 점수가 낮아질 가능성이 큽니다.

당신이 사는 곳의 이동 편의성 지수가 얼마인지 확인하려면

walkscore.com에 접속해보세요. 주소를 입력하면 해당 위치에 대해 0~100점의 '이동 편의성 점수'가 나타납니다. 예를 들어, 보스턴(인구가 밀집된 대도시 지역)의 이동 편의성 점수는 81점으로 전국 3위입니다. 이에 비해 텍사스주 오스틴(대부분의 사람들이 교외에 거주하는 작은 도시)의 점수는 39점입니다. 거주지가 보통 도시에 가까울수록 편의성 점수가 더 좋습니다. 바로 인구 밀도 때문입니다. 대중교통의 경우 Km²당 사람이 많을수록 차 없이 돌아다닐 수 있는 방법이 더 많고, 레스토랑, 병원, 식료품점, 기타 필수 기반시설이 가까운 거리에 있을 가능성이 높습니다.

12.

프라이버시와 연결,
무엇이 더 중요할까요

"진정한 독립이란 자신의 내부 충동 행동의 지배에서 자유로운 것이며, 욕망이 닥쳤을 때 하고 싶은 대로 하지 않는 것을 의미합니다."

— 니콜라스 로Nicholas Lore, 사회과학자·록포트연구소 설립자

'프라이버시와 연결connectedness 중 무엇이 더 중요한가'는 당신이 살고 싶은 곳을 결정하는 핵심 고려 사항 중 하나여야 합니다. 20세기에 성장한 우리들(이 책을 읽는 모든 사람들)은 프라이버시를 중시하는

부모를 가졌을 것입니다. 왜 그럴까요? 20세기 초에 많은 조부모들은 이민자였고 대부분 연립 주택, 공동 주택, 작은 아파트 또는 작고 촘촘한 집단거주시설에 살았습니다. 다시 말해, 부모 세대는 프라이버시를 찾기 어려운 환경에서 자랐던 것입니다.

미국에서 19세기 또는 그 이전으로 유래를 거슬러 오르는 가문에 속한 사람들은 아마도 그 조상들이 농장에서 살았을 것입니다. 농장 가족은 대식구였고, 생필품이 부족했으며, 가옥은 허술했습니다. 아이들은 종종 몇 개 안 되는 방에서 한 침대에 두세 명씩 잤습니다. 20세기 초, 새롭게 산업화된 미국은 오늘날 중국의 산업 혁명처럼 젊은이들에게 일자리를 약속하고 사람들을 붐비는 도시로 불러들였습니다. 당시 농장을 떠난 사람들은 가난했고, 그들 대부분은 아메리칸 드림을 추구하며 비좁은 단체 숙소를 공유하면서, 적은 임금으로 생계를 꾸려갔습니다.

1950년경 대공황과 두 차례의 세계 대전에서 벗어나면서 미국인들은 더욱 번창했습니다. 그들은 자신과 대가족 및 가까운 이웃 사이에 더 많은 공간을 확보할 수 있었습니다. 모든 주요 도시 외곽에 교외 지역이 생기기 시작했고, 수많은 2세대 및 3세대 중산층 미국인들이 단독 주택을 구입하거나 임대했습니다. 뉴욕과 시카고의 대형 아파트 건물도 새로운 입주자를 위해 더 넓은 공간과 더 많은 분리 공간을 두고 건설되었습니다. 아… 드디어 프라이버시를 찾게 된 것이지요.

60년대와 70년대 소수의 히피 공동체(그중 일부는 여전히 존재함.)

를 제외하고 대부분의 미국인은 이웃과 어느 정도 떨어진 삶을 유지할 수 있었습니다.

그렇다면 노년의 프라이버시는 어떨까요? 그것은 도움과 안전에 대한 우리의 필요 때문에 조정될 수 있습니다. 거의 모든 것보다 사생활 보호를 우선시한다면 가능한 한 오랫동안 프라이버시를 유지할 수 있도록 앞서 준비해야 합니다. 사생활 보호에 더해 탄탄한 자율성이나 독립성이 필요하다고 느낄 수도 있습니다. 신체적으로나 정신적으로 운전하기에 적합하다면, 면허증을 유지하고 싶을 것입니다. 자신의 재정에 대한 통제권을 유지하고, 어떻게 옷을 입을지, 언제, 어디서, 무엇을, 누구와 함께 먹을지에 대해 스스로 결정하기를 원할 것입니다.

그러나 프라이버시와 자율성에 대한 일반적인 요구의 이면에 우리 모두는 다른 사람들과 연결될 필요도 있습니다. 우리는 또한 안전과 보호도 필요합니다. 이러한 요소들이 상호 배타적으로 보일 수 있지만 나이가 들수록 균형을 유지해야 합니다. 균형점은 개인마다 크게 다를 것입니다. 나이 들어감에 따라 어디에서 살고 싶은지 결정할 때 오직 당신만이 그 균형점을 찾을 수 있습니다.

그러므로 사전 계획이 중요합니다. 가능한 한 오랫동안 독립성을 유지하는 것도 좋지만, 말년에 스스로를 돌보기 어려워지는 단계도 고려해야 합니다. 부머 세대는 노화의 첫 번째 단계에 있습니다. 후기 단계에 대해 이야기하는 것은 어려울 수 있지만, 미혼이거나 자녀가 없는 사람들은 이 단계의 사전 계획을 잘 짜야 합니다.

현재 집을 평가하거나 새집을 선택하는 것은 노인에게 가장 중요한 고려 사항 중 하나입니다. 집과 주변 환경에 대한 다음 질문에 대한 답을 찾는 과정에서 인사이트를 얻을 수 있습니다.

이웃과 주변

- 당신의 거주환경은 어떻습니까? 안전하고 편하게 걸을 수 있습니까? 보도가 있습니까?
- 주변의 어떤 것이 마음에 들고 무엇은 마음에 들지 않나요?
- 당신을 잘 아는 이웃이 있습니까? 긴급 상황에 도움이 될까요?
- 이웃의 연령대는 어떻게 되나요? 주변에 더 젊은 가족이 있고 그들과 교류합니까?
- 이웃의 집주인이 자주 바뀌나요? 아니면 상당히 안정적인가요?
- 가장 가까운 식품점, 약국, 병원, 쇼핑몰, 극장은 어디입니까?
- 아직 일을 하고 있다면 이후 소득이 없을 때에도 현재 동네에서 계속 살 수 있습니까?
- 이사하기로 결정했다면 다음 동네에서는 무엇을 기대합니까?

집

- 집의 어떤 점이 마음에 드나요? 불편한 것은 무엇입니까?
- 당신의 집은 이동에 얼마나 적합합니까? 무릎 수술을 받고 목발을 짚고 있다면, 침실과 화장실을 편하고 안전하게 오갈 수 있습니까?
- 출입구와 복도의 넓이는? 휠체어를 사용해야 하는 경우에도 충분히 넓은가요?
- 고령 친화적 구조를 더 구현하려면 집의 어디를 개보수해야 합니까?
- 다른 집으로 이사하기로 결정했다면 새집에서 기대하는 것은 무엇입니까?

이러한 질문은 노년기에 살 집을 준비할 때 중요한 기준에 대해 생각해보도록 고안된 것입니다. 다음 장에서는 주거에 대한 당신의 선호 사항을 더 깊게 살펴보고, 나이가 들면서 추가적으로 고려해야 할 사항에 대해서도 짚어 보고자 합니다.

13.

집을 결정하는 기준은 무엇일까요

"집은 이름이자 약속이며, 그것은 강한 무언가이다. 가장 강력
한 주문으로 마법사가 불러낸 영령보다 강하다."

— 찰스 디킨스Charles Dickens

이사 여부를 결정할 때는 나에게 필요한 부분을 평가 검토하고, 친
구, 가족, 기타 소중한 사람과 상의하여 준비를 시작해야 합니다. 이
장에서는 당신의 지역 사회(또는 당신이 살고 싶은 지역)에서 가능한
대안, 당신이 감당할 수 있는 것, 행복한 생활에 대한 당신의 정의에

부합하는 주거 조건들을 탐색할 것입니다. 이어지는 장은 기존 거주 유형을 다룹니다. 향후 10년 동안 다양하고 새로운 주거 개념이 등장할 것입니다. 그러므로 새로운 주거 대안에 관한 뉴스에 주목하십시오.

이 장의 워크시트는 당신이 살고 싶고 선호하는 주택 및 거주 환경을 정의하는데 도움이 되는 도구입니다. 당신의 바람과 필요를 검토하고 이상적인 집과 환경에서 당신에게 가장 중요한 것이 무엇인지 알 수 있도록 짜여졌으므로 유용한 도구가 될 것입니다.

워크시트를 활용하여 희망 사항 목록을 만드십시오. 배우자나 파트너가 있는 경우 각자 완성하고 목록을 비교하여 공통점과 차이점을 표시하십시오. 그리고 대화를 통해 합의된 공통 리스트를 완성하십시오.

이 평가는 원하는 라이프 스타일과 고려해야 할 요소들에 가장 잘 맞는 지역 및 지역 사회에 대해 훨씬 더 명확한 그림을 그릴 수 있게 도와줄 것입니다. 막연한 추측과 검색에 소요되는 시간을 최소화하면서 최고의 집을 찾을 수 있을 것입니다.

워크시트 파트 A

워크시트 파트 A는 당신에게 중요한 기준을 파악하는데 도움이 됩니다. 예를 들어 어떤 지리적 환경에 대한 선호를 특정하기 전에, 먼저 어떤 지형이 당신에게 중요한지 판단하십시오. 단적으로 배우자의 가족과 가까운 위치라면 어떤 지리적 환경도 수용할 수 있습니다. 반대로, 근처에 누가 살고 있든, 산악 지형에 살기 싫을 수 있습니다. 워크시트 파트 A를 사용하여 당신에게 무엇이 중요하고 얼마나 중요한지 파악하십시오.

파트 A: 라이프 스타일 및 거주지 기준					
	전혀 중요하지 않음	별로 중요하지 않음	중립	다소 중요	매우 중요
지리적 환경-지형 선호 (예: 바닷가/산)					
기후-온화/냉랭, 계절적 변화 정도					
물리적 조건-주변 구성 (예: 교외, 도심, 전원; 교통 편의성)					
비용-집 구매 여력					
근접성-직장, 극장, 박물관 등의 편한 접근성					
공간/집의 종류-단독, 콘도, 단층, 농장 등					
구조 및 지원 서비스-상설 프로그램 및 커뮤니티 주안점(예: 55세 이상, 지속 돌봄 제공, 코하우징 등)					

워크시트 파트 B

중요한 기준을 파악한 후 워크시트 파트 B는 이러한 영역에서 가장 중요한 것이 무엇인지 깊이 들여다볼 수 있도록 합니다. 앞선 워크시트에서 중요하다고 평가한 내용만 추가 작성할 수 있고, 주요 관심사가 아니더라도 모든 항목의 빈칸을 채울 수도 있습니다. 이 워크시트의 일부 용어는 익숙하지 않을 수 있지만, 이 섹션의 나머지 장을 읽으면서 다양한 종류의 생활 대안에 대해 자세히 알게 될 것입니다.

파트 B: 거주지 특성			
지리적 환경			
	수용 불가	중립	꼭 필요
해안 환경			
산악 환경			
사막 환경			
숲 환경			
평평한 지형			
구릉 지형			
기타:			

노트:

기후			
	수용 불가	중립	꼭 필요
덥고 건조			
온화, 열대성 기후			
계절 변화 심함, 많은 눈			
계절 변화가 완만한 온대 기후			
기타:			

노트:

물리적 환경			
	수용 불가	중립	꼭 필요
전원, 일부 인구 집중 지역 있음			
교외 지역			
도심/도시 환경			
산책로/자전거 도로 있음			
'안전'한 지역			
활발한 55+ 커뮤니티			
지속 돌봄 은퇴 커뮤니티(CCRC)			

노트:

비용			
	수용 불가	중립	꼭 필요
수중의 현금으로 구매 가능(대출 불필요)			
개인적 특수성 안에서도 감당 가능한가?			
현재보다 세금이 낮은가?(주별로 다름)			

노트:

편의 시설 근접성			
	수용 불가	중립	꼭 필요
직장			
박물관, 화랑			
대학			
좋은 식당			
영성센터, 종교시설			
대중교통			

공항			
쇼핑센터, 서비스 시설			
좋은 병원			

노트:

기타 주요 근접성			
	수용 불가	중립	꼭 필요
가족			
친구			
관심사가 비슷한 사람들			
정치 성향이 비슷한 사람들			
영적/종교적 지향이 비슷한 사람들			

노트:

구조와 지원 서비스			
	수용 불가	중립	꼭 필요
마을 네트워크 (또는 유사한 것) 존재			

비운전자를 위한 근거리 대중교통			
고령 친화적(고령자 배려 횡단보도 표시, 큰 글씨 교통 표지판 등) 편의 시설/서비스 근접			
시니어 지원 서비스 및 시설			
정기적 활동 및 사회적 모임			
필요시 돌봄 생활 가능 여부			

노트:

물리적 공간/ 집의 형태			
	수용 불가	중립	꼭 필요
분리된 단독 패밀리 공간			
다세대 임대(두 가구, 세 가구 복합 건물, 소형 아파트)			
콘도 또는 타운홈			
이동주택 또는 조립주택			
코하우징 커뮤니티			
대규모 단지의 임대 아파트			
상속 가능성			

노트:

집 구조			
	수용 불가	중립	꼭 필요
사생활 보호			
(집 내부와 연결된) 차고			
창고 공간			
손님 숙박 공간			
분리된 추가 공간(별채 등)			
잘 갖춰진 주방			
입주 여건(큰 수리나 인테리어 불필요)			
휴식과 여가를 위한 야외 공간(데크, 파티오 등)			
정원(화초, 야채 등)			
시설관리회사에 의한 건물 외관 관리			
고령 친화적 안전과 편의장치(넓은 현관, 원형이 아닌 막대형 문손잡이, 계단 없는 구조 등)			
나의 개인적 요구나 능력을 반영			

노트:

노후를 단계적으로 쪼개 보는 것은 어디서 살지 생각할 때 도움이 됩니다. 이 과정을 통하여 지금 나에게 맞는 것(당신이 50대, 60대 또는 70대라고 가정)을 고려하고 노년(70대 후반, 80대, 90대)에 원하는 것이 무엇일지 생각해 볼 수 있습니다. 노후에 사람들은 대개 두 번 이사를 합니다. 은퇴 후 60대에 한 번, 더 이상 삶의 독립적 일상을 감당할 수 없는 70대 후반에서 80대 중반에 또 한 번 합니다. 신중한 계획을 통해 이를 피할 수도 있고, 필요하다면 향후 10년 또는 20년 동안 삶의 질을 높일 수 있는 다른 기회(해변 마을, 번화한 도시 중심부 또는 다른 나라에서의 생활 등)를 극대화할 수 있도록 아예 첫 이사를 그러한 지역으로 결정할 수도 있습니다.

다음 장에서는 보다 활동적이고 독립적인 시기에 거주할 수 있는 다양한 주택 대안을 소개합니다. 20장에서는 도움 없이 사는 것이 위험하거나 어려울 수 있는 삶의 가장 막바지 단계에 필요한 주거 대안을 검토합니다. 지금은 관련성이나 설득력이 없을 수 있지만 향후 수십 년 동안 매우 중요해질 것입니다.

14.

활동적이고 독립적일 때
거주할 수 있는 주거 대안은?

"집은 수줍음 없이 마음껏 웃을 수 있는 곳이다."

— 버논 베이커Vernon Baker

자녀가 없고 50대, 60대 및 70대 초반의 건강한 사람은 거주지의 선택권이 많습니다. 이 장에서는 오늘날 이용할 수 있는 커뮤니티와 생활 대안의 종류와 개요를 설명합니다. 비용은 지역에 따라 크게 다르므로 가격 정보는 다루지 않았습니다. 미국에서 도시와 해안 지역은 비용이 가장 많이 들고 중서부와 남부 지역은 보다 저렴합니다.

대부분의 미국인은 나이가 들어도 지금 사는 집에 계속 머물고 싶어한다고 보고되지만, 메트라이프 성숙 시장 연구소MetLife Mature Market Institute의 주택 소유자 만족도 조사에 따르면 55세 이상의 모든 조사 대상자 중 주거 만족도가 가장 높은 사람들은 연령 제한이 있는 '활동적 성인' 커뮤니티나 '은퇴' 커뮤니티에 거주하는 사람들이었습니다.[24] 미국에는 여러 유형의 연령 제한 커뮤니티가 있습니다. '은퇴한 노인들 무리'와 함께 산다는 것이 썩 내키지 않는다면, 커뮤니티 거주자의 약 10%만이 완전히 은퇴했다는 사실을 알아야 합니다. 그들 대부분은 활동적이고 만족스러운 직업이나 자원봉사 경력을 가지고 있으며 아직도 골프 코스나 오락 시설에서 보낼 시간이 거의 없습니다.

연령 제한 커뮤니티

미혼이고 자녀가 없는 제니는 60세가 된 직후 연령 제한(55세 이상) 커뮤니티로 이사했습니다. 당시 은퇴는 생각조차 하지 않았으며 저축을 늘리기 위해 적어도 5년은 더 일할 계획이었습니다. 그녀는 도시 콘도에서 벗어나 어머니, 두 자매와 더 가까운 작은 커뮤니티로 이사하기를 원했습니다. 나이 제한이 있든 없든 커뮤니티의 여러 세부 사항과 프로그램을 살펴보았고, 나이 제한보다는 위치와 집 자체가 마음에 들었기 때문에 마침내 커뮤니티에 정착했습니다. 그녀는 기존 콘도보다 훨씬 더 넓은 집을 구입하게 되어 기뻤습니다.

트라우마 병동 간호 분야에서 다년간의 경험을 쌓은 제니는 새로운 도시에서 일자리를 찾는데 큰 어려움이 없었고, 2년 전 새집의 잔금을 치르자마자 곧 이사했습니다. 처음에 그녀는 약간 물 밖에 나온 물고기 같은 느낌이 들었습니다. 이사 후 몇 주 동안 구직과 주변 파악으로 시간을 보냈습니다. 곧 마을에 있는 세 병원 모두에서 일자리 제안을 해 와, 그중 마음에 드는 한 곳에서 일을 시작했고, 익숙한 일상을 무리 없이 시작할 수 있었습니다. 그녀는 직장에서 몇 명의 새로운 친구를 사귀었고 일주일에 여러 번 어머니를 방문했습니다.

8개월 정도 지나자 제니는 꽤 안정되었다고 느꼈습니다. 어머니는 혼자서도 잘 지내고 주변에 친구들도 있었기 때문에 제니가 자주 방문할 필요가 없었습니다. 이제 제니는 이웃 몇 명을 사귈 때가 되었다고 생각했습니다. 그녀는 매일 저녁 산책을 했고, 이내 산책 나온 다른 사람들과 이야기를 나누게 되었습니다. 그러다 자연스럽게 커피 모임이 이어졌고, 가끔 영화도 함께 관람했습니다. 새로 사귄 이웃들의 권유를 받아 제니는 독신자 클럽에 가입하고, 커뮤니티 센터에서의 요가 수업에도 등록했습니다.

그녀에게 이웃을 알아가는 것은 즐거운 일이었습니다. 많은 이웃들이 여전히 집에서 또는 종일 근무하는 직장에서 일한다는 것을 알게 되었습니다. 비슷한 관심사를 가진 사람들이 많았고, 상당수는 최근 5년 내에 이사한 주민들이었습니다. 2년 후, 제니는 이전

도시 콘도미니엄에서 20년 동안 알았던 것보다 더 많은 사람들과 더 많은 활동에 참여하게 되었습니다.

은퇴 커뮤니티

은퇴 커뮤니티에는 연령 조건이 있습니다. 즉, 모든 소유주 또는 임차인은 55세 이상이어야 합니다. 토지가 너무 비싸지 않은 경우 이러한 커뮤니티는 수백 또는 수천 에이커[1에이커는 약 4천 제곱미터 또는 약 1,200평.] 규모에 골프 코스, 호수, 다용도 커뮤니티 센터와 같은 편의 시설을 갖추고 있습니다. 애리조나주 선시티의 델 웹Del Webb은 이러한 은퇴 커뮤니티 개발의 초기 원형 역할을 했습니다. 델 웹 모델은 이제 미국 전역으로 확산되었고, 애리조나, 뉴멕시코, 텍사스, 플로리다와 같은 선벨트 지역에 가장 많이 자리 잡고 있습니다.

이 글을 쓰는 시점 기준, 7만 5,000명 이상의 주민이 거주하는 플로리다주 올랜도 근처의 더 빌리지(thevillages.com)는 미국에서 가장 큰 은퇴 커뮤니티입니다. 상상할 수 있듯이 이 정도 규모는 동네라기보다 도시에 가까워 보입니다. 주거 시설과 기타 대규모 개발에는 상점, 소방서, 경찰서, 주유소, 레스토랑, 예배 장소, 영화관, 교통 등이 포함됩니다. 이제 다른 여러 대형 시설 내에도 건강 클리닉과 병원이 있습니다.

이러한 은퇴 커뮤니티에서는 단독 주택이나 콘도를 임대하거나 구입할 수 있습니다. 다양한 재정 상황에 있는 노인들에게 유효한 대안이 되고 있습니다.

테레사는 이혼했고 자녀는 없습니다. 그녀가 막 56세가 되었을 때 24년 동안 관리자로 일해 온 병원을 대기업이 인수했습니다. 근로 시간에 대한 새로운 절차와 지침, 초과 근무에 대한 엄격한 관리로 인해 상사와 충돌이 생겼고 그녀는 결국 퇴사하게 되었습니다. 병원 일은 끝났다고 판단한 테레사는 새로운 라이프 스타일을 시도하기로 결심했습니다. 그녀는 메릴랜드 교외에 있는 집을 팔고 플로리다 중부에 있는 중간 규모의 은퇴 커뮤니티로 이사했습니다. 그곳에는 비슷한 시기에 이주해 매우 만족해하는 친구들이 여럿 있었습니다. 테레사는 은퇴 커뮤니티가 새로운 우정을 쌓고, 스트레스가 덜한 생활을 즐기고, 자신이 원하는 것을 살릴 수 있는 기회가 될 것이라고 확신했습니다.

테레사는 살던 집을 팔아 은퇴자 커뮤니티의 작은 콘도를 구입하고, 남은 돈에 이혼 합의금을 더해 미래를 위해 투자했습니다. 그녀는 건강했고 다시 일하러 가야 한다는 것을 알고 있었지만, 자신의 삶과 선택 사항을 정리할 시간이 필요했습니다. 그녀는 병원 연금과 약간의 추가 저축으로 66세에 전체 사회보장연금을 신청할 수 있을 때까지 편안하게 살 수 있을 것이라고 생각했습니다.

플로리다 중부에서 새로운 삶을 시작한 처음 몇 달 동안에는 약간의 상실감을 느꼈지만, 1년쯤 지나자 지역에 적응하였고 새로운 친구들도 사귀었습니다. 새 친구들은 주로 북동부에서 이주해왔으며 그녀가 추구하는 생활 방식의 기본 요소를 가진 독신 여성들이었습니다. 그녀의 커뮤니티에는 자체 도서관, 피트니스 센터, 골프 코스, 테니스 코트와 수영장이 있는 대형 커뮤니티 센터가 있었습니다. 또한 인근 상점, 여러 건강 센터 및 도심에 있는 시민 센터에 갈 수 있는 셔틀도 정기적으로 운행되었습니다. 지금은 자가운전을 하고 있지만 언젠가는 그 셔틀이 이동하는데 큰 도움이 될 것입니다.

대규모 은퇴 커뮤니티를 제외하면 대부분의 연령 제한 커뮤니티에는 현장 의료 서비스가 없지만, 시설 자체가 주요 병원 또는 보건 센터 근처에 위치하는 경우가 많습니다. 집을 팔고 은퇴 커뮤니티로 이사할 때의 장점 중 하나는 유지 관리 책임이 줄어든다는 것입니다. 대부분의 경우 월 사용료에는 정원 유지 관리, 외부 수리 및 모든 공용 공간 유지 비용이 포함됩니다. 이러한 종류의 커뮤니티는 대부분 기업이 운영하고 관리하며, 개인 소유주들은 전체 일이 어떻게 진행되고 누가 맡아서 하는지에 대해 직접적인 발언권은 거의 없습니다. 그러나 대부분의 은퇴자 커뮤니티에는 입주민 협의회 또는 이사회가 있어서 주거 환경이나 시설의 수리 또는 업그레이드가 필요한 경우 관리 주체에게 상당한 압력을 가할 수 있습니다.

은퇴 커뮤니티는 주택 관리 책임 없이, 새로운 친구를 사귀고, 조직화된 활동에 참여할 수 있는 환경을 찾고 있는 사람들에게 탁월한 선택이 되고 있습니다.

활동적인 라이프 스타일 커뮤니티

'시니어 커뮤니티' 또는 '활동적인 성인 라이프 스타일 커뮤니티'라고 알려진 부동산 개발은 55세 이상의 사람들을 타깃으로 하는 사업입니다. 연령 제한이 있으며 노인에게 어필할 수 있도록 특화된 편의시설이 있습니다. 이들은 호화 리조트처럼 느껴지도록 설계함으로써 차별화를 시도합니다. 이 시설들은 종종 넓은 부지에 수영장, 체육관, 골프 코스, 자연 또는 인공 호수, 테니스 코트, 미식 레스토랑, 컨시어지 서비스, 교통, 다목적 클럽하우스를 포함합니다.

입주자들은 많은 비용을 지불하는 대가로, 가능한 한 오랫동안 건강하게 다양한 편의 시설을 즐기는 기대감으로 이러한 지역 커뮤니티 내 주택을 구입합니다. 대부분의 커뮤니티는 어떤 종류의 현장 의료 서비스도 제공하지 않으며, 많은 경우 운영회사는 여러 곳에 다수의 시설을 보유하고 있습니다.

대표적인 곳으로는 롭슨 리조트 커뮤니티(robson.com)와 트릴로지 액티브 라이프 스타일 커뮤니티(trilogylife.com)가 꼽힙니다. 대부분의 활동적 성인 커뮤니티는 소박하고 비용이 덜 드는 은퇴 커뮤니티와 마찬가지로 선벨트 지역에서 주로 찾을 수 있지만 점차 북동부, 중서부 및 태평양 연안 지역으로도 확산되는 추세입니다. 미국의 거의 모든 대도시 지역에서 찾아볼 수 있는데, 이는 입주자가 좋은 기후보다 가족 근처에 사는 것을 종종 더 우선한다는 것을 부동산 개발회사들이 잘 알고 있기 때문입니다.

은퇴 커뮤니티와 마찬가지로 활동적 성인 커뮤니티도 자녀가 없는 노인들에게 훌륭한 선택이 될 수 있습니다. 관리 잘되고 편의 시설이 풍부한 환경이 마음에 들고 그 비용을 감당할 수 있다면 좋은 선택지입니다. 조앤은 그런 선택을 했습니다.

조앤은 58세 때 동갑내기 남편 짐을 암으로 잃었습니다. 남편 생전, 그들은 전형적인 무자녀 맞벌이 부부였으며 시카고에서 일하고 대중교통을 이용해 시내로 쉽게 이동 가능한 고급 커뮤니티에 살았습니다. 그들은 시카고 불스 경기와 연주회 시즌 티켓을 즐겼고, 연극 제작에 참석하기 위해 평일 밤에 자주 시내에 머물렀습니다. 여름 주말에는 자전거를 타고 테니스를 쳤으며, 유럽과 카리브 제도에서 기억에 남을 만한 휴가를 여러 번 보내기도 했습니다.

남편과의 사별 후 조앤은 몇 년 동안 계속 일했지만, 삶이 이전과 다르게 느껴졌습니다. 짐과 조앤은 평소 은퇴 후 무엇을 할 것인지, 어디로 여행을 갈 것인지, 어디에 살 것인지, 언제 직장을 그만둘 수 있을지를 이야기하곤 했습니다. 남편이 없는 상태에서, 조앤은 그러한 계획과 논의 중 어떤 것이 그녀에게 아직 의미가 있는지 혼란스러웠습니다.

짐과 조앤은 대학 졸업 직후에 결혼했으며 거의 모든 일을 함께 했습니다. 짐이 죽은 후 그들의 친구(모든 커플)는 조앤을 친절하게 대했지만, 몇 달이 지나자 저녁 식사와 바비큐 파티 초대는 더 이상 없었습니다. 조앤의 친교 생활은 직장 친구들과 20분 거리에 사는 이혼한 여동생과 보내는 시간이 전부였습니다. 재무설계사와 논의한 조앤은 스스로 유지 관리 책임은 없고, 활동적인 삶을 위해 잘 짜인 다수의 프로그램이 있는 커뮤니티를 찾기로 했습니다.

조앤에게 부족하지 않은 한 가지는 돈이었습니다. 짐의 회사는 경영진에게 후한 복리후생 패키지를 제공했으며 입사 초기에 짐도 생명보험에 가입했습니다. 짐의 배우자 연금과 넉넉한 생명보험금이 있었기에 자신이 원할 때 언제든지 은퇴할 수 있음을 알고 있던 조앤은 62세에 회사를 그만두고 다음에 무엇을 할지 알아보기 시작했습니다.

은퇴 후 처음 6개월 동안은 여행을 겸해 활동적인 은퇴 커뮤니티 여러 곳을 둘러보았습니다. 그녀는 콜로라도주의 덴버와 볼더 사이에 있는 브룸필드의 커뮤니티도 방문했습니다. 그곳은 그녀가 상상할 수 있는 모든 편의 시설 그 이상을 갖추고 있었습니다. 그녀는 각각 다른 계절에 세 번 방문하였고, 4개의 테니스 코트가 있는 클럽하우스 근처 중간 규모 주택에 입주했습니다.

브룸필드로 이사한 후 그녀는 커뮤니티의 일부 주민들이 여전히 일하고 있는 반면 다른 주민들은 완전히 은퇴한 것을 보았습니다. 몇 달쯤 지났을 때는 자신이 올바른 결정을 내렸다는 것을 알았습니다. 그녀는 피트니스 센터에서 매일 운동을 하고 여자 테니스 클럽에 가입했으며, 야외 활동에 열정을 공유하는 여러 독신 여성들과 친해졌습니다.

브룸필드에서 8개월째, 그녀의 새로운 친구가 인근 학교에서 도서관과 방과 후 프로그램에 대한 도움이 필요한데, 자원봉사 활동에 관심이 있는지 물었습니다. 뭔가 도전적인 일을 해보고 싶었던 조앤은 바로 승낙했습니다. 현재 조앤은 은퇴 커뮤니티 활동과 방과후 프로그램에서 7학년과 8학년 학생들에게 테니스를 가르치는 봉사활동에 시간을 적절히 안배하고 있습니다.

책상에서 편안하게 은퇴 커뮤니티와 활동적인 라이프 스타일 커뮤니티를 알아보고 싶다면 55places.com 웹사이트를 살펴보세요. 이 사이트는 주별 검색이 가능하고 커뮤니티의 위치, 가격 및 편의 시설에 관한 최신 정보를 얻을 수 있습니다.

코하우징 커뮤니티

코하우징cohousing, cooperative housing은 오늘날 입지를 다지고 있는 또 다른 대안입니다.[한국에도 두레주택(서울), 일오집(부산 남구, 육아 코하우징) 등 독립적 주거 공간과 공용 공간이 조합된 코하우징이 있음.] 코하우징 커뮤니티는 대기업이 아닌 입주민 소유주에 의해 개발되고 관리됩니다. 편의 시설이 훨씬 적기 때문에, 만약 단지 내 수영장과 골프 코스가 중요하다면, 이러한 소규모 커뮤니티에는 그런 종류의 패키지가 거의 없음을 감안해야 합니다.

친구들과 함께 노년을 위한 작은 생활협동조합을 설계하고 싶다면 코하우징이 해답이 될 수 있습니다. 미국 코하우징 협회

(cohousing.org)는 다음과 같이 설명합니다. "코하우징은 협동적 주거의 한 형태로 거주자들 스스로 환경을 적극적으로 설계하고 운영합니다. 거주자들은 공동체 생활에 대한 서약을 합니다. 물리적 디자인은 사회적 유대와 사적 생활 공간을 모두 보장합니다. 개인 주택에는 일반 주택의 모든 기능이 포함되어 있지만 거주자는 열린 공간, 안뜰, 놀이터 및 커뮤니티 센터와 같은 광범위한 공동 시설을 이용할 수 있습니다."

코하우징의 기원은 초기 개념이 여전히 건재한 덴마크에서 찾아볼 수 있고, 미국에서는 약 30년 전에 시작되었습니다. 서로서로 잘 아는 가족끼리 모여 공동 개발구역에서 자녀 양육의 일과 재미를 공유하고 함께 하기 위한 방편으로 시작되었습니다. 그러나 오늘날에는 부머 인구를 위한 '시니어' 코하우징 커뮤니티와 복합세대 커뮤니티[부모와 자녀 또는 조부모 포함 3세대가 거주하는 커뮤니티.]가 있습니다.

코하우징은 이웃과 함께하는 생활을 선호하는 노인들에게 탁월한 선택이 될 수 있습니다. 코하우징 개념이 아직 익숙하지 않은 사람들을 위해 좀 더 자세히 알아보겠습니다.

미국 코하우징 협회가 말하는 코하우징의 여섯 가지 특징은 다음과 같습니다.

1. 참여 과정. 미래의 거주자는 자신의 고유한 요구 사항을 충족할 수 있도록 커뮤니티를 설계합니다. 미래의 거주자는 개발자 또는 건축 설계사와 긴밀히 협력하여 원하는 공간을 정확하게 디자인합

니다.

2. 디자인. 구조물의 지향성과 물리적 배치는 공동체 의식을 고취시킵니다. 주택은 일반적으로 서로 마주 보며 최대한 열린 공간을 공유할 수 있도록 서로 가깝게 배치됩니다. 모든 집에서 구조의 중심에 있는 커뮤니티 센터를 볼 수 있습니다. 주차장은 전용 구획 없이 주변에 있는 경우가 많습니다. 설계는 다양할 수 있지만 공통적인 지향은 디자인을 통해 강한 공동체 의식을 촉진하는 것입니다.

3. 공동 시설. 입주자 모두에게 개방된 클럽 하우스는 상시 활용을 위한 공간이며 개인 주택을 보완할 수 있는 중요한 요소입니다. 대개 공용 주방, 식사 공간, 세탁실 및 거실이 포함됩니다. 복합세대 코하우징 커뮤니티에는 아이들을 위한 놀이방도 있습니다. 커뮤니티 예산과 그들이 구상하는 것의 범위에 따라 클럽 하우스에는 도서관, 공방, 작업실, 피트니스룸 및 복수의 게스트룸이 포함될 수 있습니다. 밀집된 도시 부지를 제외하면 코하우징 커뮤니티는 거의 항상 열린 공간에 중점을 두고 종종 정원 구성, 산책로, 놀이 공간 등을 배치합니다. 건물이 밀집되어 있기 때문에 열린 공간은 자연상태의 넓은 대지일 수 있습니다.

4. 입주자 관리. 주민들은 커뮤니티를 관리하고 필요한 유지 보수 작업 대부분을 수행합니다. 그들은 관리위원회에 참여하고, 만장일치를 전제로 정책을 개발하며, 정기적으로 만나 문제를 공지하고 해결합니다. 최소 주 1회 시행하는 참여형 공동 식사 프로그램은 모임과 토론을 위한 주요 행사 중 하나입니다.

5. 수평적 조직 구조 및 의사 결정. 대부분의 그룹은 프로젝트의 초기 전도자인 소수의 '불타는 영혼들'로 시작됩니다. 더 많은 사람들이 참여할수록 각 개인은 자신의 능력과 관심사에 맞는 역할을 맡게 됩니다. 대부분의 코하우징 그룹은 합의에 따라 모든 결정을 내립니다. 어떤 개인의 의견도 다른 사람의 생각보다 중요하게 평가되지 않습니다. 대부분의 커뮤니티에는 합의를 통해 결론에 도달할 수 없는 경우 발효되는 투표 내규가 있지만, 이 절차가 가동되는 커뮤니티는 거의 없습니다.

6. 내부 경제 활동 제한. 커뮤니티는 회원들의 수입원이 되어서는 안 됩니다. 때때로 코하우징 커뮤니티는 특별한 작업을 수행하도록 거주자에게 비용을 지불할 수 있지만 이러한 일도 대개 무급 봉사로 이루어집니다.

대부분의 다른 대안과 마찬가지로 코하우징 커뮤니티에는 치료를 위한 의료 서비스 또는 일상생활의 돌봄을 지원하는 유급 서비스가 없습니다. 그러나 구성원들은 공동체 내에서 함께 생활하는 동안 서로를 기꺼이 돕고자 하며, 필요한 도움이 적절한 때 제공되도록 조직화된 경우가 많습니다. 커뮤니티 구성원이 수술 후 또는 화학 요법과 같은 몸이 쇠약해지는 치료 중에 도움이 필요하면 다른 구성원은 일반적으로 협동 간병, 음식 배달 또는 말벗 등의 역할을 분담합니다.

시니어 코하우징 커뮤니티에 대한 아이디어가 마음에 든다면 콜로라도주 볼더의 워싱턴 빌리지(washington-village.com), 캘리포니아 그라스 밸리의 울프크릭롯지(wolfcreeklodge.org), 애시빌의 웨스트우드 코하우징(westwoodcohousing.com) 등을 살펴보세요. 코하우징은 베이비부머 세대 사이에서 인기를 얻고 있으며 일부 법적 연령 제한이 없는 경우도 있지만, 오늘날 개발 중인 많은 프로젝트는 젊은 가족보다는 노인에게 훨씬 더 적합하게 설계되었습니다. 캘리포니아주 마운틴 뷰(샌프란시스코에서 남쪽으로 약 40마일, 팔로 알토 및 스탠퍼드대학교 근처)에 있는 마운틴 뷰 코하우징 커뮤니티(MVCC)는 성인 중심 코하우징의 좋은 예입니다. 그들의 이야기는 다음과 같습니다.

MVCC는 2014년 말에 문을 열었지만 커뮤니티의 기원은 2006년으로 거슬러 올라갑니다. 이 커뮤니티는 마운틴 뷰의 오랜 거주자인 수전과 데이빗 버웬즈의 꿈에서 시작되었습니다. 그들은 그 해에 친구 및 동료들과 노인 공동 주택 커뮤니티에 대한 비전을 공유하고 동참할 다른 사람들을 모집하기 시작했습니다. 마운틴 뷰와 팔로 알토의 빈 땅은 비쌌고, 신생 코하우징 팀은 새집을 짓기에 적합한 부지를 찾지 못했습니다. 마침내 2009년, 경기 침체가 매우 심했던 시기에 버웬즈와 다른 창립 멤버들은 그들이 생각했던 커뮤니티를 건설할 수 있을 만큼 충분히 큰 땅을 구입할 수 있었습니다. 이 계획은 결국 2011년에 마운틴 뷰 시의 승인을 받아, 2013년 여름, 기공식으로 이어졌습니다.

그동안 MVCC의 입주자들은 늘어났고 변화가 있었으며 최종적으로 2007~2008년 원래 그룹의 정확히 절반이 현재에도 살고 있습니다. 격월 모임과 월별 포트럭[Potluck, 각자 음식을 가져와서 함께 나누는 식사 모임.]은 공동 주택을 짓는 동안 커뮤니티를 하나로 모으고 결속시켰습니다. 회원들은 모두 프로젝트에 참여했으며 건설 전반에 걸친 여러 결정에 적극적으로 기여했습니다. 공동체와 신뢰 구축에 대한 서로의 약속을 통해 버웬즈와 전체 커뮤니티의 꿈은 실현될 수 있었습니다.

MVCC가 매입한 부동산은 완전한 공터는 아니었습니다. 1.5에이커 부지의 뒤편 구석에는 작고 낡은 농가가 있었습니다. 건물이 문화유산에 등재되어 철거할 수 없다는 말을 시로부터 들은 설계위원회는 이 빅토리아풍 별장을 방문자를 위한 공간으로 개조하기로 했습니다. 아름답게 복원된 이곳은 현재, 가족과 친구들을 위한 게스트하우스로 사용되고 있으며, 장기적으로는 병에 걸린 회원을 돕는 간병인들을 위한 공간으로 활용할 계획입니다.

마운틴 뷰와 같은 복합세대 또는 성인 중심의 코하우징 커뮤니티는 공동 작업을 지향하는 싱글 또는 커플에게 훌륭한 대안이 될 수 있습니다. MVCC 회원 대부분은 나이 든 부모들이지만, 그들 중 자녀가 없는 회원들은 다른 회원들이나 인근에 사는 다른 회원들의 성인 자녀와도 강한 유대감을 형성하고 있습니다. 현재 MVCC 소유자의 연령 분포는 50대 중반에서 80대 초반이지만 시설이 확장되면 연령 분포는 바뀔 가능성이 높습니다.

2016년 여름에 MVCC를 방문해 보니 제대로 기능하는 커뮤니티라는 것을 알 수 있었습니다. 회원들은 교대로 메인 요리사와 주방 보조를 맡으며, 이렇게 준비한 식사를 주 3회 같이 즐깁니다. 미디어실에서 영화를 감상하거나, 일부 외부인의 도움을 받긴 하지만 시설 관리나 게스트하우스 관리 등의 일상을 함께 하고 있습니다. 또한 2016년에는 계단형 텃밭에 첫 파종을 했고, 내가 방문했을 때 대부분의 식사를 위한 충분한 식량은 물론, 개인별 식단을 위한 작물도 수확할 수 있었습니다. 7월 중순이 되자 토마토 나무는 짙고 건강한 녹색으로 사람 키보다 크게 자랐으며, 수백 개의 열매가 열렸습니다. 이는 경험이 풍부한 여러 정원사의 관리와 전체 열아홉 가구 모두가 제공한 풍부한 거름 덕분이었습니다.

코하우징 개념은 애나와 그렉에게 매력적이었습니다. 이제 50대 후반이 된 애나와 그렉은 2014년 완공된 코하우징 커뮤니티에서 살고 있습니다. 둘 다 대만에서 태어나, 젊은 시절 학업과 좋은 일자리를 찾아 미국으로 건너왔습니다. 그들은 대만에서는 서로를 알지 못했고 미국의 한 교회 합창단에서 만났습니다. 그들은 서로에게 익숙한 경험을 공유했습니다. 둘 다 위아래로 형제자매가 있었기 때문에 가족과 함께 대만에 머물거나 나이가 들어도 부모를 부양해야 한다는 압박을 받지 않았고, 이는 애나와 그렉에게 원하는 곳에서 원하는 대로의 삶을 살 수 있는 자유를 주었습니다.

그들은 1986년에 결혼했고 실리콘 밸리 교외에 큰 집을 샀습니다. 처음에 애나와 그렉은 자녀를 원했고 애나는 몇 년 동안 임신을 시도했습니다. 30대 중반에 시험관 아기 시술을 시도했지만 잘 되지 않았고, 40대가 되었을 때는 자녀 없이, 있는 그대로의 삶을 즐기기로 결정했습니다. 고향의 가족들은 그러한 결정을 쉽사리 받아들이지 못하였지만, 애나와 그렉이 대만으로 돌아가지 않으리라는 것도 그들은 알고 있었습니다.

50대가 되면서는 가족들을 여의기 시작했습니다. 매년 둘 중 하나는 연로한 부모를 만나거나 장례식에 참석하기 위해 대만에 가야 했습니다. 그들은 또한 대만의 어르신들이 딸이나 아들의 보살핌을 받는 것을 보았습니다. 미국에 친척이 거의 없었던 애나와 그렉은 주변에 일종의 지원 체계를 구축해야 한다는 것을 느꼈습니다.

2009년에 애나는 지역 코하우징 커뮤니티 기공식을 다루는 지역 TV 프로그램을 보았습니다. 애나는 정보를 메모해두었다가 온라인에 접속하여 이메일 정보수신에 동의했습니다. 애나와 그렉은 몇몇 친구들과도 그들만의 코하우징 커뮤니티를 시작하는 아이디어에 대해 논의했지만, 그 개념은 그들 중 누구에게도 그다지 호소력이 없었습니다.

2011년에 그들은 10년 이상 운영되어 온 여러 샌프란시스코 베이 지역 코하우징 커뮤니티 투어에 참여했습니다. 이미 코하우징에 살고 있는 사람들을 만나 서로를 가까이 보살피는 공동체를 구축하기 위해 함께 노력한 이야기를 들으면서 그들은 깊은 인상을 받았습니다. 그들은 가장 좋아 보이는 집에 가입 신청을 했고, 신규 입주자 동아리에 가입했습니다. 건물에 입주할 수 있으려면 앞으로 18개월 은 기다려야 합니다. 코하우징은 처음부터 끝까지 DIY 프로젝트이 며, 건축업자가 구조물을 세우지만 예비 입주자 구성원이 건축 주요 단계마다 세부 결정을 내려야 합니다. 또한 코하우징 커뮤니티에 실 제 입주하기까지 대기하는 몇 년은 결속, 공동체 형성 및 함께 결정 을 내리는 법을 배우는 시간입니다.

cohousing.org에서 코하우징, 코하우징 건축가에 대해 더 많이 알아보거나 기존 커뮤니티에서 입주 가능한 주택을 검색할 수 있습 니다.

홈 쉐어링

1980년대 에미상을 수상한 TV 시트콤 〈골든 걸스〉를 기억하십니 까? 마이애미에서 집을 공유하는 나이 든 독신 여성들이 주인공인 드라마입니다. 극 중에서 미망인 블랑쉬 데브로는 집을 소유하고 지 역에 '임대' 광고를 냅니다. 사별한 로즈와 이혼한 도로시는 광고를 보고, 도로시의 80세 어머니와 함께 그 집으로 이사를 옵니다. 드라 마는 종종 음식에서 옷, 장식에 이르기까지 모든 것을 두고 의견이 갈리며 좌충우돌하지만, 시리즈가 일곱 차례 이어지는 내내 여성들 이 어떻게 서로를 깊이 돌보는지도 생생히 보여주었습니다. 그들은 연애, 질병, 상심, 죽음을 공유하며 서로 돕고 지지했습니다.

10여 년 전, 노화에 대한 새로운 아이디어 회의에서 〈골든 걸스〉 드라마 스타일의 좌충우돌 홈 쉐어링의 경험을 전하는 한 여성을 만났습니다. 그녀의 이야기는 수술과 이후 5개월의 재활이 필요한 그녀의 룸메이트에 관한 것이었습니다. 같은 집의 다른 세 여성은 병원에 그녀의 간병인으로 등록하고 집에서의 재활 기간 동안 그녀를 도왔습니다. 하우스메이트의 도움이 없었다면, 도움이 절실했던 그녀는 외부 간병인을 고용하거나 몇 주 동안 값비싼 재활 시설에 들어가야 하는 등 훨씬 더 심각한 상황에 처했을 것입니다. 그녀는 그 일 이후로 하우스메이트들이 서로 더 가까워졌고, 그들 중 누구에게나 이런 일이 얼마나 쉽게 일어날 수 있는 것인지 자각하게 되었다고 말했습니다.

〈골든 걸스〉 테마를 카피한다는 아이디어는 남녀를 막론하고 다른 많은 사람들의 마음을 사로잡았고, 집이 있는 사람과 집이 필요하고 다른 사람들과 함께 살고 싶은 사람 간의 연결을 돕는 여러 혁신적인 사업 모델이 등장했습니다.

시니어 홈셰어(SeniorHomeShares.com)는 온라인 매칭 서비스입니다. 주택 소유자와 집을 구하는 사람은 모두 개인 프로필을 작성합니다. 여기에는 소유자의 주택 종류나 수요자가 찾고 있는 집 유형, 예산 및 위치에 대한 설명이 포함됩니다. 그런 다음 시니어 홈셰어가 알고리즘을 적용하여 알맞은 후보자를 식별하고 데이트 사이트와 마찬가지로 사용자[소유자 및 수요자]에게 제안합니다. 사용자는 회사를 통해 메시지를 교환할 수 있습니다. 기술에 익숙하지 않은 사용자를 위해 몇 가지 다른 옵션도 있습니다. 사용자는 자신의 계정에 친구나 가족 등을 '도우미'로 등록할 수 있습니다. 전화 상담도 가능한데, 주로 노인의 상황에 공감하고 기술에 익숙한 다른 연장자들이 상담을 맡습니다.

실버네스트(Silvernest.com)는 베이비부머 세대를 위한, 또 다른 홈 쉐어링 서비스로, 노인을 위한 룸메이트 매칭 웹사이트를 제공하며 운영 첫해에만 7천 명 이상이 이용했습니다. 실버네스트는 최신 기술을 활용하여 사람들이 다른 사람들과 공유할 딱 맞는 집을 찾도록 도와줍니다. 주택 공유를 제안하는 소유주를 위한 심사 과정 및 계약 준비에 대한 도움을 제공하며, 웹사이트를 통해 잠재적 임차인과 주택 소유자 간의 안전한 소통을 중개하여 사람들이 개인 정보를 공유하기 전에 안전하게 서로를 알 수 있게 합니다. 임대할 방을 찾는 사람들을 위해 익스피디아 같은 호텔 검색 사이트에서 볼 수 있는 매핑 기술을 제공하며, 임대차 관계가 시작되면 평판 조사, 임대 계약 및 보증금 설정 등을 지원합니다. 홈페이지에 이러한 서비스를 소개하는 흥미롭고 유익한 동영상이 있습니다.

홈 쉐어링은 위에서 설명한 것처럼 예기치 않은 단기적인 곤경에 안전하게 대처하도록 도와줄 뿐 아니라 자연스러운 '한 지붕' 관계를 형성하므로 독신자에게 긍정적입니다. 장기적으로 완벽한 해결책은 아니지만 60대, 70대 또는 그 이후에 집이나 아파트에서 혼자 고립되는 것에 대한 훌륭한 대안이 될 수 있습니다.

목적성 커뮤니티

어떤 사람들에게는 주거 공동체가 영적 관심사나 생활 방식과 얽히게 됩니다. '목적성 커뮤니티'는 생활 방식 선택, 영적 수행 또는 거주자의 공통 배경을 중심으로 개발된 생활 커뮤니티입니다. 그들은 일반적으로 주택 협동조합 또는 코하우징 커뮤니티의 형태를 취합니다. 이러한 공동체의 가장 오래된 예는 특정한 교리에 대한 순종을 서약하고 실천 공동체에서 살았던 가톨릭 수녀와 수도사의 전통에서 찾을 수 있습니다.

오늘날 종교적 전통을 뛰어넘는 많은 예가 있습니다. 캘리포니아 클레어몬트에 있는 순례자 공간Pilgrim Place은 대부분의 삶을 종교 또는 자선 단체에 헌신하는 (또는 헌신한) 사람들을 위해 마련된 시니어 커뮤니티입니다. 이 공동체에 끌리는 사람들은, 계속 봉사할 수 있는 기회와 영적 성장, 배움의 기회 등 지적으로 고무적인 환경에서 살고 싶은 사람들입니다. 그들의 라이프 스타일 형태는 지속 돌봄 은퇴 커뮤니티와 유사하며, 안수 선교사, 종교학 교수, YMCA/YWCA 직원, 지역 사회 운동가, 평화 및 정의 옹호자들도 거주자에 포함됩니다.

노스캐롤라이나주 마스 힐에 있는 애시빌 마운틴 메도우Asheville Mountain Meadows는 2009년 설립된, 친환경적이고 유기적이며 지속 가능한 커뮤니티입니다. 초기 거주자들은 2012년부터 그곳에 살기 시작했으며, 더 많은 사람들이 그들을 찾아오고, 매입한 대지에 집을 짓고, 지역 사회의 영구적인 구성원으로 편입되면서 커뮤니티는 성장하고 있습니다. 그들은 역동적인 지도체계를 중심으로 조직되어 토지를 경작하고 서로 간에 긍정적이고 유익하며 의식적인 관계를 조성하는데 기여합니다.

캘리포니아 할리우드 근처의 버뱅크 콜로니Burbank Colony는 시니어 예술인 마을입니다. 전문 연극과 영화 제작에서 수채화에 이르기까지 모든 분야에서 대학 수준의 수업을 제공하는 버뱅크 콜로니는 모든 유형의 나이 든 예술인들을 끌어들이고 그들에게 창의적인 커뮤니티의 임대 주거를 제공합니다.

코하우징의 선구적 사례로 꼽히는 엘더 스피릿(ElderSpirit.net)은 코하우징의 관리위원회 개념과 결합된 목적성 커뮤니티의 탁월한 예시를 보여주었습니다. 목적성 커뮤니티의 개념에 대한 자세한 내용은 목적성 커뮤니티 펠로우십(ic.org) 사이트를 참조하십시오.

다른 종류의 목적성 커뮤니티는 RV(레크리에이션 차량) 공원이며, 남부 캘리포니아의 호호바 힐즈Jojoba Hills 리조트가 좋은 예입니다. 호호바 힐즈 RV 리조트는 55세 이상 사람들이 가입하는 커뮤니티로 활발히 활동하고 있으며, 에스케이피즈(Escapees, SKP) RV 클럽[에스케이프 캠핑 RV동호회 모임.]의 일부입니다. 호호바 힐즈의 멤버십은 SKP 회원이면서 연령 요건을 충족하는 모든 사람에게 열려 있습니다. 다만 일반적으로 약 백 평 남짓의 주차 및 거주 공간에 여유가 있어야 합니다.

호호바 힐즈에는 수영장, 2개의 스파, 클럽하우스, 도서관, 피트니스, 당구 및 카드게임룸, 작업실, 4개의 피클볼[배드민턴, 테니스, 탁구의 요소가 혼합된 구기 종목.] 코트로 전환되는 테니스 코트 등 멋진 은퇴 커뮤니티 수준의 편의 시설이 있습니다. 커뮤니티는 회원 중 선출직 이사로 구성된 이사회에 보고하는 상근 직원을 고용합니다. 협동조합으로 운영되기 때문에 조합원의 자발적 참여가 중요합니다. 대부분의 구성원이 다양한 방법으로 참여합니다. 호호바 힐즈는 샌디에이고 및 LA와 가까워 쇼핑, 극장, 고급 식사를 즐기기에 편리합니다. 대부분의 회원은 리조트를 '홈 베이스'로 두고, 연중 일정 기간 동안 메인 RV 또는 보조 RV를 타고 여행합니다.

프랜시스와 폴은 4년 전 호호바 힐즈 커뮤니티의 회원이 되었으며 그곳에서 여생을 보낼 계획입니다. 61세와 67세의 재혼 커플인 그들은 아직 완전히 은퇴하지 않았습니다. 프랜시스는 인적 자원 컨설팅 일을 하다 현재 채용 및 인력 관리 컨설턴트로 일하며, 폴은 음악 치료사 경력의 음악가입니다. 두 사람은 그동안 살아온 대도시를 떠나, 프랜시스의 표현에 따르면 '방랑 생활'을 시작했습니다. 요트도 잠시 고민했지만 최종적으로 RV가 더 실용적이라고 판단했습니다.

집을 팔고 평생 모아둔 물건을 처분하는데 1년여의 시간이 소요되었습니다. 그런 다음 그들은 다양한 크기와 스타일을 시험하기 위해 여러 RV와 여행 트레일러를 빌려 짧은 여행들을 시도했습니다. 결국 그들은 9미터 길이의 RV를 구매하고 모험을 시작했습니다.

의지할 가족이 없는 상황에서 두 사람은 공동체의 가치를 잘 이해했고, 여행하지 않을 때 집이라고 부를 수 있는 곳을 찾았습니다. 호호바 힐즈를 우연히 발견했을 때, 그들이 찾던 공동체라는 것을 알았습니다. 새로운 라이프 스타일을 시작한 지 4년이 지난 지금, 둘은 원래 계획했던 것보다 '집'(호호바 힐즈)에 머무는 시간이 더 많아졌습니다. 프랜시스에게는 컨설팅 사업상 안정적인 인터넷 환경이 필요하고, 폴은 연주를 위해 클럽, 와이너리, 기타 업장들과 관계를 발전시키는 일이 중요해졌기 때문입니다.

'방랑 생활'에서 가장 큰 지출은 휘발유였습니다. 그들은 더 작은 두 번째 RV를 구입하고, 기존의 RV를 호호바 힐즈의 단지 구역에 영구적으로 주차해 두었습니다. 대체로 방랑 생활은 집을 소유하거나 임대하는 것보다 훨씬 경제적입니다. 프랜시스와 폴은 더 이상 돈이 바닥나거나 살 지역을 찾는 것에 대해 걱정하지 않습니다. 그들은 6년 후쯤 은퇴하면 더 많은 여행을 할 계획이지만 지금은 남부 캘리포니아의 집에서 지내며, 작은 차로 긴 주말여행을 떠나는 것에 만족합니다.

프랜시스와 폴의 라이프 스타일이 마음에 든다면 rvwheellife.com, wheelingit.us 또는 roadlesstraveled.us에서 길 위의 생활에 대해 자세히 알아볼 수 있습니다.

지속 돌봄 은퇴 커뮤니티

지속 돌봄 은퇴 커뮤니티Continuous Care Retirement Community, CCRC는 이 장에서 이야기한 초기 노년의 생활 대안과 20장에서 다루는 후기 대안 사이에 위치하는 일종의 중간 지점입니다. CCRC가 무자녀 노인들에게 최선의 선택지 중 하나인 이유는, 노인이 필요로 하는 안전, 보안, 공동체 및 돌봄에 대한 요구를 충족시키기 때문입니다. 그러나 CCRC는 고비용 시설로, 모든 사람이 선택할 수 있는 것은 아닙니다. 높은 입주 비용과 관리비 때문에 많은 사람들이 70대 후반이나 80대가 될 때까지 이사를 미루곤 합니다. 경제적으로 여유가 있더라도 아직 필요하지 않은 서비스를 위해 향후 30년 동안 매달 높은 비용을 지불하려는 사람은 많지 않습니다.

80대 중반에 플로리다의 CCRC로 이주한 친척들을 방문하여 그곳 객실에 머문 적이 있습니다. 그곳에서의 생활이 어떤지 묻자, 그들은 "이곳을 사랑해요. 10년 전에 들어왔으면 좋았을 텐데…"라고 답했습니다. 소수의 사람들이 60대 후반에 종종 나이 많은 배우자와 함께 CCRC로 이사합니다. 그들은 보통 상대적으로 어린 나이에 커뮤니티에 가입하면 CCRC가 제공하는 많은 편의 시설을 활용하고 친구들을 만들 시간도 넉넉하다는 것을 알게 됩니다. 재정적으로 감당할 수 있다면 CCRC는 55세 이상의 모든 연령대에서 고려해 볼 가치가 있습니다. 대부분의 주민들은 70대에 입주합니다. 20장에서 CCRC에 대해 훨씬 더 깊게 논의할 것입니다.

문화 특화 커뮤니티

일부 부동산 개발회사들은 노인 주거 커뮤니티를 위한 틈새시장을 개척하고 있습니다. 샨티니케탄Shantiniketan은 플로리다의 인도계 미국인을 위한 노인 커뮤니티로서, 2010년에 문을 열었고 매우 빠르게 인기를 얻어 확산하고 있습니다.

파운틴그로브 롯지Fountaingrove Lodge는 지속 돌봄 옵션이 있는 활동적인 고급 성인 커뮤니티로, 2013년 캘리포니아주 산타로사에서 문을 열었습니다. 성소수자LGBT 커뮤니티에 대대적으로 마케팅된 이 프로젝트는 즉각적인 성공을 거두었고, 현재 대기자 명단만 5년 치에 이릅니다. 주거 구성은 성소수자 70%와 이성애자 노인 30%입니다.

독신 성소수자 여성인 티나는 2013년 후반에 파운틴그로브 롯지로 이사했습니다. 그전에는 샌프란시스코 베이 지역 남쪽 해안 마을인 산타크루즈 근처에 살았습니다. 산타크루즈는 성소수자 친화적인 지역입니다. 티나는 그곳에서 편안함을 느꼈고 친한 친구들의 모임에 함께했습니다. 인생 초기에 두어 번 진지한 관계를 가졌지만 잘 풀리지 않았고, 이제 티나는 20년 넘게 독신입니다.

티나는 50대 후반으로 접어들면서 노년의 편안함과 안전을 위해 무엇을 할 수 있을지 스스로 질문했습니다. 그녀가 이를 걱정하는 데는 이유가 있었습니다. 어머니, 할머니, 증조할머니 모두 나이

들면서 치매에 걸렸습니다. 그녀의 부모가 사기꾼으로부터 자신들을 보호하고 스스로 결정을 내리기 힘들게 된 시기부터 80세 후반에 세상을 떠날 때까지 티나가 재정 관리를 맡았습니다. 부모를 가까이 지켜보면서, 그녀는 자신도 얼마나 취약한 존재일 수 있는지 알게 되었습니다.

티나는 자신의 삶에서 몇 가지 전략적인 조치를 취해야 한다고 생각했고, 장기 간병보험 가입이 그 첫 번째 조치였습니다. 그녀의 아버지는 50대에 가입해서 돌아가시기 전에 1년 반 동안 혜택을 받았습니다. 독신자에게 장기 간병보험은 현명한 투자처럼 보였습니다. 그녀는 또한 자신이 오래 살아갈 장소, 즉 돌봄이 필요할 때 상황에 따라 집중도가 더해지는 순차 돌봄graduated care을 제공하는 곳을 찾기 시작했습니다. 산타크루즈의 성소수자 커뮤니티와 긴밀히 연결되어 있던 그녀는 파운틴그로브 롯지 개장 소식을 듣고 결정을 내렸습니다.

티나는 파운틴그로브 롯지에서 3년째 살고 있으며 이사를 온 것에 대해 기쁘게 생각합니다. 파운틴그로브의 거주자들은 대부분의 CCRC 평균 연령보다 젊습니다. 아마도 타깃 시장의 특성 때문일 것입니다. 대부분의 주민들은 여전히 매우 활동적이어서 다른 사람들을 만나고 관계를 형성할 수 있는 더 많은 기회를 제공합니다.

15.

당신은 외국 생활에 적합한 사람입니까

"지금부터 20년 후에 당신은 당신이 한 일보다 하지 않은 일을
더 후회하게 될 것입니다."

— 마크 트웨인Mark Twain

지난 20년 동안 미국 밖에서 노후를 보내는 선택은, 지출을 줄이면
서 쾌적한 환경에서 살거나 모험을 즐기려는 이들에게 큰 관심을 끌
고 있습니다. 미국에서 지출하는 비용의 4분의 1에 불과한 생활비와
연중 내내 불어오는 열대 바람의 유혹은 많은 사람들에게 거부하

기 어려운 것입니다. 65세 이상의 미국인 50만 명 이상이 현재 사회 보장연금을 미국 이외의 주소에서 받고 있습니다.[25] 해외 생활은 손주들이 자라는 것을 걱정할 필요 없는 사람들에게 특히 매력적으로 다가옵니다. 다음 이야기는 예상치 못한 좌절을 겪은 부부에 관한 이야기로, 지금은 미국 밖에서 만족스러운 삶을 살고 있습니다.

두 번의 재정적 타격 이후 다시 찾은 행복

2000년에 다이앤과 그렉은 50대 초반이었고, 북부 캘리포니아에서 자녀가 없는 전문직 부부로서의 삶을 즐기고 있었습니다. 다이앤은 조직 컨설턴트였으며 MBTI 평가 관련 출판물을 펴내고 다단계 방식으로 판매하는 회사의 사업자를 겸하면서 2차 수입을 얻었습니다. 그 회사는 평판이 좋았고 사업은 20년 넘게 이어졌습니다. 다이앤은 자기 분야의 많은 사람들과 마찬가지로 다단계 회사의 인기 있는 제품을 직접 사용했습니다. 게다가 그녀는 프로그램에 일찍 참여했고 상당한 '다운라인'을 구축했습니다. (다단계 마케팅에 익숙하지 않은 경우 사람들이 자신의 판매 수수료 이상으로 돈을 버는 방법은 다른 사람을 시스템에 모집하여 제품을 판매하는 것입니다. 그런 다음 모집한 사람은 다운라인이 되고 다운라인 사업자가 판매하는 모든 것에서 약간의 수수료를 받게 됩니다.) 다운라인 매니저로서 다이앤은 자신의 다운라인 사업자가 판매한 모든 것의 일정 비율, 또 그 다운라인의 하부 사업자 판매액의 일정 비율을 받았습니다. 다이앤은 수년에 걸쳐 자신의 다운라인을 구축하는데 적극적으로 참여하여 젊은 사업가를 모집하고 그들이 자체적으로 네트워크를 구축할 때 지원했습니다. 그녀는 돈을 잘 벌었고, 이는 그녀의 은퇴를 대비한 소극적 소득 [passive income, 임대료, 주식배당금, 저작권료 등과 같이 노동을 하지 않고도 발생하는 소득.]이 되어 주었습니다.

그렉 역시 좋은 은퇴 전망을 가지고 있었습니다. 그는 샌프란시스코에 기반을 둔 항공사에서 고도로 훈련된 판금 기계공으로 20년 이상 근무했습니다. 그렉은 항상 자신의 일을 즐겼지만 비행기 측선을 수리하고 교체하려면 힘과 경험이 모두 필요했습니다. 그렉은 경험이 많았지만 51세에 기력이 약해지기 시작했고 회사에서 25년을 보냈을 때 연금을 바라보고 있었습니다.

이들은 2002년 캘리포니아에 있는 집을 팔고 라스베이거스 지역으로 이사하면서 은퇴를 향한 첫걸음을 내디뎠습니다. 그렉은 매주 샌프란시스코에 있는 직장으로 통근했습니다. 한편 다이앤은 이듬해 은퇴한 그렉과 함께 시간을 보내기 위해 일을 줄이기 시작했습니다. 그들은 그렉의 연금과 다이앤의 다운라인 수입으로 편안하게 생활하고, 여행도 하고, 그간의 결실을 누리고 싶었습니다.

그러나 그 후 5년 동안의 운명은 그렉과 다이앤에게 두 배의 고통을 안겨주었습니다. 첫 번째 타격은 2003년에 찾아왔습니다. 다이앤의 계약서에는 작은 글씨로 회사가 언제든지 판매 및 유통 구조를 변경할 수 있는 조항이 숨겨져 있었습니다. 한 번의 펜 터치로 회사가 다단계 마케팅 시스템을 없애고, 보다 전통적인 판매 구조로 전환하면서 다이앤의 수입도 한순간 사라졌습니다.

두 번째 타격은 2005년에 일어났는데, 4년의 격동 끝에 그렉의 항공사가 파산 신청을 하면서 기존 연금 계획을 취소했습니다. 미국 기업 역사상 가장 큰 규모의 임금 체불이 일어났으며, 그렉 역시 수천 명의 희생자 중 한 명이었습니다. 이후 제정된 법률 덕분에 그 회사의 행동은 불법이 되었지만 입법 조치는 그렉의 연금을 구하기에는 너무 늦었습니다.

둘은 큰 충격을 받았지만 회복력을 입증해 보였습니다. 2006년에 그렉의 픽업 차량으로 끌 수 있는 적당한 크기의 트레일러 주택을 구입하고 정착하기에 더 저렴한 장소를 찾기 시작했습니다. 그들의 탐색은 멕시코의 바하 반도에까지 이르렀습니다. 바하에서 사는 게 어떤지 확인하기 위해 시작한 한 달 살이가 석 달, 다섯 달 계속 늘어나면서 그들은 라스베이거스 지역의 집에서 보내는 시간이 거의 없다는 것을 깨닫고 집을 팔았습니다. 그들은 현재 카보 산 루카스Cabo San Lucas에서 북쪽으로 약 60킬로미터 떨어진 행복한 캐러밴 커뮤니티의 정식 주민입니다.

몇 년 전에 내가 그들을 방문했을 때 그렉은 몇몇 친구들과 낚시를 하는 중이었고, 다이앤은 그녀의 컨설팅 비즈니스에 대한 웹캐스트를 마무리하고 있었습니다. 그렉은 더 이상 일하지 않지만 다이앤은 집에서 계속 일합니다. 일을 즐기는 데다 멕시코의 집에서도 얼마든지 일할 수 있기 때문입니다. 생활 물가는 매우 낮고, 사회보장

제도와 다이앤의 지속적인 수입으로 삶은 잘 유지됩니다. 그들은 긴밀한 커뮤니티에서 든든한 소셜 네트워크를 구축했으며, 지역의 치과 및 다른 병원들도 꽤 좋습니다. 그들은 가족을 만나기 위해 1년에 두 번 미국에 가지만 이제 그들의 삶은 타국에서 확고하게 자리 잡고 있습니다.

비슷한 상황에 처한 수천 명의 커플과 싱글들이 그렉과 다이앤의 뒤를 따랐습니다. AARP는 2010년에 해외에서 은퇴할 수 있는 '최상의' 장소를 찾기 위한 연구를 수행했습니다.[26] 기준은 간단했습니다. 우수한 의료 서비스, 매력적인 지역 특성, 저렴하고 안전하며 노인들에게 친절한 곳이었습니다. 다음 지역들이 순위에 들었습니다(특별한 순서 없음).

- 아르헨티나 부에노스아이레스
- 벨리즈[중앙아메리카 카리브해 북동부의 도서 국가.] 코로잘
- 코스타리카 아테나스 센트럴 밸리
- 프랑스 랑그도크루시용
- 이탈리아 레 마르케
- 멕시코 푸에르토 바야르타 지역
- 니카라과 그라나다
- 파나마 보케테
- 포르투갈 카스카이스
- 스페인 코스타 델 솔

특히 서반구에는 매혹적인 장소가 많이 있습니다. 멕시코는 캘

리포니아 사람들이 많이 선택하는 곳입니다. 과달라하라 근처의 산미구엘 데 아옌데와 차팔라 호수는 산호세 델 카보, 푸에르타 바야르타, 마사틀란 등의 해안 도시와 마찬가지로 대규모 외국인 커뮤니티가 형성되어 있습니다. 그곳에서 지내는 친구들과 동료들을 직접 방문해 보았는데, 새로운 나라에서 꽤 행복하고 만족스러워 보였습니다.

가족에게 다시 돌아가기 위한 이주

돈 이외의 다른 이유도 해외 이주의 동기가 될 수 있습니다. 다나의 동기는 가족과 가까이 있어야 한다는 것이었습니다.

73세의 다나는 프랑스에서의 삶을 다시 시작하기로 결정했습니다. 그녀는 건강했으며 30년 결혼 생활 후 최근에 이혼했습니다. 자녀나 손주라는 닻이 없는 그녀는 대학 때부터 집으로 삼았던 오하이오에 머물 이유가 없었습니다. 프랑스는 다나에게 친숙했습니다. 그녀의 가족은 여덟 살 때 파리 외곽 마을로 이사했고, 부모님은 그곳에서 살다 생을 마쳤습니다. 다나는 대학 진학을 위해 미국으로 돌아왔습니다. 그러나 그녀의 여동생은 프랑스에서 결혼하여 직장 생활을 하며 자녀를 키웠습니다.

다나는 순수미술을 겸하는 전문적인 그래픽 아티스트였으며 생계 수단보다는 예술에 대한 사랑으로 미술을 창작했습니다. 실력 있는 그래픽 아티스트로서 지역에서 인정받았지만, 이혼 후 자신과 현재 상황을 살펴본 그녀는 사랑하는 여동생과 애지중지하는 조카들에게서 멀리 떨어져 늙고 싶지 않다는 것을 깨달았습니다. 그녀는 프랑스로 돌아가기로 결심했고, 재무설계사는 그녀가 새로운 환경에서 자신을 유지하는 방법에 대해 자세한 도움을 주었습니다.

다나는 현재 여동생과 멀지 않은 프랑스 남부의 에상 지역에 살고 있습니다. 프랑스에서 지냈던 유년기 덕분에 그녀는 이중 국적을 가지고 있으며, 프랑스 사회보장제도를 통해 건강보험 혜택을 받습니다. 조카들에게 이모 역할을 하지 않을 때는 작품 활동으로 시간을 보내고, 가끔 작품을 팔아 미국 사회보장 급여 외에 소액의 수입을 얻습니다. 다나는 고령 인구를 지원하는 많은 사회 프로그램을 경험하며 미국보다 프랑스에서 나이 드는 것이 더 쉽다는 것을 발견했습니다. 또한 그녀가 영어와 프랑스어를 구사하는 것도 도움이 됩니다. 가끔 오하이오에 있는 친구들이 그립지만, 스카이프와 최신 기술 덕분에 그들과 자주 소통하며 새로 정착한 삶에 대해 이야기 나눕니다.

나중에 미국을 떠나 이주할 생각이 있는지 묻는 조사에서 많은 사람들이 우려를 표한 부분은 의료 서비스입니다. 그들은 메디케어 프로그램 같은 수준의 서비스를 다른 나라에서도 받을 수 있을지 궁금해합니다. 실제로 최근 하버드대학교 공중 보건 조사에서 응답자의 72%가 노인을 위한 연방 보건 프로그램에 대해 호의적인 의견을 나타냈습니다. 그러나 연구에 대한 후속 기사에서 리처드 아이젠버그Richard Eisenberg가 지적한 것처럼 메디케어가 항상 다른 나라의 의료 서비스에 비해 유리한 것은 아닙니다.[27] 보고서 내용에서 중요한 것은 미국 노인들이 '또래' 국가의 노인들보다 더 아프고 돌봄을 받는데 어려움을 겪는다는 점입니다. 기타 주요 발견점은 다음과 같습니다.

- 캐나다, 네덜란드, 영국에서는 1차 진료에 대한 공제액이나 비급여 부담이 없습니다.
- 고령 미국인들은 의료비 충당을 위한 돈 걱정을 많이 합니다. 비교군 국가에서 이런 걱정은 훨씬 적습니다.
- 미국 노인들의 의료비 지출액은 비교 국가에 비해 약 두 배 많습니다.

메디케어는 예방적 치료와 건강 유지 캠페인에 강점이 있습니다. 따라서 해외에 거주하기로 결정했다면 스스로 동기를 부여하고 자신의 건강을 돌봐야 합니다.

당신은 외국 생활에 적합한 사람입니까? 해외 생활은 도전일 수 있고 즐거움일 수도 있습니다. 하루에 35달러로 은퇴할 수 있는 완벽한 장소를 찾기 전에 다음 질문들을 숙고하십시오.

당신은 얼마나 유연합니까? 유틸리티[전기, 수도, 가스 등]와 서비스는 미국만큼 세계의 다른 많은 지역에서 안정적이지 않습니다. 당신은 통제할 수 없는 것에 어떻게 반응합니까? 48시간의 정전이 운

없는 불편입니까, 아니면 큰 재앙입니까? 오작동하는 가스레인지를 수리하기 위해 "아침에 오겠다"라고 말한 수리공이 오후 5시까지 나타나지 않으면 어깨를 으쓱하며 샌드위치를 만들어 먹고 남은 저녁 시간을 즐기십니까, 아니면 오후 2시에서 밤 11시까지 30분에 한 번씩 수리공에게 전화를 겁니까? 당신이 후자 스타일이라면 당신은 멕시코나 코스타리카처럼 좀 더 여유로운 라이프 스타일을 가진 나라에 적합하지 않을 것입니다.

가족 관계는 얼마나 친밀하며, 부양 책임은 어떻습니까? 부모님은 아직 살아 계십니까? 나이가 들어감에 따라 당신이 부모님 근처에 있어야 합니까? 연휴 기간이나 긴급 상황에서 바로 이동하는 것은 비용이 많이 들고 겨울철에는 지연될 수 있습니다. 이것들은 모두 중요한 고려 사항입니다. 가족이 특별한 경우와 긴급 상황에 당신이 함께 있기 원한다면, 비행기로 쉽게 접근할 수 있는 장소를 찾아야 합니다.

'소수자minority'가 되는 것에 대해 어떻게 생각하세요? 당신이 해외로 이주할 때, 당신의 얼굴, 언어, 관습은 상식이 아니라 예외가될 것입니다. 당신은 어떻게 대응할 것 같습니까? 현지인들은 친절하고 도움이 될 수 있지만, 당신과 대화하기 위해 새로운 언어를 배우지는 않을 것입니다. 적응이 필요한 사람은 당신입니다. 기꺼이 새로운 행동 방식을 배우고 사람들과 연결될 수 있는 새로운 기회를 찾아야 합니다. 주변에 다른 자국인이 있어 도움을 받을 수 있겠지만 그것은 작은 부분일 뿐입니다. 사업적 거래를 하고 의료 서비스

담당자와 소통하는 것 등이 일상적 도전이 될 것이며, 당신이 선택한 국가가 당신에게 익숙하지 않은 방식으로 일을 처리하는 것에 놀라게 될 것입니다. 그런 차이를 후진적이라고 여긴다면, 당신은 지극히 실망스러운 경험을 하게 될 것입니다.

무엇을 기꺼이 희생할 수 있습니까? 해외 생활은 많은 변화를 수반할 것입니다. 좋아하는 아침 시리얼, TV 프로그램 또는 속옷 브랜드를 얻지 못할 수도 있습니다. 현지인들이 구매하는 것을 이용하거나 배송비로 많은 돈을 지불해야 합니다. 연극과 영화가 풍부한 대학 도시로 이사할 수도 있지만 그것들이 영어로 제공되지는 않습니다. 새로운 것을 배우기 위한 수업도 마찬가지입니다. 에어컨, 조용한 배관 공사, 테이크아웃 카페에 얼마나 애착이 있습니까? 외국 땅에서 살기 위해 포기해야 할 모든 것을 진지하게 살펴보십시오.

위 질문들은 해외 생활에 대한 당신의 준비 및 적합성을 알아보는 간단한 셀프 테스트입니다. 그만큼 국외 생활은 특히 자국 내 강한 가족 관계가 없는 사람들에게 멋진 경험일 수 있지만, 한편으로 주의 사항에 유의하고 무엇보다 예습을 충실히 수행해야 합니다. 일상생활에 대한 좋은 느낌을 얻기 위해 미래의 집에서 많은 시간을 보내십시오. 연중 다른 계절, 시간에 가십시오. 외국에서의 생활이 자신에게 적합하다는 확신이 들 때까지 모든 현재의 인연을 끊지 마십시오.

해외 거주 평가 기준

다른 국가로의 이주를 고려하고 있다면 다음 체크 리스트를 사용하여 각 기준의 중요성을 평가하십시오.

안전 - 당신의 환경에서 일반적으로 얼마나 안전하다고 느끼십니까? 당신은 문을 잠그는 것에 강박적입니까? 후추 스프레이나 다른 비상용 방어 도구를 가지고 다니십니까? 밤에 혼자 외출할 때 긴장하십니까?

1									10
전혀 중요치 않음	2	3	4	5	6	7	8	9	매우 중요

정치 - 당신은 다른 정부와 법의 지배에 대해 얼마나 관대합니까? 당신은 사회주의 또는 공산주의 정부에 대해 개의치 않습니까? 독재는 어떻습니까?

1									10
전혀 중요치 않음	2	3	4	5	6	7	8	9	매우 중요

외국인에 대한 태도 - 당신이 누구이며 어디에서 왔는지에 대한 부정적인 태도를 극복하는데 어려움이 없습니까?

1									10
전혀 중요치 않음	2	3	4	5	6	7	8	9	매우 중요

자연재해의 가능성 - 허리케인, 토네이도, 홍수, 지진 또는 화산 폭발의 가능성을 안고 살아본 경험이 있습니까? 이들 중 하나 이상이 발생할 가능성에도 마음이 편한가요?

1   10
전혀 중요치 않음   2   3   4   5   6   7   8   9   매우 중요

건강 관리 - 현재 얼마나 건강한가요? 건강 상태를 지속적으로 모니터링해야 합니까? 현재 상담하고 있는 의사들에게 얼마나 애착이 있습니까?

1   10
전혀 중요치 않음   2   3   4   5   6   7   8   9   매우 중요

언어/의사소통 - 다른 언어를 구사합니까? 중요한 문제에 대해 대화할 수 있을 만큼 언어를 잘 구사합니까? 다른 언어를 배우기 위해 수업을 들을 의향이 있습니까?

1   10
전혀 중요치 않음   2   3   4   5   6   7   8   9   매우 중요

이동의 용이성 - 자주 모국 방문을 필요로 하거나 원하십니까? 얼마나 쉽게 여행할 수 있습니까?

1   10
전혀 중요치 않음   2   3   4   5   6   7   8   9   매우 중요

엔터테인먼트 및 예술 - 자국 TV, 오페라, 심포니, 박물관 및 연극이 당신에게 얼마나 중요합니까? 당신은 익숙한 종류의 오락을 기꺼이 포기할 의사가 있습니까?

1									10
전혀 중요치 않음	2	3	4	5	6	7	8	9	매우 중요

쇼핑 – 대형 백화점 또는 마트에서 쇼핑하는 것이 얼마나 중요합니까? 원하는 물건을 쉽고 빠르게 구매할 수 있는 기회를 포기할 수 있습니까?

1									10
전혀 중요치 않음	2	3	4	5	6	7	8	9	매우 중요

미국 안팎에서 노년에 살 수 있는 다양한 대안이 있습니다. 관심이 있고 더 많은 아이디어를 찾고 싶다면 여기 시작하기에 좋은 세 곳을 소개합니다.

- 탑 리타이어먼츠(TopRetirements.com)에는 이상적인 자리를 찾기 위한 '은퇴 레인저'라는 평가 도구가 있습니다. 사이트에 등록하면 무료입니다. 이 도구는 일련의 질문을 한 다음 제안된 도시 또는 은퇴 커뮤니티가 포함된 보고서를 이메일로 보내줍니다. 각 제안에는 링크가 함께 제공되므로 목적지에 대해 즉시 자세히 알아볼 수 있습니다.
- 아이디얼 리빙(Ideal-living.com)은 자세한 시설 목록과 함께

마음에 드는 은퇴 커뮤니티를 찾는 도구가 있다는 점에서 탑리타이어먼츠와 유사합니다. 아이디얼 리빙은 남동부와 남서부의 은퇴 커뮤니티를 대상으로 합니다. 기초 조사를 마치면 다음 단계로 나아가 자신에게 적합한 은퇴 커뮤니티를 탐색할 수 있게 해주며, 관심 대상을 둘러보는 '디스커버리 투어' 예약을 도와줍니다.

- 성공적인 노후를 위한 최고의 도시(successfulaging.milkeninstitute.org) 사이트는 미국의 352개 대도시에 대해, 노인들이 건강하고 독립적인 삶을 영위할 수 있는 수준을 측정, 비교하고 순위를 매깁니다.

11장에서 케이티와 테스의 대조적인 이야기에서 보았듯이 최고의 선택을 심사숙고하는 것은 매우 중요하므로, 몇 가지 방법을 알려드리겠습니다.

- 후보지의 아파트를 몇 달 동안 임대해서 지내봅니다.
- 향후 몇 년간의 휴가를 후보지에서 보내며 사계절을 경험해봅니다.
- 한 달 동안 집을 교환해 살아보고, 다른 계절에도 다시 해봅니다.
- 그 지역 신문을 6개월에서 1년간 구독합니다.
- 후보지에 기반을 둔 온라인 커뮤니티를 찾고 온라인으로 현지인들과 그들의 마을에 대해 대화를 나눕니다.

16.

지금의 집에서 계속 사는 법

"자신의 집에서 평화를 찾는 자가 가장 행복하다, 왕이든 농부
이든."

— 요한 볼프강 폰 괴테Johann Wolfgang von Goethe

이사가 내키지 않고 현재 집에 머물기로 결정했다면, 여러분은 내 집
에서 나이 들기로 결정한 많은 노인 중 한 명입니다. 최대한 오래 집
에 머물며 스스로 지낼 방법을 찾고자 하는 것이지요. 성공 여부는
집이 어떻게 설계되고 어디에 위치해 있는지에 따라 크게 달라집니

다. 65세 이상 성인의 약 87%는 나이가 들어도 현재 집과 지역 사회에 머물기를 원합니다. 50세에서 64세 사이의 사람들 중 71%는 다른 곳에서 나이 들고 싶어합니다.(출처: AARP 2014 연구)

있던 자리에 머물기로 선택했다면 현재 동네의 상태를 살펴보십시오. 얼마나 '살기 좋은'가요? 사실 살기 좋은 곳은 모든 주민의 연령대와 신체 능력별 필요 사항을 고려합니다. 그런 곳은 모든 구성원이 마을의 구축 과정에 참여하고 독립적이며 의미 있는 삶을 살 수 있도록 합니다. 주변을 둘러보세요. 다양한 사회·경제적 수준의 사람들이 주택을 구입하고 있습니까? 모든 연령대를 위한 교통편이 있습니까? 거리는 자동차뿐만 아니라 걷거나 자전거를 타기에도 안전한가요? 모든 주민들이 건강한 음식을 선택할 수 있습니까? 대중교통을 이용할 수 없는 사람들을 위한 지원 서비스가 있습니까? 모든 거주자가 의료 서비스를 이용할 수 있습니까? AARP 정책 연구소는 당신의 지역 사회를 일곱 가지 범주로 평가하고 모든 연령대의 사람들에게 만족스러운 집이 되기 위해 도시 또는 행정구역의 인프라를 평가할 수 있는 거주 적합성 지수를 만들었습니다. AARP 지수는 일곱 가지 범주에서 거주 지역을 평가하는 데 도움이 됩니다.

- 주택: 접근성, 선택사양, 가격대
- 지역: 직주 근접성, 상점, 서비스, 환승 접근성, 개인 안전, 공실률
- 교통: 다양성, 빈도, 혼잡도, 편의성, 안전성, 접근성
- 환경: 수질, 대기질, 오염원 노출

- 건강: 진료에 대한 접근성, 의료의 질, 건강에 해로운 행동의 만연 정도(예: 흡연)
- 참여: 인터넷 인프라 및 비용, 시민 참여, 사회적 참여
- 기회: 소득의 평등, 경제 선진성, 교육, 연령 다양성

이러한 범주는 60개 이상의 개별 측정값으로 세분화됩니다. 이 지수는 현재 살고 있는 곳(또는 이주할 곳)에 노인들을 위한 정책과 실행의 증거가 있는지 확인할 수 있는 훌륭한 방법입니다. 지수를 효과적으로 사용하려면 스스로 공부해야 하지만, 향후 몇 년 동안 중요해질 항목들에 대해 당신의 커뮤니티가 어느 위치에 있는지 아는 것은 가치가 있습니다. 생활지수 인덱스(livabilityindex. aarp.org)에서 자료를 찾을 수 있습니다. 또한 지역 내 별도 구획화된 '빌리지' 가입을 고려할 수도 있습니다.

빌리지 네트워크

집에서 나이 먹기로 결정했다면 거주 지역을 포함하는 '빌리지village'가 있는지 확인하십시오. 빌리지 개념은 자신의 집과 지역 사회에서 계속 살 수 있도록 정해진 구획 내에서 함께 연결된 회원 기반 조직의 도움을 받으며 생활하는 상호부조 방식의 커뮤니티입니다. 이는 단일 우편번호 또는 전체 카운티를 포함할 수 있습니다. 회원들은 빌리지마다 다른 수수료를 지불하지만 일반적으로 연간 400달러

에서 1,200달러 범위입니다. 이는 컨시어지와 같은 서비스를 통해 교통편을 조정하고 마당일, 기본 집안 청소, 식사 준비 등의 도움을 받을 수 있는 돈입니다. 일부 빌리지에서는 일일 체크인 서비스도 제공합니다. 또한 회원은 집을 안전하게 수리하기 위해 할인된 업체 목록을 이용할 수 있습니다. 많은 빌리지에서 관리실이나 컨시어지에 전화 한 통으로 이러한 서비스를 이용할 수 있습니다. 대부분의 빌리지 관리실은 비영리 조직이며 운영 관리를 위해 한두 명의 직원을 두기도 합니다. 회원들도 여력이 있을 때, 자신의 시간과 전문성으로 봉사합니다.

원래 빌리지는 2001년 보스턴 비콘힐에서 문을 열었습니다. 비콘힐은 상대적으로 잘사는 동네를 포함하고 있지만, 현재는 거주자의 재능 기부와 봉사에 더 많이 의존하며 비용을 최대로 낮춘, 보다 일반적인 도시와 교외 지역의 빌리지 모델로 개발되고 있습니다. 2018년 현재 미국에는 200개가 넘는 열린 빌리지가 있으며 약 150개가 형성 단계에 있습니다.

빌리지의 목표는 사람들이 스스로 관리하고 지역 사회로 나갈 수 있도록 가능한 한 많은 서비스를 제공하는 것입니다. 고령화에 있어 고립이 가장 큰 위험이기 때문에 빌리지 모델은 라이브 극장과 영화에서 운동 경기와 자연 탐방에 이르기까지, 회원들이 자신에게 익숙하고 좋아하는 활동을 즐기고 함께 하도록 장려합니다. 서비스 제공자에 대한 평가를 통해 노인 학대 발생률도 줄일 수 있습니다.

코린은 빌리지 네트워크Village to Village Network의 일부이자 미국에서 가장 오래된 빌리지 중 하나인 캘리포니아 팔로 알토의 어베니다스 빌리지Avenidas Village에 8년째 속해 있습니다. 72세의 코린 부부는 남편 알이 죽기 1년 반 전에 어베니다스에 합류했습니다. 당시 알은 이미 신경퇴행성 질환으로 상당히 아픈 상태였습니다.

그녀는 하루 종일 남편을 돌보고 있었기 때문에 어베니다스가 제공하는 사회 활동에 바로 참여하지 못했습니다. 알이 입원했을 때 코린은 빌리지 자원봉사 네트워크에 연락했습니다. 자원봉사자들은 코린과 남편을 지지해주면서, 병원에서 메모를 하고, 질문을 하고, 무슨 일이 일어나고 있는지 코린이 이해하고 놓치는 것이 없도록 도왔습니다. 알의 사망 몇 달 후 코린은 이번에는 사회적 친교를 위해 다시 어베니다스 빌리지에 연락했습니다. 그녀는 점점 더 많은 행사에 참여하기 시작했고, '점심 모임'에 합류해 인근 식당을 다니며 회원들과 함께하는 시간을 즐겼습니다.

어베니다스 빌리지는 코린에게 자원봉사 기회도 제공했습니다. 그녀는 몇 년 동안 자문 위원회에서 활동하며 소모임 리더가 되어 동네에서 활동을 조직하고, 자가 거주 노인에 필수적인 이동 수단 배치 봉사를 했습니다. 코린은 정기적으로 자원봉사를 이어가며 빌리지가 제공하는 많은 강의, 심포니, 오페라 및 연극, 여행을 즐깁니다. 그녀는 IT 기술이 고압적 위협으로 다가올 때 컴퓨터를 배웠습니다. 캘리포니아에 가족이 없는 코린은 2층 자신의 집에서 늙어 가는 것에 대해 보완책을 찾아야 한다는 것을 알았습니다. 다행히 지금은 어베니다스를 통해 보다 안전하게 삶을 즐기고 있습니다.

노후 주거 선호에 대한 AARP의 연구에 따르면 45세 이상의 86%가 가능한 한 오랫동안 자신의 집에 머물기를 원합니다. 빌리지에 속해 있으면 독립생활이 보장되면서, 거주 기간은 5년에서 10년까지 연장됩니다.

빌리지 네트워크에서 가까운 후보지를 검색하려면 vtvnetwork. org 웹사이트를 방문하십시오. 사는 곳에 공식적인 빌리지가 없더라도 미국 전역에 유사한 개념이 존재합니다. 뉴욕 앨버니/쉬넥타디Albany/Schenectady 지역의 '엄브렐라'는 그러한 프로그램 중 하나입니다.(theumbrella.org). 엄브렐라는 빌리지 네트워크의 일부는 아니지만 공동체 구조와 사명은 비슷합니다. 많은 지역에서 시니어 프로그램은 종종 더 큰 지자체 프로그램의 후원 아래 장애 아동 및 성인을 위한 교통 및 지원 서비스와 결합됩니다. 자가에서 머무는 노인이 되기로 결정했다면, 도움이 필요하기 전에 지역 사회에 무엇이 있는지 알아보시기 바랍니다. 다음 사례에서 찰스는 비슷한 조직에서 제때 도움을 받았습니다.

찰스는 뉴욕 롱 아일랜드의 거주자 조직에 속해 있습니다. 그들은 스스로를 '이웃 속의 이웃'(Neighbors Involved with Neighbors, 주로 이니셜 NIN)으로 부릅니다. 그들은 빌리지 네트워크의 일부가 아니며 어베니다스 빌리지나 비콘힐과 달리 NIN에는 유급 직원이 없습니다. 그러나 그들은 300명이 넘는 회원을 보유하고 있으며 전원 자원봉사를 기반으로, 빌리지와 거의 같은 방식으로 운영됩니다. 찰스는 미래에 NIN 자원 봉사단의 일원이 되기를 희망합니다. 현재 그는 서비스를 사용하기 위해 회비를 지불하지만 환불은 없습니다.

젊었을 때 찰스는 술꾼, 흡연자, 마약 중독자였으며, 마침내 세 가지 습관을 모두 버렸지만 대신 과식자가 되어 200킬로그램까지 체중이 늘었습니다. 찰스는 병적으로 비만이었고 거의 죽을 뻔했습니다. 이대로는 스스로를 돌보는 것이 불가능했지만, 한 친구가 무명의 과식자 모임Overeaters Anonymous, OA에 가입할 것을 추천했고, OA 활동 덕분에 과체중을 완화시킬 수 있었습니다.

OA에서 몇 달을 보낸 후, 다른 회원이 NIN에 가서 이동 문제에 대해 도움받을 것을 제안했습니다. 찰스는 핫라인에 전화를 걸었고, 자원봉사자의 주선으로 멤버 회의에 참석하게 되었습니다. 2년 전 일입니다. 그 후로 NIN 자원봉사 운전사는 찰스를 병원, 쇼핑, OA 회의 및 약국까지 태워다 주고 있습니다. NIN과 OA의 도움으로 찰스는 80킬로그램를 감량했으며, NIN 자원봉사자를 그의 '건강 팀'의 중요한 일부로 여깁니다. 그는 소액의 사회보장급여와 무료 급식 쿠폰으로 생활하며, 기댈 가족 없이 오로지 NIN에만 의존합니다. 그는 기분이 좋을 때 사교 모임에 나갑니다. 그는 더 살을 빼고 건강해진 후, 운전 면허증을 되찾아 다른 사람들을 위한 NIN 드라이버가 되어 보답할 수 있는 날을 고대하고 있습니다.

당신의 지역에서 빌리지나 NIN과 같은 프로그램을 이용할 수 있는지 알아보려면 지역 노인 복지기관에 문의하십시오. 근처에 그러한 프로그램이 있는지 알 수 있습니다.

자연 발생 은퇴 커뮤니티

자연 발생 은퇴 커뮤니티Naturally Occurring Retirement Communities의 이니셜을 딴 NORC는 살아온 자리에서 나이 드는 또 다른 방법을 보여줍니다. NORC는 60세 이상 거주자가 다수인 이웃 지역, 콘도미니엄 단지, 공동 주택, 이동식 주택 공원, 주택 집합체 등에 있습니다. 그들은 세계 어디에서나 자발적으로 생길 수 있습니다. 보다 풍요로운 지역에서 NORC가 생기면 주민들은 종종 협력하여 '빌리지' 개념을 채택하고 회비와 일부 유료 서비스로 회원 기반 운영 모델을 시작합니다. 경제적으로 여유가 적은 지역의 NORC는 거주자가 일반적으로 지역 사회, 이웃, 노인 센터 및 지역 노인복지기관으로부터 지원 및 도움을 받게 되는 공공 서비스입니다.

내가 만난 NORC의 가장 좋은 사례 중 하나는 텍사스 휴스턴에서 약 1시간 거리에 있는 브렌험의 작은 마을입니다. 그곳에 사는 내 친구의 어머니인 85세 프랜신은 이렇게 설명합니다.

"우리는 약 20채의 집이 있는 작고 이름 없는 동네이며, 그중 10채는 60년 이상 동안 다양한 방식으로 서로 연결된 사람들이 소유하고 있습니다. 우리 인연의 일부는 대학 시절로 거슬러 올라갑니다.

대학 졸업 후 우리는 가족을 부양하기 위해 큰 목장과 교외로 흩어졌습니다. 그럼에도 연락을 주고받다가 한 명씩 일터를 떠나 노년을 위해 정착할 곳을 찾았습니다.

모든 것은 지인 부부가 브렌험을 발견했을 때 시작되었습니다. 그리고 도미노처럼 그후 10년 동안 우리 모두는 여기에서 우리의 길을 찾았습니다. 지금은 이 하나의 긴 블록에 우리들의 작은 파티오 주택단지[중앙의 마당(중정)을 중심으로 조성된 주택단지]절반 정도를 차지합니다. 파티오 주택은 대부분의 전통적인 주택보다 유지 관리가 훨씬 수월합니다. 주택소유자협회가 있으며 회비는 마당 유지 관리, 지붕 수리, 페인팅 등 우리가 더 이상 관리할 수 없는 대부분의 큰 작업을 처리하는데 사용됩니다.

우리 모두가 건강하지는 않습니다. 한 부부가 심각한 암에 걸렸는데 방사선이나 화학 요법 치료를 위해 휴스턴에 있는 병원에 가야 하는 두 사람을 우리는 교대로 데려다 줍니다. 다른 부부의 아내는 파킨슨병을 앓고 있습니다. 그들을 위해 우리는 '공동 돌봄 share-the-care' 스케줄을 조정하고, 전화로 필요한 것이 무엇인지 묻고, 점심 식사와 이동을 제공해, 지친 그녀의 남편에게 잠깐의 휴식을 선사합니다.

젊을 때 알지 못했던 사람들을 포함해서, 거리에 있는 모든 사람들은 은퇴했습니다. 연령대는 50대 중반에서 90대 초반까지입니다. 브렌험은 너무 작아서 많은 산업이 번성할 수 없기 때문에 사람들이 일하러 오지 않고 은퇴하러 옵니다. 여기에는 한 개의 병원, 노인 센터, 도서관, 그리고 여러 이벤트 센터가 있습니다. 우리 모두는 서로를 알고 서로를 보살핍니다. 일부는 같은 교회에 다닙니다. 우리는 같은 클럽에 가고, 댄스와 게임을 위해 시니어 센터에 갑니다. 우리는 영화를 보고 저녁 식사를 하러 함께 외출합니다. 그리고 거의 모든 사람들이 개를 키웁니다."

브렌험에서의 소규모 개발에서 프랜신이 경험했던 것이 전국 수백 개의 작은 마을에서 재현되고 있습니다. 대도시의 오래된 콘도미니엄과 아파트도 NORC가 될 수 있습니다. 지역 내 기관을 참여시키고, 노인 센터와 교통 시스템을 활용하고, '공동 돌봄'과 같은 지원 시스템을 적극적으로 구축하는 등, 커뮤니티가 더 적극적일수록, 노인들도 함께 나이 들면서 서로를 더 잘 도울 수 있을 것입니다.

NORC는 일종의 풀뿌리 운동입니다. 그들은 교통 서비스, 사회 활동, 가정 내 수리나 유지 보수는 물론, 건강 관리 및 기타 공공 지원 서비스를 활용하기 위해 관련 기관과의 관계를 돈독히 하고, 의견을 개진하고, 조치를 취하도록 요청합니다. NORC에 대한 자세한 정보는 웹사이트 norcblueprint.org를 참고하십시오.

커뮤니티 구축을 위한 창의적인 아이디어의 다수는 베이비부머 세대의 다양한 삶의 경험에서 나옵니다. 데니스의 이야기는 보다 신중한 형태의 NORC를 보여줍니다. 자녀가 없는 그녀와 두 자매는 독특한 방식으로 미래를 준비하고 있습니다.

남부 캘리포니아의 생명공학회사 임원인 데니스는 전문 과학자입니다. 그러나 그녀의 리더십 자질이야말로 그녀를 과학계의 동료들과 구분 짓는 것이었습니다. 리더로서의 잠재력은 경력 초기부터 상관들에게 뚜렷하게 각인되었습니다. 대형 제약회사에서 첫 직장을 시작하고 12년 차에 자신의 부서를 지휘하는 자리에 올랐으며, 5년 후에는 직원이 800명이 넘는 서부지역 자회사 대표직을 맡았습니다.

결혼과 자녀는 데니스의 계획에 애초부터 없었습니다. 이는 어쩌면 가족 내력일지도 모릅니다. 데니스에게는 두 자매가 있었는데 이들 역시 고학력에 만족스러운 직장이 있었지만, 결혼하지 않았으며 파트너나 자녀도 없습니다. 데니스와 자매들은 나이가 비슷합니다. 아랫동생 캔디스는 의사이며, 막내 에린은 식물학자입니다. 에린의 종묘사업은 번창했지만 그녀는 몇 년 전인 54세의 나이에 급성 치매 진단을 받았습니다. 에린이 더 이상 식물원을 운영할 수 없게 되자 가족들은 그녀가 사업을 매각하도록 도왔습니다. 그녀는 이제 할 수 있는 한 덜 힘든 일을 합니다.

에린이 치매 진단을 받자 데니스와 캔디스는 자신들이 미래에 대한 전략을 세워야 하는 나이가 되었음을 깨달았습니다. 캔디스는 시애틀 지역 의대 병원의 높은 자리를 포기하고 남부 캘리포니아로 돌아가 비슷한 직위를 얻었습니다. 85세의 부모님을 포함해 온 가족이 서로 가까이 살게 되었고, 막냇동생이 스스로를 돌볼 수 없게 되자 가족들이 그녀를 보살폈습니다.

데니스와 캔디스는 나이가 들수록 그들만의 지원 시스템이 필요하다는 것을 알았기 때문에 데니스의 주택 단지에서 집 두 채를 더 구입하기로 했습니다. 그렇게 되면 세 자매 모두 서로 가까이 살며 필요에 따라 서로를 지원할 수 있게 될 것입니다. 그들의 계획에는 간병인을 위한 추가 별채도 포함되어 있습니다. 데니스는 자신이 없을 때 에린을 돌봐 줄 파트타임 간병인을 고용했습니다. 단지에서 주택이 매물로 나오면 그들은 그것을 잡을 계획입니다. 데니스와 자매들은 그들만의 지원 시스템을 만들고 있습니다. 그리고 혹시 모르는 일입니다. 단지의 다른 사람들이 그들과 합류하기를 원할 수 있으며, 그러면 가족을 넘어 돌봄 제공자의 범위가 확대될 수 있습니다.

나이 들어도 독립적이고 안전한 주택 개조

혼자, 아니면 배우자 또는 동반자와 함께 현재 집에 가능한 오래 머물기로 결정했다면 미리 집 구조를 개조할 것을 권합니다. 대부분의 변경은 간단하지만 어떤 개조는 복잡하고 상당한 비용 지출이 필요할 수 있습니다. 대부분은 낙상이나 기타 부상을 방지하기 위함이며, 거주자를 외부 세계 및 커뮤니티 자원에 더 잘 연결하는 신기술이 포함됩니다.

65세에서 74세 사이에 일상생활 활동Acivity of Daily Life, ADL에 도움이 필요한 사람은 비교적 적습니다. 그러나 85세가 되면 걷는데 도움이 필요할 가능성이 높으며, 이는 이동 보조 장치나 휠체어가 필요할 수 있음을 의미합니다. 그들에게는 더 넓은 출입구와 앉아서 닿을 수 있는 찬장이 필요합니다. 시력 또는 팔 사용에 장애가 있다면 목욕에도 어려움이 있을 것입니다. 그럴 때는 앉아서 손을 뻗어 닿을 수 있는 안전손잡이와 욕조 보조계단 또는 앉아서 물을 잠글 수 있는 샤워기가 필요합니다. 옷 입고 벗기에 문제가 있다면 일반적으로 팔다리의 동작 범위가 감소했음을 의미합니다. 이러한 활동성 제약을 해결하려면 옷, 신발, 속옷 등에 손이 쉽게 닿을 수 있도록 옷장을 개조해야 합니다. 일상생활 활동 중 두 개 이상의 능력을 상실하면 입주 지원이 필요할 수도 있습니다. 입주 지원(친척, 친구 또는 유급 간병인)은 별도의 개인실과 욕실이 필요합니다. 혹시 당신이 이런 것들이 전혀 필요 없는, 몇 안 되는 운 좋은 사람일 수도 있습니다. 하지만 희박한 가능성에 굳이 기댈 필요가 있을까요?

집을 빨리 개조해야 하는 한 가지 확실한 이유는, 필요 사항이 반영된 주택에서는 도움을 구하거나 이사를 가야 할 가능성이 줄어들기 때문입니다. 더 나은 조명, 추가 난간 및 안전손잡이는 낙상의 위험을 줄입니다. 미래에 수술이 필요하거나 질병으로 입원하는 경우, 문턱/계단 없는 진입로, 문턱 없는 샤워실, 확장된 복도가 갖춰진 집으로 돌아가 더 빨리 회복할 수 있습니다. 아무래도 병원이나 재활 시설보다 자신의 집이 감염으로부터 더 안전하고 편안하기 때문에 회복도 더 빨리 이루어지곤 합니다. 마지막으로, 미래에 신체가 쇠약해지더라도 쉽게 오갈 수 있으며 내부에서의 동작이 원활한 욕실과 침실이 있는 집에서는 타인의 도움이 덜 필요할 것입니다.

58세인 매기와 론은 뉴욕 북부의 시골 지역에 살고 있습니다. 론이 소프트웨어 사업을 매각한 후 브루클린에서 이곳으로 이사했습니다. 매기는 심리치료사로, 이사 후 이 지역에서 다시 상담을 시작했습니다. 매기는 20년 넘게 번창해 온 상담실을 폐쇄하는 것이 감정적으로 어려웠지만 둘 다 조금 느린 속도의 삶과 더 건강한 라이프 스타일을 원했습니다.

그들은 브루클린에 있는 집을 판 직후, 1만 6,000평에 달하는 1920년대 농가를 발견하고 한눈에 반했습니다. 론은 땅을 경작할 계획을 세웠고 매기는 먼저 도시를 떠나온 친구 몇 명이 있는 근처의 작은 시골 지역에서 그녀의 사업을 재건하게 되어 기뻤습니다.

농가의 잔금을 치른 직후 론은 중추신경계를 공격하는 질병인 다발성 경화증multiple sclerosis, MS 진단을 받았습니다. 질병이 얼마나 빨리 진행될지 예측하는 것은 불가능했지만, 론이 균형과 근육 조정을 제어하는 것이 결국 어려워질 것이라는 것은 분명했습니다. 이제 3층 농가에서 여생을 보내는 것은 실용적이지 못한 선택지가 되었습니다.

매기는 다양한 장애와 제한 사항을 반영하기 위해 집을 개조할 방법을 조사하던 중 한 디자인 회사를 발견했습니다. 그녀가 연락한 건축가는 이러한 개념을 염두에 두고 집을 짓는 전문가였습니다. 그해 말, 두 사람에게 발생할 수 있는 모든 종류의 장애에 적합하도록 농가를 전면 리모델링하게 되었습니다. 이 계획에는 집의 맨 위 2개 층을 제거하고 1층에 여러 개의 방을 추가하여 계단 없이 집 안을 다닐 수 있는 것도 포함되었습니다.

오늘날 매기와 론은 언뜻 보면 누구에게나 평범해 보이는 아름다운 단층집에 살고 있습니다. 그러나 자세히 살펴보면 다양한 높이의 카운터를 갖춘 주방과 욕실이 있습니다. 일부는 아래에 열린 공간이 있어 음식을 준비하거나 욕실 사용 중에 앉거나 서 있을 수 있습니다. 집 안팎을 연결하는 넓은 출입구, 쉽게 높이를 재구성할 수 있는 선반과 지지대가 있는 옷장, 문턱 없는 대형 샤워실, 집안 곳곳 필요한 곳에 안전손잡이 등도 모두 보강된 구조입니다. 론은 현재 가끔씩 다발성 경화증 증상을 보일 뿐 사과와 포도를 행복하게 재배하고 있습니다. 매기는 계속 성장하는 클리닉 사업을 위한 그녀만의 길을 가고 있습니다.

매기와 론은 다행히 미리 경보를 받고 주의를 기울여 불행한 결과를 피했습니다. 우리 중 대다수는 현재 가정에서 성공적으로 나이를 먹으려면 집을 부분적으로 또는 전체적으로 개조해야 합니다. 다음은 고려해야 할 주택 개조 및 개선 사항입니다.

조명 – 집안의 동선 조명이 충분히 밝은지 확인합니다.

- 어두운 전구를 더 밝은 전구로 교체. 전등 밝기 조절기를 설치하여 필요에 따라 밝기를 조절하고 비용을 절약하십시오.
- 침대에서 손에 닿는 거리에 전등 스위치가 있는지 확인하십

시오.

- 모든 욕실과 주방에 야간 센서 조명을 설치하십시오.
- 전등 및 천장 조명용 추가 스위치를 보다 편리한 장소에 설치하십시오. 원격 제어 리모컨 스위치는 광범위한 재배선 공사가 필요 없습니다.

가구 - 필요한 것만 보관하고 나머지는 재활용(판매, 증정, 기부)하십시오. 세월이 흐르면서 필요한 것보다 더 많은 가구를 구입하거나 물려받은 적이 있습니까? 어수선한 집은 위험합니다.[바닥에 치우지 않은 물건들은 밟거나 걸려 넘어지는 위험을, 날카롭고 단단한 가구/집기들은 부딪침에 의한 부상 위험을 높임.] 집 안을 돌아다니며 생활하는데 불필요한 것들에 스티커를 붙여보세요. 물건에 감성적인 가치가 있다면 사진을 찍어둔 다음 처분하십시오. 오랫동안 가족과 함께 있었던 물건이라면 조카들이나 가족의 젊은 구성원에게 주십시오. 그들이 원하지 않는다면 다른 사람들에게 나눠주거나 기부하십시오.

출입로와 문
- 계단이 있는 경우 난간 상태를 확인하십시오. 난간은 사계절 날씨와 장기간 사용으로 시간이 지남에 따라 약해집니다. 계단에 난간이 없다면 바로 설치하십시오.
- 나중에, 필요에 의해 더 큰 개조를 할 수도 있으므로, 현재 출

입로(구)에 대한 진단도 중요합니다. 계단이 있는 경우 경사로를 설치하십시오. 경사로를 설치할 수 없는 경우 전동 리프트 설치에 대해 문의하십시오.

- 문손잡이를 원형에서 막대형으로 교체하십시오.[손동작에 장애가 있는 경우 원형 손잡이 문은 열 수 없지만, 막대형 손잡이 문은 팔꿈치, 발 등으로도 여닫는 것이 가능함.]

욕실 - 정돈되고 필요한 시설이 잘 갖춰진 욕실은 노년기에 독립성과 안전을 제공합니다.

- 변기와 욕조에서 편안하게 닿을 수 있는 위치에 손잡이와 안전바를 설치하십시오.
- 휴대할 수 있는 접이식 미끄럼 방지 욕조 의자를 구입하십시오.
- 수도 손잡이를 냉온수 일체형 손잡이[온수, 냉수 각각 틀어 조절하는 손잡이가 아닌 냉온수 일체형 조절 손잡이.]로 교체하십시오.
- 오래된 변기를 더 높은 좌대가 있는 최신 사양으로 교체하십시오.
- 의자를 밑으로 넣을 수 있도록 화장대를 개조하십시오.
- 욕실에 의자가 들어갈 수 있도록 넓은 출입구를 확보하고, 추가 인원이 샤워를 도와줄 수 있도록 턱이 없는 샤워 공간으로 개조하십시오.

침실

- 1층에 침실을 추가하거나 개조하십시오.
- 침실에는 최소한의 가구만 배치하십시오.
- 항상 잘 정돈되어 있는지 확인하십시오.
- 옷장 바를 다양한 높이로 설치하십시오.
- 들고 나기에 편한, 적절한 높이의 침대를 준비하십시오.

주방 – 추가적인 변경 및 개선을 통해 오랫동안 독립적으로 식사 준비와 식사를 할 수 있습니다.

- 앉거나 서서 음식을 준비할 수 있도록 높이 조절 카운터를 설치하십시오.
- 카운터 아래 공간에 의자 놓을 공간을 확보하십시오.
- 조명 밝기를 확인하십시오.
- 닿을 수 있는 높이에 선반이 있는 찬장을 설치하십시오.
- 전자레인지와 토스터 오븐을 카운터 높이에 맞추십시오.
- 음식 준비 구역에서 식사 공간까지의 편한 통로를 확보하십시오.

오락/거실 공간

- 쉬운 출입을 위해 소파와 의자의 높이가 적정한지 확인하십시오.
- 불필요한 가구, 잡동사니를 제거하십시오.

- 밝은 조명을 유지하십시오.

야외 – 앞, 뒷마당에 대한 접근성 및 즐거움을 확보할 수 있습니다.

- 마당, 파티오 또는 베란다에 계단 없이 접근할 수 있도록 하십시오. 어쩔 수 없는 계단에는 난간을 설치하십시오.
- 햇빛과 그늘 모두에 접근 가능하게 하십시오.
- 편안하고 쉽게 접근할 수 있는 의자, 휴식과 독서를 위한 의자를 비치하십시오.
- 원하는 경우 원예용으로 만든 화단을 설치하십시오.
- 원하는 경우 원예용 작업대를 설치하십시오.
- 동작 센서 조명을 설치하십시오.

기타

- 세탁기와 건조기를 1층으로 이동하십시오(현재 지하실이나 차고에 있는 경우).
- 주방과 욕실에 미끄럼 방지 매트(바닥재)를 설치하십시오.
- 맨바닥은 휠체어 등 이동 장치에 가장 적합합니다. 카펫을 제거하고 단단한 바닥재로 교체하는 것을 고려하십시오.[일부 전문가들은 낙상 시 부상 방지를 위해 푹신한 바닥재를 권하기도 함.]
- 러그를 제거하십시오.

집은 정기적인 청소와 관리가 필요하다는 점을 명심하십시오. 단독 주택, 콘도미니엄, 아파트 또는 이동 주택/트레일러 등 거주 형태와 관계없이 독립적으로 나이 들 수 있는, 안전하고 안정적인 공간을 유지하려면 집을 개조해야 합니다. 정기적인 청소 외에도 다음 중 대부분 또는 전부에 대해 예산을 책정해야 합니다.

- 보일러는 매년 검사하고 필터는 1년에 두 번 교체해야 합니다.
- 빗물받이를 청소하고 다시 방수 처리해야 합니다.
- 마당은 정기적으로 잔디를 깎고, 쓸고, 잡초를 뽑고, 퇴비 작업을 해야 합니다.
- 눈을 치워야 합니다.
- 주택은 마감 재료와 기후에 따라 15년에서 20년마다 새 지붕이 필요하고 10년마다 다시 칠해야 합니다.

가까운 가족이 없는 사람에게 자기 집에서 늙는 것은 고립되고 외로울 수 있으므로, 커뮤니티와 사회적 지원을 확보하는 것이 중요합니다. 집에서 노후를 보낼 계획이라면 응급 상황으로 일상적 대응이 불가능할 때를 대비한, 최소한의 비상계획을 마련해 두시기 바랍니다. 대안적 생활 계획을 세우려면 20장 '돌봄을 받기 위한 대안' 관련 정보를 진지하게 고민해야 합니다. 당신의 지역에서 조사를 하십시오. 사용하지 않으면 더욱 좋겠지만, 만일을 위해 가까운 대안 생활 옵션을 잘 살펴 두십시오.

내 집에서의 노년을 선호한다면 다음 체크 리스트를 사용하여 현재 주택의 고령 친화도를 평가하십시오. 인테리어 계획을 짤 때 도움이 됩니다.

고령 친화적 주택을 위한 체크 리스트 [28]

점검 사항	예	아니오	해야 할 일 목록	필요자원 (사람, 장비, 재료)
계단 없는 출입구				
모든 문에 막대형 문손잡이				
최소 92cm 이상의 출입문 넓이				
1층에 침실				
1층에 욕실				
1층에 주방				
밝은 조명(방)				
밝은 조명(통로)				
야간 자동조명(주방, 욕실)				
계단 시작과 끝 지점에 전등 스위치				
바닥에 잘 고정된 러그(아니면 버릴 것)				
좋은 카펫, 계단에 잘 고정됨				
널브러진 것들 없는 바닥				
양쪽 계단 손잡이				
막대형 조절 손잡이(물/가스 등)				
좌식 주방 카운터				
앉은 자세에서 닿을 수 있는 주방기구				
카운터 높이의 전자 레인지와 토스터 오븐				
변기, 욕조, 샤워기 안전손잡이				
밝은 야외 동선 조명				

턱 없는 샤워실 또는 계단 욕조				
욕실에 일체형 냉온수 손잡이				
욕조와 샤워실에 미끄럼 방지 매트				
쉽게 닿을 수 있는 욕실 캐비닛				
정돈된 방(잡동사니 제거)				
전기 코드선 정돈(걸려 넘어짐 방지)				
출입문 방범 체인				
방문자 식별장치(문구멍 또는 카메라 등)				
가스레인지나 오븐 근처 소화기				
도로에서 잘 보이는 집 주소				
방마다 연기 및 일산화탄소 탐지기 설치				
방마다 손전등 비치				
앉은 자세로 사용 가능한 욕실 세면대 및 캐비닛				
세탁기와 건조기는 1층에 둠				

돌봄 설계:

누구로부터 어떤 케어를 받게 될까

17.

불확실한 내일을 위해
오늘을 어떻게 준비해야 할까요

"노년은 겁쟁이를 위한 것이 아닙니다!"

— 말콤 포브스Malcom Forbes

주위를 둘러보십시오. 당신이 50대 또는 60대라면 당신과 당신의 많은 친구들이 연로한 부모를 돌보거나 보살피는데 시간과 자원을 쏟아붓고 있을 것입니다. 왜 꼭 지금일까요? 부모님은 지금까지 스스로를 돌보면서도 당신을 키워냈습니다. 그렇죠? 그들은 이전에 스스로 모든 결정을 내렸습니다. 무슨 일이 벌어진 거죠?

노화가 일어났습니다. 이는 모두에게 일어나는 일입니다. 사실 자각하기 쉽지 않지만, 노화는 20대 후반부터 일어나기 시작하는, 몸과 마음의 퇴화, 점진적으로 전개되는 쇠퇴의 과정입니다. 대부분의 경우 이러한 변화를 불가피한 것으로 받아들입니다. 우리는 미식축구 쿼터백이 30대 후반에도 여전히 경기를 하고, 육상선수가 40대에도 여전히 1마일 6분 달리기[1마일, 약 1.6km를 6분 내 주파하는 것으로 세계적 육상선수들도 힘들어하는 경기. 서구에서는 1마일 주파 기록을 육상선수들의 능력 기준치로 오랫동안 사용함.] 하는 것을 보면 경이롭게 생각합니다.

40세가 되면 아마도 더 이상 자신의 체중만큼 역기를 들 수 없을 것입니다(예전에 할 수 있었다면!). 점진적으로 근육량이 줄기 시작하고, 피부는 탄력을 잃어가며 관절의 연골도 닳기 시작합니다. 대부분의 사람들은 40대 후반과 50대 초반이 될 때까지 이러한 퇴행을 알아차리지 못합니다.

우리의 마음도 노화를 경험합니다. 정신적 노화는 덜 분명한데, 우리가 경험을 쌓는 것으로 (노화를) 보상받고 있다고 생각하기 때문입니다. 우리가 20대일 때 우리의 마음이 가장 날카롭다면 왜 우리는 정부나 대기업을 경영하는 스물다섯 살짜리를 원하지 않습니까? 경험이 부족하기 때문입니다. 40대 후반 또는 50대 초반 사이 어디쯤에서 우리의 정신력은 경험 기반과 최적으로 결합되며 리더 그리고 의사 결정자로서 최고조에 이릅니다.

50대 후반과 60대가 되면 정신 능력의 변화를 느끼기 시작합니다. 우리는 이것을 대개 기억의 문제로 처음 경험합니다. 내가 차 열쇠를 어디에 두었지? 저번에 내가 본 그 영화는 뭐였지? 내가 왜 방에 들어왔지? 많은 사람들이 이러한 경험이 치매의 시작이 아닌지 두려움 섞인 의문을 갖습니다. 낮은 확률로 그럴 수 있지만, 대개 이러한 기억 상실은 단순한 뇌 기능의 자연스러운 쇠퇴입니다. 사실, 이와 같은 사소한 기억력 문제를 경험하지 않는 60대는 매우 드뭅니다! 다행히도 이러한 전이는 긍정적인 변화도 가져옵니다. 나이가 들어감에 따라 우리는 일생의 경험을 고려하여 훨씬 더 폭넓은 시각에서 문제를 해결할 수 있습니다. 우리는 다른 사람과 우리 자신에 대해 더 많은 인내심을 갖게 되며, 우리가 직면한 문제를 흑백이 아닌 회색으로 보는 경우가 많아집니다.

80대와 90대에 우리는, 당신과 친구들이 오늘 우리의 연로한 부모에게서 항상 보는 것과 같은 삶의 질을 제한하는 많은 도전에 직면합니다. 중요한 질문은 "불확실한 내일을 위해 오늘을 어떻게 준비해야 할까요?"입니다. 밑에서 받쳐주는 안전망 역할을 할 성인 자녀가 없기 때문에, 우리는 몸이 여전히 적절하게 기능하고 뇌가 비교적 예리한 상태인 지금 결정을 내려야 합니다.

일상생활 활동의 중요성과 종류들

85세 이후에는 하나 이상의 ADL(일상생활 활동)에 도움이 필요할 가능성이 급격히 증가합니다. 노화 연구소Institute on Aging의 2009년 연구에서 85세 이상 남성의 40%와 여성의 53%가 최소한 하나의 ADL에 도움이 필요하다고 보고했습니다.[29] ADL을 이해하는 것은 당신이 어디서 살 것인가와 노년에 무엇이 필요할지를 결정할 때 매우 중요합니다. ADL은 몸단장 기준과 건강을 유지하는데 기본적인 자기 관리 행동입니다. 이동성, 힘, 균형 또는 기타 신체적 또는 정신적 허약으로 인해 노인이 이러한 작업을 수행하는 것이 더 어렵거나 불가능해짐에 따라 추가 지원(장기 치료)이 필요합니다. 미국 보건복지부는 ADL을 다음과 같이 정의합니다.

- 목욕
- 옷 입고 벗기
- 식사
- 화장실 사용
- 침대 들고나기, 의자에 앉고 일어서기
- 변실금/요실금 케어

또한 노인들은 종종 일상생활의 도구적 활동Instrumental Activities of Daily Living, IADL이라고 하는 또 다른 수준의 지원이 필요합니다. 여기에는 다음이 포함됩니다.

- 가사
- 돈 관리
- 약 복용
- 식사 준비와 설거지

- 식료품 또는 의류 쇼핑
- 전화와 통신기기 사용
- 애완동물 케어
- 화재경보와 같은 응급경보 대응

이러한 ADL 및 IADL은 노화의 진전에 따라 많은 사람들에게 점점 더 어려워지는 기능이며, 이러한 기능과 책임 수행 능력 상실은 이를 지원하는 훈련된 직원이 있는 구조화된 커뮤니티가 존재하는 이유입니다. 예, 우리 모두는 큰 어려움 없이 여전히 혼자 사는 90대 노인을 알고 있으며, 그들과 같기를 갈망합니다. 그러나 그들은 표준이 아니라 이상치outliers입니다.

18.

그렇다면, 돌봄 설계는
어떻게 해야 할까요

"노아가 방주를 만들 때는 비가 내리기 전이었습니다."

— 저자 불명

연로한 부모의 이야기이자, 필요할 때 도움을 주기 위해 개입한 성인 자녀의 이야기로 시작하겠습니다. 이는 보통 사람의 마지막 몇 년 또는 몇 달의 단면을 보여주고 자녀가 없는 우리에게 그때가 왔을 때 필요한 것이 무엇인지를 미리 알려줍니다.

딥 에이징 전에 생각할 것들

90대 후반인 뮤리엘과 렉스는 4개월 차이로 세상을 떠났는데, 마지막 5년은 파란만장한 시간이었습니다. 뮤리엘의 고통스러운 관절염은 그녀를 강제로 휠체어에 앉혔습니다. 또한 그녀는 때때로 자신이 어디에 살고 누구와 함께 있는지 혼란스러워했습니다. 렉스는 여전히 걸을 수 있었지만 상당한 청력 손실이 있었고 뮤리엘의 휠체어를 이곳저곳으로 미는데 어려움이 있었습니다. 렉스는 90대 초반에 운전을 포기했고, 뮤리엘은 이미 10년 전에 그만두었습니다.

이들 부부는 대부분 반경 160킬로미터 이내에 살고 있는 5명의 자녀, 9명의 손주, 17명의 증손주를 두었습니다. 가족은 항상 가까웠고 생일과 명절에 자주 모였습니다. 그러나 그들의 집은 모두 뮤리엘과 렉스의 돌봄에 적합하지 않았습니다. 그들 모두는 연장자를 위한 최상의 환경을 원했고, 특별 훈련을 받은 직원이 있는 생활 보조 시설이 가장 안전하고 안정적인 장소가 될 것이라고 판단했습니다. 몇 달간의 조사와 방문 끝에 뮤리엘과 렉스는 두 딸에게서 멀지 않은 곳에 있는 규모 있는 돌봄 생활 시설을 선택했습니다.

가족들은 주말 동안 뮤리엘과 렉스를 새 방으로 옮겼습니다. 부부는 처음에는 새집에 만족해했지만 직원이 계속 바뀌면서 누구에게 무엇을 의지해야 할지 혼란스러워했습니다. 혼란은 방향 감각 상실로 이어졌습니다. 자녀와 손주들이 방문했을 때 뭔가 잘못되었다는 것을 알 수 있었습니다. 렉스와 뮤리엘은 그곳에서 불행했습니다.

가족들은 더 적합한 장소를 찾기로 했습니다. 그들의 탐색은 개인 주택을 개조한 작은 요양가정인 베스홈BethsHome으로 이어졌습니다. 철저한 심사 과정을 거친 후 들어갔으며, 운 좋게도 커플 스위트룸을 사용할 수 있었습니다. 베스홈은 개인 맞춤서비스가 약한 돌봄 생활 시설보다 노부부에게 더 적합했습니다. 소유주인 베스는 거의 항상 집에 있었고 직원들을 잘 훈련시켰습니다. 그들은 일관성 있는 태도로 사람들을 배려했습니다. 렉스와 뮤리엘은 둘 다 안정되기 시작했고, 특별히 잘 맞는 직원도 만날 수 있었습니다.

뮤리엘과 렉스의 세상은 결국 배우자, 베스홈 직원, 정기적으로 방문하는 자녀들과 손주들로 압축되었습니다. 자식들은 약국에서 처방전을 받고, 좋아하는 특별한 음식을 가져오고, 부모가 계절에 맞는 옷과 신발을 착용하고 있는지 확인했습니다. 베스홈의 직원들은 그들의 일에 탁월했고, 부부를 인내심을 갖고 정성껏 보살펴 주었습니다. 자녀들은 부모에게 제공되는 보살핌의 모든 측면을 관찰했고, 부모가 행복하며 부족함이 없도록 주의를 기울였습니다.

6월에 아내 뮤리엘이 박테리아에 감염되어 결국 목숨을 잃었을 때 렉스는 변하기 시작했습니다. 그는 주변 세계를 점점 더 멀리하고, 자신의 내면에만 머물기 시작했습니다. 자녀들과 손주들의 방문은 계속되었고, 그와 함께 있는 것에 더 집중했습니다. 마침내 11월, 폐렴을 짧게 앓고 그는 사망했습니다.

한편 팻은 90세에 집에서 생을 마감했습니다. 평생 동안 그녀는 아슬아슬한 간 상태와 소화기 이상을 주의 깊게 관리했습니다. 결국

간 상태는 몸의 방어력을 제압했고 의학으로 통제할 수 없는 상태에 이르게 했습니다. 팻은 자신의 죽음이 임박했음을 알았고 마지막을 병원에서 보내고 싶지 않았습니다. 그녀의 남편과 자녀들은 그녀가 간부전으로 약해진 몸이지만, 집에 머물 수 있도록 했습니다.

6개월 동안 그녀의 가족은 1층 사무실을 침실로 바꾸고 그녀를 위한 특별식을 만들었습니다. 훨씬 더 운이 좋았던 남편 앤드류는 팻의 보살핌에 중요한 역할을 했으며, 자녀들과 손주들은 그녀가 여생을 보내는 동안 팻을 돕고, 말동무를 해주며 자주 함께 있었습니다. 앤드류가 친구들과 골프를 치거나 점심을 먹으러 가는 동안 그들이 팻과 함께 있었습니다. 모든 간병인에게 필요한 휴식입니다. 팻은 남편, 딸, 아들, 사위, 며느리들이 지켜보는 가운데 자신의 침대에서 영면했습니다.

뮤리엘과 렉스 부부, 팻의 이야기는 연로한 부모의 이야기입니다. 가족들이 연장자를 사려 깊게 사랑으로 대하는 것을 알 수 있습니다. 물론 어떤 이야기는 그다지 아름답지 않습니다. 서로 가깝지 않거나 가족 돌봄을 외면하기 때문입니다. 그러나 당신과 나, 그리고 부머 세대의 자녀가 없는 1,500만 명의 사람들은 미리 우리 자신의 이야기를 써두어야 합니다. 우리는 남은 생애와 마지막 날, 즉 일부 전문가들이 현재 '딥 에이징deep aging'이라고 부르는 삶의 단계를 어디에서 어떻게 보내고 싶은지 결정해야 합니다.

정부 연구에 따르면 오늘날 65세 노인은 정신적 또는 신체적 이

4부 돌봄 설계: 누구로부터 어떤 케어를 받게 될까

상이나 질환이 발생할 확률이 약 70%이고, 그럴 경우 최소 3개월 동안 지속되며, 이로 인해 두 가지 이상의 중요한 일상생활 작업을 수행할 수 있는 능력이 제한됩니다.[30] 때때로 이러한 것은 스쳐 지나가는 일로써, 자기 관리 및 의사 결정 능력이 회복됩니다. 반대의 경우 그 상태는 남은 생애 동안 지속됩니다. 그러한 일이 발생하고 당신이 스스로 결정을 내릴 수 없는 상황이 되면, 당신을 대신해 결정을 내릴 사람이 필요합니다. 그 사람이 누구인지 지금 정하고 그들이 당신이 원하는 것을 이해하도록 확실히 해 놓아야 하지 않을까요?

장기 요양의 돌봄과 지원

오늘날 우리 대부분은 보험의 맥락에서 '장기 요양'이라는 용어를 듣습니다. 그러나 장기 간병보험 가입 여부와 관계없이 장기 요양의 진정한 의미를 이해하는 것이 필요합니다. 일반적인 오해는 의료보험이 장기 요양을 보장해 준다는 것입니다. 그것은 사실이 아닙니다. 왜일까요? 본질적으로 요양은 '의료'가 아니기 때문입니다. 장기 요양은 17장에서 다루었던 ADL 및 IADL과 관련해 일상생활에서 노인 및 장애인을 돕기 위해 고안된 광범위한 돌봄 및 지원에 관한 것입니다.

　장애에 대한 통계와 어떤 종류의 장기 요양 필요성은 듣기 불편할 수 있습니다. 하지만 우리는 그것을 이해하고 인정해야 합니다.

65세 이상 인구의 70%는 평생 동안 어떤 형태로든 장기 요양 서비스를 이용할 가능성이 높습니다.[31] 이 통계에 당신이 포함될까요? 아무도 모릅니다. 나이에 상관없이 누구나 일시적으로 또는 영구적으로 스스로를 돌볼 수 있는 능력을 상실할 수 있고, 나이 들수록 가능성은 빠르게 증가합니다.

지난 세대까지 이러한 도전은 돌봄을 필요로 하는 이들의 가족에 의해 수용되고 관리되었습니다. 평균 수명이 짧았던 탓에, 80~90대까지 만성 질환을 앓는 사람은 거의 없었고, 장기 돌봄은 이슈가 되지 못했습니다. 사회 전체로는 문제가 작았기 때문에, 당신 가족이 노인이나 장애인을 돌보지 않는 한, 장기 요양에 대해 깊게 생각하거나 듣지 못했을 것입니다. 하지만 현재는 '3대 살인자'인 심장마비, 뇌졸중, 암에 걸리더라도 바로 죽지는 않습니다. 환자들은 계속해서 생존하며 드물게 정상적인 기능을 회복하고, 대부분은 장기간 보살핌을 필요로 하게 됩니다. 도움 없이 삶을 이어갈 수 있는 사람들도 이내 다음 건강 문제에 직면하게 됩니다. 시간의 문제일 뿐, 다른 의학적 처치나 일상생활 활동을 위해 추가적인 도움이 필요할 것입니다.

2050년까지 85세 이상 인구 비중은 3배로 증가할 것입니다. 이 통계는 우리가 다뤄야 할 또 다른 문제들을 불러옵니다. 의학은 수십 년 동안 알츠하이머와 다른 형태의 치매 발병률을 추적하고 연구해 왔습니다. 그들은 85세에 이르는 사람들의 3분의 1 가까이가 일정 수준의 치매를 경험할 것이라고 예상합니다.[32] 당신이 그 안에 포함될까요? 아무도 모릅니다.[중앙치매센터 자료에 따르면, 한국의 65세 이상 인구의 치매 유병률은 2023년 기준 약 10%이며, 남성보다 여성, 도시보다 농촌, 수도권보다 지방 유병률이 높음.]

통계는 정확합니다. 우리는 향후 수십 년 동안 최대한 윤택한 삶을 누리기 위해 이러한 수치를 고려해야 합니다. 위기가 닥치기 전에 장기 요양 계획을 정리하는 것이 최우선 과제가 되어야 합니다. 몸과 마음이 이미 병든 위기의 순간에 장기 요양 보호를 어떻게, 어디서 받을지 결정해야 하는 것은 적절치 않고, 종종 좋지 않은 결과를 낳습니다. 대안에 대해 생각할 시간이 있을 때 미리 계획하고, 조사하고, 서면으로 작성해 두면, 당신 또는 당신의 대리인이 해야 할 일은 당신이 만든 계획을 실행에 옮기는 것뿐입니다. 평생 이것이 필요하지 않다면 가장 좋겠지만요.

물론 치료가 필요할 확률을 줄이거나 적어도 치료의 필요성을 미루기 위해 할 수 있는 일이 있습니다. 신체적으로나 정신적으로 계속 활동하는 것은 건강과 체력을 유지하는데 가장 좋은 친구가 될 것입니다. 매일 20분만 꾸준히 걸어도 관절과 심장을 건강하게 유지하는데 도움이 됩니다.

새로운 것을 배우면 정신이 예리하고 활동적으로 유지됩니다. 직장에서 일하거나, 자원봉사를 하거나, 수업을 듣거나, 관심 그룹이나 독서 클럽에 가입하거나, 악기를 배우거나, 브리지 게임 또는 마작을 하거나, 새로운 취미(예를 들면 사진, 조류 관찰, 사교 댄스, 목공 등 학습이 필요한 모든 것)를 계발하십시오. 사회적 교류는 좋은 외모, 건전한 식사와 몸단장 습관을 유지하는데 도움이 됩니다.

19.

돈은 어디서 나오며
돌봄은 누가 제공할까요

"메디케이드 시스템은 사람들을 의료 요양 시설로 안내합니다. 훨씬 더 적은 비용으로, 훨씬 더 많은 사람이 지역 사회 기반 프로그램에서 돌봄을 받을 수 있습니다."

— 에드 렌들Ed Rendell, 전 펜실베니아 주지사

내일 당장 장기 요양이 필요한 경우 돈은 어디서 나오며 돌봄은 누가 제공합니까? 이것은 미래의 안녕과 평안을 보장하기 위해 우리 모두가 지금 답해야 하는 질문입니다.

장기 요양 비용은 평생 동안 다른 어떤 단일 지출보다 더 클 수 있습니다. 이러한 비용은 지역, 질환의 심각도 및 보살핌을 받는 장소에 따라 다릅니다. 무엇을 필요로 하는지에 따라, 당신의 집은 돌봄을 받기에 가장 저렴하거나 가장 비싼 장소일 수 있습니다. 의료 보험 또는 기타 보험은 일반적으로 가정 또는 시설에서 전문 간호를 보장합니다. 그러나 의료 영역 서비스가 더 이상 필요하지 않으면 일상생활 활동ADL 및 도구적 일상생활 활동IADL에 대한 후속 돌봄이 필요하고 비용이 많이 들 수 있습니다.

2012년에 비숙련 간병인이 집에 오는데 드는 전국 평균 요금은 시간당 21달러였습니다. 하루 6시간의 기본 간병을 가정하면 총액은 하루 126달러, 연간 4만 5,990달러입니다. 당신의 전반적인 생활비(식비, 주택 임대비용, 관리비, 교통비 등)에 추가되는 비용입니다. 2012년 돌봄 생활 커뮤니티의 전국 평균 월 기본 요율은 월 3,550달러 또는 연간 4만 2,600달러였습니다. 이러한 비용은 지난 몇 년 동안 계속해서 증가했으며, 물가가 비싼 도시 지역에 거주하는 경우 그 수치가 두 배로 뛰었습니다. AARP와 메트라이프 보험사 모두 웹사이트에 해당 지역의 비용을 알아보기 위한 표와 계산기가 있습니다.

다음 네 가지 방법으로 장기 요양 비용을 지불할 수 있습니다.

1. 개인 자산(저축, 주택 담보 등)

2. 보험(장기 간병, 생명 및 기타 혼합 보험)

3. 메디케이드(또는 캘리포니아주의 Medi-Cal과 같이 이에 상응하는 것)

4. 다른 가족의 자금(형제자매, 조카 등)

이 지점에서 생각해 보시죠. "의료보험은 어떻습니까?" 아니요, 의료보험은 장기 요양을 지원하지 않습니다. 의료보험 특약도 마찬가지고요. 의료보험 또는 이와 관련된 어떤 것도 장기 요양을 보장해 주지 않습니다.[33] 의료보험 웹사이트에서 직접 확인할 수 있습니다. 지금 당신은… "내 개인 건강보험은 확실히 장기 요양을 보장합니다."라고 생각할 수 있습니다. 아니오, 그렇지 않습니다. 약관을 확인하십시오. 장기 요양 보험Long-term Care Insurance, LTCI 또는 장기 요양/생명 혼합 보험만이 장기 요양을 보장하는 유일한 보험입니다. 그러나 장기 요양 보험LTCI은 비싸고 모든 사람에게 적합하지는 않습니다.

이 사실은 두렵고 우울하게 들릴 수 있습니다. 그러나 모든 것을 운에 맡기는 방법은 특히 자녀가 없는 우리에게 더욱 두렵습니다. 앞선 계획만이 당신을 가르치고, 방정식에서 많은 미지의 변수들을 제거할 수 있습니다.

장기 요양 보험

개인 재정 및 확장된 가족 상황에 따라 장기 요양 보험[한국은 국가 주도의 장기 요양 보험(65세 이상 노인성 질환자 지원)과 개인 중심의 장기 간병보험 시장으로 나뉨.]에 적합한 후보가 될 수도 있고 아닐 수도 있습니다. LTCI는 자녀가 없는 사람들을 위한 계획의 중요한 요소가 될 수 있지만, 이를 감당할 수 없거나 가입 자격이 안 되는 경우 다른 대안이 있습니다.

생명보험과 마찬가지로 LTCI를 구입하는 시기가 젊을수록 비용이 적게 듭니다. 재무설계사와의 상담은 이 투자의 가부와 시기를 결정하는데 도움이 됩니다. 당신이 LTCI에 적합하다고 생각되면 당신의 지역에서 지식이 풍부하고 독립적인 보험 모집인을 찾을 수 있습니다. LTCI 전문가는 현시점에서 가능한 대안을 알려 줄 수 있습니다.

개인 자산

일생 동안 꽤 많은 돈을 벌었거나 저축했거나 상당한 유산을 물려받았다면 당신의 장기 요양 비용을 스스로 조달할 수 있을 것입니다. 필요한 실제 금액은 당신이 살고 있거나, 거주할 계획인 국가, 지역에 따라 다릅니다. 재무설계사 또는 노인 돌봄 전문 변호사가 이러한 결정에 도움을 줄 수 있습니다. 약간의 돈을 저축했거나 상속 재산이 있더라도 소액의 장기 간병보험을 보조적으로 활용할 수 있습니다.

메디케이드

나머지 대안은 연방 및 주에서 비용을 지원하고 주가 관리하는 프로그램인 메디케이드[한국은 기초생활 수급자, 차상위자 등을 대상으로 한 의료급여 수급제도가 있음.]입니다. 각 주에는 지원 자격을 둘러싼 고유한 규정이 있습니다. 대부분의 주에서 당신의 금전적 자원이 모두 소진된 경우 지원을 받을 자격이 됩니다.

연방 정부가 프로그램에 대한 지침을 가지고 있지만 각 주마다 이를 다르게 해석합니다. 기본적으로 메디케이드 자격을 얻으려면 다음을 충족해야 합니다.

- 미국 시민권자 또는 '인정된 외국인'으로서 신청서를 제출한 주의 거주자여야 합니다.
- 생존에 필요한 몇 가지 '일상생활 활동ADL'을 수행할 수 없음을 증명하여 장기 요양의 필요성을 입증해야 합니다.
- 재산이 일정 수준 이하여야 합니다.
- 돌봄 비용을 충당하기에는 소득이 턱없이 부족해야 합니다.

대부분 주에는 보살핌이 필요하지 않은 배우자까지 가난하게 만들지 않도록 결혼한 부부를 보호하는 규정이 있습니다. 이러한 장치는 일반적으로 배우자가 현재의 집을 유지할 수 있도록 하고 일정 소득을 지원합니다. 놀로 프레스(nolo.com)는 메디케이드가 돌봄 지원 커뮤니티 또는 요양원에서 장기 요양 비용을 언제 어떻게 지불할지에 대한 자세한 정보를 책과 온라인으로 제공합니다.[34]

메디케이드에 대한 사전 계획은 제한적 상황에서 의미가 있습니다. 메디케이드 계획은 필요한 경우 메디케이드에 대한 법적 자격을 얻을 수 있도록 소득과 자산을 배치하는 것을 의미합니다. 당신은 자산을 처분하고 메디케이드 지원을 받는 극소수의 비윤리적인 부자들에 대해 들은 이야기에 근거하여 이 방법에 대해 부정적인 반응을 보일 수 있습니다. 메디케이드는 최후의 수단으로 인식되어야 합니다. 내 친구 론은 최근 이모가 메디케이드 자격을 갖추도록 도왔습니다.

누구도 원하지 않는 우리 시대 이야기

론은 재무설계사로서, 변호사는 아니지만 해당 지역의 사회 복지 담당자뿐만 아니라 부동산 변호사와 원활하게 교류하면서 그들로부터 좋은 조언을 받았습니다. 론의 이모 샤론은 가족과 소원하게 지내며 드물게 가족 행사에 나타나고 몇 년 동안은 아예 발길을 끊는 경우도 많았습니다. 그녀는 예술가이고, 결혼하거나 아이를 낳은 적도 없고, 돈을 많이 벌거나 저축한 적도 없습니다. 그녀는 65세에 조기 치매 진단을 받았습니다.

샤론의 치매는 서서히 진행되었습니다. 몇 년 동안 시카고 시내에 있는 작은 콘도미니엄에 살았는데, 거주지 내 아는 사람이 많지는 않았지만 도시에 친구가 있었습니다. 그래서 그 친구들이 샤론의 변덕스러운 사고 패턴과 행동에 대해 걱정하며 론에게 전화를 걸기 시작했을 때, 론은 경험 많은 요양보호사가 그녀를 보살피도록 했습니다. 이 방법은 약 1년 동안은 유효했지만, 이후 그녀는 두 차례에 걸쳐 차를 잃어버렸고 술을 더 많이 마시기 시작했습니다.

그 시점에서 론은 훨씬 더 많이 개입했습니다. 그는 다른 가족의 도움으로 그녀가 사전 의료지시서AHCD에 서명하도록 했고, 자신을 샤론의 건강, 재정 및 부동산에 대한 대리인으로 지정하는 위임장에 서명하도록 했습니다. 요양보호사는 누군가 샤론의 집에 상주해서 그녀를 돌보지 않으면 더 이상 안전하지 않다고 말했습니다. 그 시점에서 론은 그녀를 인지(치매) 돌봄이 있는 사설 돌봄 생활 시설의 작은 방으로 옮겼습니다.

샤론이 돌봄 생활에 정착하자 론은 그녀의 콘도를 팔았습니다. 그녀가 미술을 가르쳤던 시절의 아주 작은 연금과 콘도에서 얻은 수익으로 샤론은 거의 4년 동안 자체 자금으로 인지 돌봄 시설에서 살 수 있었습니다. 그러나 샤론은 장기 요양 보험이 없었고, 4년 후 자금이 완전히 바닥났습니다.

샤론은 현재 인지 돌봄 시설에서 일반가격 대비 저렴하게 이용할 수 있는 두 개의 방 중 하나에 입주해 있으며, 론은 샤론의 자원이 고갈되었음을 일리노이주에 증명하는 과정에 있습니다. 그렇게 하면 샤론은 일리노이주 메디케이드 프로그램의 혜택을 받을 수 있습니다. 론은 이모가 메디케이드 수혜를 받을 것이라고 확신하지만, 그렇다고 해서 샤론이 현재의 돌봄 시설에서 계속 살 수 있다는 보장은 없습니다. 대부분의 주에는 여전히 메디케이드 수혜자가 필요한 일상생활 지원을 받을 수 있는 수용시설이 없습니다. 최후의 수단은 샤론을 전문 요양 시설로 옮기는 것입니다. 그곳에서 메디케이드가 보장하는 유일한 지원인 (그녀가 필요로 하지 않는) '의료' 서비스를 받을 수 있습니다.

론의 이야기는 우리 시대를 비추고 있습니다. 연방 메디케이드 프로그램은 주에서 관리하기 때문에 내용은 주마다 다릅니다. 이런 종류의 상황은 우리 모두가 피하고 싶은 것입니다. 메디케이드 대상자가 사설 돌봄 시설 거주자에 비해 수준 이하의 보살핌을 받는다는 이야기는 불행히도 때때로 사실입니다. 그러나 장기 요양 보험에 가입할 자격이 없거나 그럴 여력이 없거나, 장기 요양 서비스를 제공받을 만큼 충분히 저축하지 못한 경우, 메디케이드 계획이 최선이 될 수 있습니다. 노인 복지 변호사나 법률 지원을 통해 더 자세히 알아볼 수 있습니다.

메디케이드 계획을 고려하고 있다면 지금 기초 작업과 조사를 하는 것이 현명할 것입니다. 생활 지원 커뮤니티와 요양원 중에는 메디케이드 수급자를 받지 않는 곳들도 일부 있습니다. 일부는 메디케이드 환자를 위해 일정 수의 침대를 먼저 할당하고 나머지는 비급여 거주자에게 할당합니다. 해당 주의 규정과 원하는 지역의 자원을 확인하는 것이 중요합니다. 일부 주거 시설이 다른 주거 시설보다 더 잘 갖춰져 있습니다. 메디케이드 대상자를 수용하는 모든 시설에 대해 '베터 비즈니스 뷰로' 평가를 확인하고 허가 기관에 문의하십시오.●

● 메디케이드에 대한 규정과 장기 요양 보험 선택지는 주마다 다르며 매년 변경됩니다. 나는 이 분야에서 자격을 갖춘 전문가가 아닙니다. 이 장의 내용이나 사례에 언급된 아이디어나 제안에 따라 행동하기 전에 전문가의 조언을 구하십시오.

20.

나 스스로를 돌볼 수 없을 때

돌봄의 폭풍우를 헤쳐나가기 위해

항해에 적합한 배를 타자

산꼭대기와 골짜기를 타고

의심의 비를 견뎌내며

희망의 항구에 닻을 내리자

거기에 가자

그리고 잃은 것과 얻은 것을 위한

새 노래를 부르자

난 가사를 쓰고, 넌 노래를 부르지

이 장은 당신 생의 가장 마지막 부분을 준비하는데 초점을 둡니다. 당신이 50대, 60대, 심지어 70대에 이 책을 읽고 있다면 이 장의 아이디어와 제안이 별로 와닿지 않을 것입니다. 하지만 통계는 거짓말을 하지 않습니다. 우리 대부분은 나이 들수록 어느 정도 도움이 필요할 것입니다. 우리의 삶을 계속해서 통제하고 싶다면 여전히 강하고 건강할 때 미래를 계획하고 필요한 결정을 해야 합니다.

말기 노년 돌봄에 대한 개인적 선호에 대한 대화는 많은 사람들에게 어려울 수 있습니다. 고객과 친구들에게 더 이상 스스로를 돌볼 수 없을 때 어디에 있고 싶은지 물으면, "날 쏴버려." "자살해야지." "어찌 되든 상관없어." 등 꽤 즉흥적인 대답을 듣습니다. 그러나 나는 당신이 결국 관심을 가질 것이고, 아무도 당신에게 총을 건네주지 않을 것이라고 단언할 수 있습니다! 할 수 있을 때 준비를 해야지 않겠습니까? 이 장은 노년을 위한 주택 선택을 더 잘 이해하고 필요한 경우 언제 어디서 돌봄을 받을지 결정하는데 도움이 될 것입니다.

가족 구성원은 종종 자신의 집에 남아 있는 연로한 친척을 위해 개인적으로 또는 재정적으로 장·단기 돌봄을 제공합니다. 가족이 제공하는 지원은 돌봄 비용면에서 가장 효율적인 방법이며, 노인이 익숙한 환경에 머물 수 있다는 추가적인 장점이 있습니다. AARP가 후원한 설문조사 「미국 2015년 돌봄」[35]에 따르면 오늘날 가족은 노령 친척을 위한 장기 돌봄의 86%를 제공합니다. 그 보살핌의 47%는 부모나 시부모에게 제공됩니다.

당신도 가족 돌봄을 받을 수 있을까요? 형제자매나 조카 또는 그들 집으로 당신이 이사하거나, 아니면 그들이 당신 집으로 이사 오는 것이 가능할까요?

위의 질문에 "예"라고 대답할 수 있다면 지금 가족 구성원과 논의를 시작하여 그들이 동의하는지 확인하는 것이 좋습니다. 당신에게 필요한 도움의 성격과 그들이 제공할 도움이 얼마나 준비되었는지, 그 수준이나 범위에 대해 반드시 논의하십시오. 그들은 신체적으로나 감정적으로 당신이 옷 입는 것을 도와주고, 약속 장소와 쇼핑 장소로 데려다주고, 당신이 직접 요리를 할 수 없다면 기꺼이 함께 식사할 준비가 되어 있을 것입니다. 하지만 목욕이나 화장실 사용과 같은 보다 개인적 활동을 도와줄 준비가 되어 있습니까? 이런 종류의 토론이 쉽지 않겠지만, 해보길 권합니다.

가족 지원을 이용할 수 없거나 가능성이 낮아 보인다면, 대안을 고민해야 합니다. 과거에는 일반 병원과 유사한 요양원 — 의료 이외의 관리 측면이나 미관에 크게 관심을 두지 않는 — 이 유일한 대안이었습니다. 다행스럽게도 현재는 몇 가지 다른 대안이 있습니다. 대체 돌봄 계획을 설계하고 가족이나 친구와 논의하는 것이 중요합니다. 왜 그럴까요? 위기 상황에서 가족 중 아무도 다른 대안이나 당신이 원하는 것을 알지 못하는 경우 가장 가까운 요양원이 기본 선택이 될 가능성이 높기 때문입니다. 미국의 요양원은 연간 5만 달러부터 시작하여 시설의 질과 당신이 거주하는 주에 따라 연간 25만 달러까지 소요될 수 있습니다.[36] 병원에서 퇴원한 후 최대 100일 동안 메디케어 및 민간 보험으로 체류 기간을 보장받을 수 있지만, 그 이후에 의료 서비스가 필요하지 않은 경우 비용이 청구됩니다. 요양원은 이 책에서 언급한 다른 대안보다 더 빠르게 자원을 고갈시킵니다.

충분한 재정 자원이 있으면, 식사 배달 서비스에서 자택에서의 상주 간호에 이르기까지 필요한 모든 수준의 돌봄을 이용할 수 있습니다. 장기 요양 보험이 있는 경우 비용의 일부 또는 대부분을 부담합니다. 개인 자원이나 장기 요양 보험이 없다면, 돌봄이 필요할 때 어디에 살고 싶은지 생각해봐야 합니다. 정부 통계에 따르면 현재 당신이 얼마나 건강하든 간에 65세 이후에는 노년의 어느 시점에 장기 요양이 필요할 확률이 70%라는 것을 기억하십시오.[37]

지금 당신은 건전한 결정을 내릴 수 있고, 고용된 도우미의 추천서를 직접 확인하거나 인터넷과 우편 사기를 피할 능력이 있을 것입니다. 그렇지만 만약 당신이 80대나 90대에 낙상이나 수술로 고통받으며 집에서 즉각적인 도움이 필요한 상황에 놓인다면, 그런 서비스를 어떻게 주관하고 관리할 것입니까? 집에 머물기로 결정했다면 서비스 심사와 돌봄 계획의 재정적 부분을 관리할 신뢰할 만한 사람 ─ 젊은 가족 구성원이나 전문 수탁자, 또는 변호사 ─ 을 미리 생각해 보기 바랍니다. 그리고 이러한 조치를 취하더라도 당신의 대리인이 할 수 있는 모든 대안이 소진되는 경우, 어느 시점에 요양원에 들어갈지 그 가능성에 대해서도 열어두어야 합니다. 따라서 자택 노후AIP 이외 다음 대안 중 일부를 적극적으로 고려하십시오.

지속 돌봄 은퇴 커뮤니티

때때로 '라이프 케어' 커뮤니티라고 불리는 CCRC는 당신의 재정 상황이 비용을 감당할 수 있을 때 정답이 될 수 있습니다. 독립생활, 돌봄 및 전문 간호를 제공하는 이 지역 커뮤니티는 삶의 마지막까지 필요한 모든 돌봄을 받을 수 있는 안정적인 거주지를 보장받고자 하는 사람들에게 탁월한 선택입니다. CCRC는 여러분이 필요로 하는 마지막 집이라는 확신을 제공합니다. 그러나 대부분의 CCRC는 신규 거주자가 입주할 때 상대적으로 건강하고 독립적으로 생활할 수 있어야 한다는 정책을 가지고 있으며, 당신은 비상시 추가 비용을 포함, 월 사용료를 계속 지불할 수 있음을 재정적으로 입증해야 합니다. 다나는 69세에 CCRC를 선택했습니다.

다나는 중서부의 화목한 가정 출신입니다. 간호사였던 어머니로부터 사람들이 질병과 부상을 극복하도록 도와준 이야기를 듣는 것을 좋아했던 그녀는 열 살 때 간호사가 되기로 결심했습니다. 그녀는 환자 한 명이 병원에서 퇴원해 '원래보다 좋은 상태'로 집으로 돌아가게 되었을 때 어머니가 얼마나 기뻐하는지 지켜보았습니다.
고등학교를 졸업한 그녀는 운명의 진로에 이르는 최단 거리를 찾아 군대를 선택했습니다. 3년 후, 다나는 베트남으로 향했습니다. 그 후 2년 동안 다나는 사이공 바로 남쪽에 있는 육군 야전병원 MASH에서 간호사로 일했습니다. 그녀는 도전적이고 끊임없이 변화하는 작업과 MASH 조직의 짜임새를 좋아했습니다. 또한 환자들이 그녀에게 보내 준 존경과 명예는 전쟁의 패배가 짙어가는 매우 힘든 시기에도 그녀를 지탱하게 해주었습니다.

그녀가 1960년대 후반 육군 의무부대에 입대할 당시 군 규정에는 복무 기간 동안 결혼을 하거나 아이를 낳을 수 없다는 내용이 있었습니다. 그건 다나에게 별문제가 되지 않았습니다. 당시 그녀는 자신의 성적 지향에 대해 고민하고 있었기 때문입니다.

베트남에서 귀국 후에도 그녀는 군대에서 보낸 나머지 26년 경력 동안 바쁘게 살았습니다. 그녀는 쉬운 임무와 많은 여가 시간이 주어진 유럽 주둔에서 멋진 경험을 즐겼습니다. 하지만 낭만적인 파트너와 지속적인 유대를 형성하기에는 너무 자주 배속이 바뀌었기에 그녀는 가벼운 관계를 유지하며 군대가 지원하는 교육에 집중했습니다.

다나는 30세가 되자 자신이 성소수자라는 것을 알았지만 동성애는 여전히 대부분의 주에서 불법이며 군 생활 규정에 어긋나기 때문에 자신의 성적 지향을 비밀로 하고, 다른 성소수자들과만 이야기했습니다. 그녀가 민간 생활을 위해 군대를 떠났을 때, 다나는 거의 50세였고 대학교수인 리타를 만났습니다. 이후 그들은 함께 살았습니다. 리타는 계속해서 가르치고 연구했으며, 다나는 60대 중반에 휴식을 취할 때까지 의료 분야에서 계속 일할 기회를 찾았습니다.

다나가 69세가 되었을 때 그녀와 리타는 CCRC로 이사했습니다. 그들은 노스 캘리포니아 채플 힐에서 많은 선택지를 점검한 후, 건강 관리에 탁월하다고 평판이 나 있고 모든 성적 취향을 수용하는 전통을 가진 곳을 선택했습니다. 처음 방문했을 때부터 경영진은 그들이 성소수자 기혼 커플이라는 사실을 알고 있었습니다. 그들은 따뜻한 환영을 받았고 즉시 집처럼 편하게 느꼈습니다.

다나는 여전히 가족과 잘 지내고 있습니다. 조카들이 그녀의 결혼식에 왔고, 그중 한 조카는 다나가 몇 년 전 무릎 수술을 받았을 때 간병을 위해 함께 있어 주었으며, 오빠와도 대화를 자주 나누는 등 가깝게 지냈습니다. 하지만 자녀가 없는 다나와 리타는 그들이 할 수 있는 최선의 방법으로 미래를 준비해야 한다는 것을 알고 있습니다. 그들에게는 개방적이고 수용적인 CCRC가 이상적인 대안이었습니다.

빈자들을 위한 무상 주택과 달리, CCRC는 돌봄과 주택에 필요한 재정 부담능력이 있는 사람들에게 더 좋은 주거 시설을 제공하고자 하는 비영리 종교 공동체에서 발전했습니다. 루터교도, 침례교도, 성공회교도, 퀘이커교도, 유대인 등 모두가 이러한 종류의 공동체를 지지했습니다. 일부는 지금도 그렇습니다. 그들은 20세기 초중반에 널리 알려졌는데, 당시 많은 종교 공동체는 교구민들이 지불할 수 있는 것 이상의 비용을 충당하기에 충분한 자금을 모았습니다.

물론 당시에 사람들은 오늘날처럼 오래 살지 않았습니다. 30년 전만 해도 대부분의 주민들은 입주 후 단지 몇 년밖에 살지 못했습니다.

오늘날의 CCRC는 단계적 시스템으로 운영되며, 거주자를 독립 수준별로 안전하게 보살필 수 있습니다. CCRC 서비스에는 일반적으로 다음이 포함됩니다.

- 식사(특별 식단이 제공되는 숙박 포함)
- 청소
- 예정된(때로는 예정되지 않은) 교통편(병원 예약, 쇼핑, 엔터테인먼트)
- 내부 및 외부에서 레크리에이션, 사교 및 교육 활동
- 몸단장 지원(미용 및 네일 케어 서비스)
- 개인 용무 지원
- 생활 지원(필요시)
- 전문 간호(필요시)

많은 CCRC가 비영리로 운영되지만 오늘날에는 영리 목적으로 설립되는 수가 증가하고 있습니다. 경제 모델과 관계없이 대부분은 다음 계약 옵션 중 하나 이상을 제공합니다.

1. **평생 돌봄 계약**에는 막대한 가입비 또는 선납 수수료와 필요한 모든 수준의 서비스에 대한 표준 월 사용료가 포함되며, 인건비와 자재 비용 상승에 연동해서 연간 수수료가 증가할 가능성이 있습니다. 평생 돌봄 계약은 자금이 소진되더라도 시설이 입주자의 남

은 생애 동안 돌봄 제공을 보장합니다. 이것은 가장 비싼 계약이며, 입회비가 높고 종종 거주자 자산의 대부분을 양도해야 합니다.

2. **선택적 계약**에는 더 높은 수준의 돌봄을 보장하는 월 사용료가 포함됩니다. 입회비와 월 요율은 평생 돌봄 계약보다 낮으며, 거주자가 추가 서비스를 필요로 할 때 서비스 메뉴처럼 별도 비용이 청구되는데 일반적 시장 가격보다는 저렴한 편입니다. 이러한 방식으로 거주자는 향후 돌봄 비용의 증가 위험을 공급자와 분담합니다.

3. **서비스별 수가제 계약**은 선택적 계약과 유사하며 필요할 때 더 높은 수준의 돌봄을 보장하지만 할인이 거의 또는 전혀 없습니다. 입소자는 향후 돌봄 비용에 대한 모든 위험을 부담하고 시장 가격으로 지불합니다.

대부분의 CCRC에서 거주자는 해당 공간을 부동산으로 구매하지 않습니다. 사망하거나 중증 관리 시설로 옮겨갈 때까지 그것을 점유할 권리만 삽니다. 그러나 거주자가 부동산 거래로 공간을 구입하도록 요구하는 CCRC도 일부 있습니다.

짐과 그의 아내 에리카는 사람들이 여유가 있을 때 CCRC를 선택하는 좋은 예를 보여줍니다.

짐과 에리카는 7년 전, 둘 다 70세 때 캘리포니아 실리콘 밸리 근처 CCRC로 이사했습니다. 그들의 동기는 두 가지였습니다. 에리카는 고혈압 합병증이 나타나기 시작했고 운전을 중단해야 했습니다. 전문 중재인으로 일해 온 짐은 노화에 관한 지역 회의에 참석하여 다양한 노인 돌봄에 대해 배웠습니다. 짐은 아내와 지역 내 커뮤니티를 알아보기 시작했습니다. 시설을 찾은 두 사람은 계약서를 쓰고 기존 주택을 매각한 후 이사했습니다.

짐과 에리카 부부는 자신들의 결정을 회고하며 이사한 것을 자축합니다. 그들은 새로운 공동체에서 사는 것을 좋아합니다. 그들은 근처의 보전 구역에서 매일 긴 산책을 합니다. 짐은 여전히 운전을 하고, 그들은 종종 옛 친구들과 함께 저녁 식사를 하거나 그들이 살던 인근 마을의 극장에 갑니다. 또한 집이나 CCRC가 주민들에게 개방하는 다이닝 룸에서 많은 여흥을 즐깁니다.

일반적으로 CCRC의 70대 중반~80대 중반 신규 입주자들은 독립생활 아파트, 듀플렉스 또는 소규모 단독 주택(비용은 공간 크기에 따라 다름)에서 시작하여 최대한 오래 계속 거주합니다. CCRC 계약에는 새 거주자의 도착 시 독립생활 수준과 관계없이 하루에 한두 끼의 식사가 포함되는 것이 보통입니다. 거주자가 일상생활에 도움이 필요하게 되면, 그들은 자신의 집 또는 돌봄 생활 맞춤형 시설의 별도 공간에서 직원의 돌봄을 받습니다. 돌봄 수준을 넘어 중증인 경우 전문 간호 병동으로 옮겨집니다. 다시 독립적으로 생활할 수 있을 때까지 또는 생의 마지막 날까지….

당신의 미래에 CCRC가 있을 것이라고 판단되면, 생각하고 있는 시설에 대해 알아보십시오. 요양원과 마찬가지로 연방 정부는 이러한 시설에 대한 감독을 주 정부에 위임했으므로, 첫 번째 조사는 이러한 종류의 비즈니스에 대한 주의 규정 및 관리 체계가 되어야 합니다. 요양원 개혁을 위한 캘리포니아 지지자 모임(CANHR.org)은 캘리포니아 비거주자에게도 훌륭한 정보 소스입니다. 다운로드 가능한 간행물 『캘리포니아의 CCRC: 어디가 좋을까?』는 이 사이트의 자료 섹션에서 찾을 수 있습니다.[38]

관심 있는 CCRC를 찾으면 변호사와 재무설계사가 당신 계약을 검토하도록 하고, 다음 사항도 살펴봐야 합니다.

- 월 비용에 포함되는 서비스
- 요금 인상 조항
- 자금이 바닥난 주민들을 돕기 위한 재원(만약 있다면)
- 환불 정책 유무
- 자발적 및 비자발적 퇴소 조항

계약 외에도 당신과 당신의 전문 조언자는 커뮤니티의 정책 및 실적을 체크해야 합니다. 수수료 인상 내역은? 독립생활 커뮤니티(예: Hyatt Corp.)와 더 높은 수준의 돌봄을 제공하는 커뮤니티(예: Sunrise Senior Living)를 모두 운영하면서 그들이 내세울 수 있는 경험은? 현재 입주율은? 재정 상태는? 예비 기금의 건전성은? 그들은 기꺼이 당신에게 알려줄 것입니다. '베터 비즈니스 뷰로'에 올라온 불만 사항이 있습니까? 가족 또는 이전 거주자와 진행 중인 소송이 있습니까? CANHR 웹사이트 외에도 2013년 엘레노어는 CCRC 평가 및 선택에 관한 탁월하고 자세한 기사를 썼습니다.[39]

CCRC는 은퇴 생활을 위한 가치사슬의 최상위에 있으며, 이는 가장 비싼 대안임을 의미합니다. 그러나 현재 특히 중서부, 남부 및 대서양 중부 지역에서 더 보급형인 커뮤니티가 운영되고 있으므로, 노년을 위한 저축이 많지 않더라도 CCRC 또는 유사한 유형의 커뮤니티는 당신에게 여전히 가능합니다. 너무 자주 바뀌기 때문에 월 비용과 매입 비용을 따로 다루지는 않겠습니다. 그러나 비싼 지역의 비용이 얼마인지 가늠해보자면, 캘리포니아 CCRCs의 2016년 매입 비용은 약 20만 달러에서 시작하여 고급 부동산의 경우 100만 달러가 훨씬 넘었습니다. 대부분의 사람들은 집을 팔고 축적한 자산을 이곳 부동산 매입에 사용합니다. 그러므로 월 비용은 소득과 준비금(저축 및 투자)에서 나와야 합니다. 월 비용은 매월 2,500달러(독립적 수준)에서 거주자가 완전한 간호를 필요로 할 때 8,000달러를 넘을 수도 있지만, 체결된 계약의 종류에 따라 달라집니다.

온라인 조사에 더해 원하는 지역에 있는 CCRC 중 하나(또는 그 이상)를 방문해 보세요. 주민들은 물론 직원들과 이야기를 나누고, 시설에 대한 감을 잡을 수 있게 허락된 범위에서 최대한 시설을 둘러보는 것이 좋습니다. 사람들이 행복해 보이나요? 입주자들은 서로 그리고 직원들과도 교류하고 있습니까? 주변에서 긍정적인 활동이 일어나고 있다는 증거가 보이나요? 직원들이 주민들에게 정중하게 이야기합니까? 질문을 하는 것 외에도 장소에 대한 '직감'을 얻으십시오.

지역 CCRC에 대해 자세히 알아보려면 AARP 웹사이트(AARP.org/home-family/caregiving)에서 돌봄 리소스 센터를 확인하십시오.

빠르게 성장하는 요양원

요양원은 지난 20년 동안 연로한 부모를 돌봐야 했던 사람들에게 잘 알려져 있습니다. 오늘날 요양원은 가장 빠르게 성장하는 유형의 시설입니다. 그들은 지속적인 의료 서비스가 필요하지 않지만 일부 일상생활 활동ADLs에 도움이 필요한 많은 노인들의 니즈를 충족합니다. 그러나 요양원이라는 개념은 비교적 새로운 것입니다. 의심할 여지없이 첨단약으로 생명은 구했지만, 스스로 일상생활의 모든 요구 사항을 관리할 수 없는 사람들의 수가 증가하면서 등장한 개념입니다.

미국 요양원 협회(Assisted Living Federation of America, ALFA, 현재는 Argentum으로 재명명, argentum.org)는 요양원을 '일상생활에서의 도움 수요 — 일상적 또는 비일상적인 것 모두 — 에 부응하기 위해, 주거, 개인 맞춤형 지원 서비스 및 건강(의료 아님) 돌봄을 결합한 것'으로 정의하고 있습니다. 요양원 거주자는 일반적으로 70대 후반, 80대, 90대입니다. 일부 요양원은 인지 기능 돌봄(알츠하이머병 및 기타 형태의 치매) 허가를 받았지만 그렇지 않은 곳도 있습니다. 그러나 인지 기능 돌봄은 가장 빠르게 증가하는 요구 사항 중 하나이며, 대부분의 요양원은 이 진단을 받은 거주자를 위해 훈련 및 허가를 취득하는 과정에 있습니다.

많은 요양원은 현재 예비 거주자에게 '독립생활' 가능 수준 (CCRC와 유사)에서 이사할 수 있는 기회를 제공하며 필요할 때 돌봄 수준을 높입니다. 요양원별로 제공하는 서비스 범위가 다소 다르지만 일반적으로 다음과 같습니다.

- 청소 및 정리정돈
- 교통
- 식사, 목욕, 착의/탈의, 화장실 사용, 걷기
- 건강 및 의료 서비스 이용
- 인지 돌봄(인증을 받은 경우)
- 24시간 보안
- 비상 호출 서비스
- 투약 관리
- 세탁
- 친목 및 레크리에이션 서비스

돌봄 서비스는 개인 자금으로 제공됩니다. 메디케어는 의료 서비스가 아닌 돌봄 서비스를 보장하지 않습니다. 젠워스 파이낸셜 Genworth Financial의 국가 요양 비용 조사에 따르면 2014년 요양원의 침실 1개 단위 월 평균비용은 3,500달러,[40] 연간 4만 2,000달러였습니다. 비용은 시설의 위치에 따라 다르며 대부분의 주거 대안과 마찬가지로 대지의 가치, 인력 수준 및 프로그램이 제공하는 서비스에 따라 달라집니다.

오늘날 전국적으로 4만여 개의 요양원에서 100만 명 이상의 미국인이 살고 있습니다. 해당 지역의 요양원을 탐색하려면 Argentum (이전 ALFA)에 제공하는 훌륭한 소비자 체크 리스트를 참고하세

제도적 느낌이 적은 돌봄 가정

이들은 개인 주택, 일반적으로 주택 소유자가 유급 직원과 함께 어떤 장애가 있거나 ADL 도움이 필요한 개인을 돌보는 개조된 주택입니다. 종종 비용면에서 저렴하고, 잘 운영되는 돌봄 가정은, 도움은 필요하지만 대규모 단체 돌봄 시설에 끌리지 않는 사람들에게 좋은 대안이 될 수 있습니다.

　돌봄 가정은 대부분의 보조 생활 시설보다 제도적 느낌이 훨씬 적고 비용이 쌉니다. 이곳은 요양원보다 훨씬 비용이 덜 듭니다. 그들은 안전하고 지원적인 환경을 제공하지만 방문 간호사 외의 의료 서비스는 거의 없습니다. 일부 돌봄 가정은 허가를 받은 경우 알츠하이머나 파킨슨병과 같은 인지 장애 돌봄을 전문으로 합니다. 어떤 곳은 프라이버시가 부족하기 때문에 남성 또는 여성만 수용할 수 있습니다. 다른 곳은 도움이 필요한 일반인들에게 서비스를 제공합니다. 기혼자라면 부부가 함께 지낼 수 있는지 문의하십시오.

　돌봄 가정은 연방 정부 또는 대부분의 주에서 규제하지 않지만 많은 주에서 자체 면허 요건은 유지하고 있습니다. 이러한 관리 부족으로 인해 평판을 확인하는 것이 더욱 중요합니다. 향후 필요에 적합한 곳을 찾으면 참고인을 요청하고 그들에게 전화하십시오. 그곳에 살거나 살았던 사람의 아들이나 딸과 이야기해 보십시오. 얼마나 자주 방문했는지, 부모님이 문제가 없었는지, 방문하는 동안 얼마나 행복해 보였는지 물어보세요. 또한 시설에 불만이 있는지 알아보려면 해당 시설의 주 감독 기관에 확인해볼 수도 있습니다. 하루 중 다양한 시간에 예고 없이 방문하면 예정된 방문자가 없을 때 무슨 일이 일어나고 있는지 알 수 있습니다. 거주자의 모습, 무엇을 하고 있는지, 특정 시간에 근무하는 직원 수 등에 대한 생생한 정보를 얻을 수 있습니다.

돌봄 가정은 서비스 표준 계약을 사용하며 변호사에게 같이 검토해줄 것을 요청하는 것이 좋습니다. 돌봄 생활 커뮤니티와 마찬가지로 돌봄 가정은 개인 자금 또는 장기 요양 보험을 통해 비용을 지불합니다. 메디케어는 이를 보장하지 않습니다. 당신이 받게 될 돌봄에 대한 다양한 지불 옵션에 대해 그들과 논의하십시오.

아이가 없고 독립적인 60대지만 여전히 건강한 당신은 요양 시설을 조사하고 경영진을 인터뷰하는 것이 너무 일찍 설치는 것이라고 생각할 수 있습니다. 하지만 언제 필요할지 알 수 없습니다. 또한 특정 돌봄 지원 커뮤니티나 돌봄 가정이 필요할 때 당신에게 공간을 제공한다는 보장도 없습니다.

전문 요양 시설 또는 요양 병원

질병통제국CDC에 따르면 65세 이상 노인 중 140만 명이 넘는 사람들이 요양 병원에 살고 있습니다.[42] 요양 병원(전문 요양 시설이라고도 함)은 다른 어떤 종류의 장기 요양 시설보다 오래되었기 때문에 우리 대부분에게 친숙합니다. 오랜 기간 요양 병원에 살았던 조부모님이 있는 경우들도 많을 것입니다. 그 세대에는 돌봄 생활 커뮤니티나 CCRC와 같은 선택권이 없었습니다.

요양 병원은 장기간 돌봄의 연속체에서 중요한 연결 고리입니다. 그들은 24시간 의료 서비스와 돌봄을 제공할 수 있는, 허가를 받은 유일한 시설입니다. 어떤 사람들은 오랫동안 그러한 수준의 보살핌을 필요로 합니다. 대부분의 요양 병원은 이제 '재활 시설'로도 사용됩니다. 노년층 거주자와 함께 고관절 치환술이나 허리 수술 등의 시술을 받고 잠시 머무르는 중년, 심지어 젊은 사람들도 가끔 볼 수 있습니다. 그러나 유감스럽게도 대부분의 노인 요양 병원 거주자는 지속적으로 의료 수준의 보살핌이 필요하지 않을 경우에도, 계속 그곳에 있습니다.

요양 병원은 값비싼 인력과 장비가 동원되는, 지속적인 의료 서비스가 필요한 사람들을 위해 설계되었기 때문에 매우 비쌉니다. 쇠약하거나, 심각한 만성 장애가 있거나, 중증 치매가 있는 사람도 그런 수준의 치료가 거의 필요하지 않습니다. 그들은 ADL의 일부 또는 전부를 받을 수 있는 안전한 돌봄 장소가 필요합니다. 잘 훈련된 요양보호사는 CCRC, 돌봄 생활 지원 커뮤니티, 돌봄 가정에서 이러한 업무를 수행할 수 있습니다. 24시간 진료가 필요하지 않은 사람을 요양 병원에 보내는 것은 큰 망치로 벼룩을 잡는 것과 같습니다. 불필요한 낭비입니다.

부실한 계획과 자금 부족 때문에 오늘날 많은 쇠약한 노인들이 여전히 요양 병원에 있습니다. 때로는 수년 동안 말입니다. 의사의 재량으로 의료보험은 일정 기간 요양 병원 치료 비용을 부담하며, 사용 가능한 다른 자금이 없고 의료보험이 소진되면 메디케이드가 역할을 이어받습니다. 요양 병원 수준의 케어가 오랫동안 필요한 사람은 거의 없지만 불행히도 재정 자원이 제한된 사람들에게는 기본 선택이 되었습니다.

계획을 잘 세우면 누구나 값비싼 요양 병원에서의 장기 감금을 피할 수 있습니다. 그러나 특히 독신인 경우 단기 재활을 위한 장소가 여전히 필요하거나, 더 높은 수준의 치료가 필요한 의학적 문제가 생길 수 있습니다. 그러므로 해당 지역의 전문 간호 및 재활 시설을 확인하는 것이 현명한 길입니다.

작년에 한 친구가 한밤중에 개를 쫓다가 넘어져서 다리가 심하게 부러졌습니다. 그녀는 수술을 받았고 광범위한 물리 치료를 위해 2주 동안 재활 시설에 입원하라는 지시를 받았습니다. 대부분의 건강한 62세 노인처럼 그녀는 재활 병원과 요양 병원에 대해 아무것도 몰랐습니다. 다행히 나는 최근에 지역 내 꽤 많은 요양 병원(대부분 재활 병원을 겸함)을 방문했기 때문에 그녀의 필요에 가장 잘 맞고 좋은 치료가 가능한 곳으로 안내할 수 있었습니다. 내 주변의 가용자원에 대해 미리 알아두는 것은 당신이나 친구에게 필요가 생길 때 매우 유용할 것입니다.

다른 거주 커뮤니티와 마찬가지로 요양 병원은 품질과 느낌이 다양합니다. 몇 곳을 방문하십시오. 운영자들과 대화해 보십시오. 주위를 둘러보고 주민들이 어떤 대우를 받고 있는지 파악하십시오. 전문 간호와 요양 병원의 허가 및 운영 방법에 대한 더 나은 이해를 위해, 전체적으로 요양 병원을 매우 긍정적인 시각으로 묘사하고 있지만, 동시에 요양 병원에 대한 신화를 폭로하는 미국 건강 관리 협회 웹사이트(American Health Care Association, ahca.org)를 방문해 보십시오.

요양 병원에 대한 마지막 메모: 다행스럽게도 우리는 요양 병원을 설립하고 관리하는 방식에서 조용한 혁명의 단서를 보기 시작했습니다. 1990대 초기에, 의사인 빌 토마스는 그의 아내 주드와 함께 '에덴동산의 대안The Eden Alternative'을 설립했습니다. 토마스 박사는 전통적인 요양 병원보다 더 사생활이 보호되고 자신의 삶을 더 잘 통제할 수 있는 환경을 만들고 싶었습니다. 토마스 박사 부부는 입주민들이 개인 방과 욕실을 갖추고, 자유롭게 돌아다니며 다른 주민들과 교류하고 식사 준비와 식물과 반려동물 돌보기에 참여하는, 더 작고 가정과 같은 시설을 개발하기 시작했습니다. 그들은 그것을 '그린 하우스'라고 불렀습니다.

토마스의 첫 번째 그린 하우스 요양 병원은 거의 모든 기준에서 매우 성공적이었습니다. 거주자들은 더 행복해졌고, 더 오래 살게 되었으며, 직원들은 환자들과 더 많은 관계를 맺게 되었고, 이직률은 크게 감소했습니다. 2003년 성공에 이어 빌과 주드는 소수의 재단과 함께 그린 하우스 프로젝트를 시작했습니다. 오늘날 27개 주에서 운영 중이거나 개발 중인 수백 개의 그린 하우스 요양 병원이 있습니다.[43]

다시 말하지만, 현재 당신이 건강하다면 다양한 주거 시설에 관한 이러한 정보가 자신과 무관하게 느껴질 수 있습니다. 그러나 당신이 튼튼하고 움직일 수 있을 때, 숙제를 해결하십시오. 근처의 돌봄 생활 커뮤니티, 양로원, 전문 요양 시설을 방문하십시오. 이러한 시설 중 한 곳도 가본 적이 없다면 처음에는 망설이게 될 것입니다. 그들의 서비스는 구체적이고 결국 당신이 의존하게 될 도움을 제공합니다. 경영, 마케팅 임원들과 대화하고 질문을 던져 보십시오. 현재 비용을 알아보고 당신이 감당하기에 가장 적합한 예산을 결정하십시오.

이러한 시설 방문 시 해야 할 중요한 질문은 "서비스 부족을 해결하기 위해 거주자의 가족에게 얼마나 많이 의존합니까?"입니다. 다음은 당신이 해야 할 구체적인 질문들입니다.

- 입주자들은 어떻게 진료 예약을 합니까?
- 약은 어떻게 구하나요?
- 필요시 입주자들의 쇼핑에 누가 동행하나요?
- 입주자의 청구서 및 기타 비용은 일반적으로 누가 지불합니

까?

- 입주자가 육체적 또는 정서적 고통이 없는지 누가 관찰합니까?
- 입주자가 제대로 된 식사를 하도록 누가 관리합니까?

이러한 시설 중 다수는 위 항목의 서비스 질 저하를 메꾸기 위해 입주자 가족들에게 많이, 지속적으로 의존합니다. 지불할 가족이 주변에 없을 수 있으므로 입주자의 요구를 충족하기 위해 외부인에게 덜 의존하는 시설을 찾는 것이 중요합니다.

이러한 커뮤니티가 매일 어떻게 운영되는지 진심으로 이해하고 싶습니까? 한 곳을 정해 자원봉사를 해보세요. 그들이 일하는 방식, 하는 일, 주민들을 대하는 방식을 이해하는데 이보다 더 좋은 방법은 없습니다. 이러한 비즈니스를 이해하기 위해 추가적인 노력을 기울일 의향이 있다면, 그들에 대한 새롭고 차별화된 인식을 갖게 될 것이며, 중요한 고려 사항별로 각 시설을 더 잘 평가할 수 있게 될 것입니다.

21.

돌봄을 준비하고 문서로 정리하기

"준비에 실패함으로써 당신은 실패를 준비하고 있는 것입니다."

— 벤자민 프랭클린Benjamin Franklin

주택, 돌봄, 재정을 다룬 장에서 설명한 모든 것 또는 대부분에 관해 결정을 내린 후에는 그 결정을 서면으로 작성하고 사랑하는 사람에게도 자신의 뜻을 알리고 싶을 것입니다. 이 문서 작업과 토론에는 삶과 죽음에 대한 불편한 진실에 직면하는 것이 포함됩니다.

나는 서른여덟 살에 아버지를 여의었습니다. 아버지가 "일주일 동안 호스피스 치료를 받은 후 고통 없이 사랑하는 사람들에게 둘러싸여 집에서 영원히 잠드셨습니다"라고 말하고 싶지만, 사실은 그렇지 못했습니다. 아버지는 심장 판막 이식 수술을 받은 지 1년 후, 양쪽 신부전이 발생하자 구급차로 병원으로 이송되었습니다. 상태를 파악하기도 전에 급히 응급 수술에 들어갔고, 수술이 끝날 때까지 오빠도 나도 병원에 갈 수 없었습니다. 아버지는 인공호흡기, 비위관, 셀 수 있는 것보다 더 많은 정맥주사를 꽂고 있었습니다. 악몽은 3주 동안 지속됐습니다.

아버지는 1988년에 돌아가셨습니다. 아버지가 돌아가시면 어떻게 해야 할지 알고 있었지만, 그 당시에는 어떻게 하면 그 마지막 날을 더 쉽게 보낼 수 있을지는 알지 못했습니다.

그 당시에도 우리 심장을 뛰게 하고 우리 몸에 영양과 수분을 공급할 수 있는 많은 기술이 있었지만, 기계에 연결된 병원 중환자실에서 아버지의 삶을 끝내고 싶지 않다는 것을 의사에게 알릴 방법을 아는 사람은 거의 없었습니다. 고맙게도 오늘날 우리는 그러한 선택을 미리 하고, 그것을 우리 삶의 주요 인물들과 공유할 수 있습니다.

당신의 가치관과 소망에 부합하는 방식으로 인생을 마무리할 수 있도록, 이 부분의 사전 계획에서 고려해야 할 문서를 검토해봅시다. 유산의 규모에 따라 모든 항목이 필요하지 않을 수도 있지만, 희망 사항을 이행하려면 일부 항목이 중요합니다. 변호사는 이런 문제에 대해 조언해 줄 수 있는 가장 잘 훈련된 사람입니다.

예전에는 주로 상속변호사들에게 유언 작성과 신탁, 사후 재산 처분에 대한 도움을 받았습니다. 오늘날에는 우리가 어떻게 살고 싶은지 미리 문서로 남길 수 있습니다.

자녀가 없는 사람들에게 중요한 물음은 "내가 정신적, 육체적으로 자신을 위한 결정을 내릴 수 없는 상태가 되면 어떡하지?"라는 것입니다. 오늘날 상속변호사, 노인 전문 변호사 등은 모두 당신의 자산을 보전하고 병원과 금융기관들에게 당신의 처분 사항을 알리는 법적 문서를 작성하는데 도움을 줍니다. 그들은 당신의 장기 돌봄 목표와 재정 상황을 반영하고, 주 제도에 부합하는 장기 요양 계획을 수립하는데 필요한 지식과 경험을 보유하고 있습니다.

핵심 문서 목록은 다음과 같습니다.

- 사전 의료지시서 또는 돌봄 위임장(여전히 몇몇 주에서는 '생전 유언'이라 칭함)
- 재정 관리 위임장
- 유언장

당신의 재정, 결혼 유무, 가족 상황에 따라 생전 신탁Living Trust을 작성하는 것이 좋을 수도 있습니다. 변호사가 당신의 신탁을 '취소 가능' 또는 '취소 불가능' 중 무엇으로 해야 할지 알려줄 것입니다. 이 신탁문서를 작성할 당시 당신의 나이와 건강 상태에 따라 방향이 정해질 것입니다. 일단 서명하면 모든 문서는 법적 효력과 구속력을 가집니다. 그러나 이 문서들을 사랑하는 가족들과 변호사와 함께 매

5년, 또는 그 비슷한 간격으로 재검토하는 것이 필수입니다. 개인이 처한 상황이나 법이 바뀔 수 있기 때문입니다.

이러한 문서를 작성하기 위해서는 많은 결정이 필요하고, 당신이 스스로 결정을 내릴 수 없는 신체적·정신적 상태일 때 누가 당신을 대신할지 결정하려면 당신 주변의 지원 자원을 꼼꼼히 챙겨 봐야 합니다.

사전 의료지시서

이전에 '생전 유서'라고 불렸던 AHCD(사전 의료지시서) [한국은 사전 연명의료 의향서 제도가 있으며, 19세 이상 성인이 정부 지정 병원을 방문하여 작성할 수 있음. 국립연명의료관리기관(www.lst.go.kr) 홈페이지 참조.]는 대부분의 주에서 당신의 '대리인'이 당신의 희망에 따라 행동하도록 강제하는, 법적 구속력이 있는 문서입니다. 주마다 이 문서에 대한 해석이 다르므로, 당신이 거주하는 주의 조건을 이해하는 것이 중요합니다. 당신의 지역 법령과 관계없이 AHCD는 당신이 임종 시 또는 당신의 생애 중 일정 기간 심각한 장애가 있고 의사소통을 할 수 없는 경우, 당신이 원하는 것을 명확히 할 수 있는 기회를 제공합니다.

죽음에 이르기 전, 움직이거나 말을 할 수 없는 것은 나의 아버지가 예견한 미래의 일부가 아니었습니다. 아버지가 3주 동안 각종 기계에 묶여 자신을 돌봐 주는 사람들에게 가장 사소한 의사 표현도 할 수 없고, 곁에 무기력하게 서 있는 사람들에게 작별 인사도 할 수 없다는 것을 사전에 알았다면, 나는 아버지의 마지막이 달랐을 것이라고 확신합니다. 오늘날 AHCD를 활용하여 유사한 상황에서 더 나은 결정을 할 수 있습니다.

대리인으로 지정한 사람과 AHCD에 대해 논의하십시오. 대리인은 상황이 악화되고 스트레스가 많을 때 당신이 원하는 것을 추측해야 하는 것보다 지금 당신의 의향을 아는 것이 훨씬 더 편할 것입니다. AHCD를 작성할 때 다음에 사항에 대해 구체적인 결정을 내리게 됩니다.

개인 관리:

- 사회적 교류 – 누구와 얼마나 자주 교류하십니까?
- 생활 조건 – 돌봄을 받고 싶은 곳은?
- 종교적 또는 영적 활동 – 성직자 또는 종교계의 다른 사람들의 방문이나 사역을 원하십니까?

당신의 건강/완화 치료:

- 통증 완화의 정도 – 통증 완화(생명을 단축시킬 수 있음)와 명료하게 의사소통할 수 있는 능력 사이에 어떤 종류의 균형을 원하십니까?
- 수분과 영양 공급의 지속 또는 중단?
- 임종 대안(생명 유지 조치 및 약물, 장기 기증)?

이 문서를 당신의 대리인, 주치의 또는 의료진과 공유하는 것이 중요합니다. 문서에 이름을 올린 모든 사람이 자신이 대리인으로 지명되었다는 것을 알고 있는지, 그리고 문서 사본을 가지고 있는지 확인하십시오.

재정 위임장

재정에 대한 위임POA은 당신이 의사 결정을 할 수 없게 되었을 때 당신을 대신하여 당신의 재정을 관리하도록 다른 사람('대리인' 또는 '대리 위임인'이라고 함)을 세우는 간단하고 신뢰할 수 있는 방법입니다.[한국은 성년후견제도를 통해 무능력 또는 능력 제한 상황이 되었을 경우, 가정법원의 성년후견심판을 통해 후견인을 지정할 수 있음.] 배우자는 일반적으로 상속 계획 중에 서로의 이름을 지정하므로 갑작스러운 무능력 상황에서 신속하게 조치를 취할 수 있습니다. 어떤 사람들은 POA를 활용하여 배우자가 멀리 있을 경우 문서에 자신이 서명할 수 있도록 합니다. 그러나 POA에서는 당신이 원하는 사람의 이름을 지정할 수 있습니다. 대리인이 배우자나 친척일 필요는 없습니다.

　POA를 작성할 때 변호사는 대부분의 주에서 '지속 가능한' 위임장Durable POA을 만들도록 조언할 것입니다. 왜냐하면 대부분의 주에서 비지속 POA는 당신이 불능 상태가 되면 바로 무효화되어, 정작 당신이 필요로 하는 바로 그때 그것을 쓸모없게 만들 것입니다!

　지속 위임장은 '즉시 발동' 되거나 '발효'될 수 있습니다. '발효springing'라는 용어는 사용자가 정의한 기준에 따라 지정된 시점에서 효과가 발생함을 의미합니다. 기혼자라면 즉시 효력이 발생하는 DPOA를 선택할 수 있습니다. 따라서 때가 되면 당신의 배우자(대리인 자격)는 어떤 업무 처리가 필요하더라도 실행에 지연이 발생하지 않을 것입니다. 어떤 경우라도, 당신에게 맞는 최선의 이익을 대변할 수 있는, 재정에 정통하고 신뢰할 수 있는 대리인을 지명하십시오.

누군가를 대리인으로 지명하면 그들은 당신의 모든 금융 거래를 처리할 수 있는 광범위한 권한을 갖게 됩니다. 그러나 당신이 대리인에게 부여하는 거래의 종류를 특정함으로써 그들의 권한을 제한할 수 있습니다. 다음은 재정 대리인이 갖는 권한의 대표적인 항목입니다.

- 현재 자산(또는 앞으로 발생할)을 사용하여 비용 지불
- 주택 담보 대출 이자, 세금 및 기타 필요한 비용을 지불하여 부동산 관리
- 비용을 충당하기 위해 부동산 매각 또는 관리
- 미리 개설해 둔 신탁으로 자산 양도
- 당신을 대리하여 사회보장, 의료보험 또는 기타 정부 혜택 수령
- 은퇴 계좌 관리 및 자금 투자
- 당신을 위한 보험 증권 및 연금 가입 및 해지
- 사업 운영
- 법정에서 당신을 대리할 변호사 고용
- 세금 납부

- 애완동물 돌보기

대리인은 당신에게 맞는 최선의 이익을 위해 행동하고, 정확한 기록을 유지하며 당신의 재산을 자신의 재산과 분리해야 합니다.

철회를 통해 언제든지 POA를 종료할 수 있습니다. 대리인이 배우자인 경우 POA는 이혼 시 자동으로 종료됩니다. POA는 당신이 사망하면 종료되므로 당신이 사망한 후에도 당신의 대리인이 당신의 재정 문제를 계속 처리하기를 원하면 대리인을 유언 집행자로 지정해야 합니다.

노화의 초기 단계에 있고 건강하다면 사전 의료지시서 및 POA에 한 명 또는 복수의 대리인을 지정하는 것을 고려하십시오. 필요한 순간에 여러 가지 사정으로 첫 번째 대리인이 제 역할을 하지 못할 수 있습니다. 문서에 대리인으로 이름을 올릴 수 있는 사람의 수에는 제한이 없지만, 그들이 당신을 위해 개입하기를 원하는 순서대로 나열해야 합니다.

유언장

유언장[한국에서 유언장의 형식은 다섯 가지가 있으며 가장 대표적인 자필 유언장의 법적 효력은 민법 제1060조에 정한 요건(자필 전문, 주소, 성명, 날인)이 충족되어야 함.]에는 당신이 사망한 후 당신의 재산을 처분하는 지침이 나와 있습니다. 유언장에서 유언 집행인(당신의 유언을 이행할 책임이 있는 사람)을 지명할 수 있습니다. 궁극적으로 법원은 당신이 원하는 대로 유언이 이루어지도록 할 책임이 있습니다. 유언장을 작성할 때는 '건강한 마음'을 가져야 하므로 변호사들은 젊은 나이에 유언장을 작성할 것을 권합니다. 정신 기능이 온전하다면 언제든지 원하는 횟수만큼 유언장을 수정할 수 있습니다.

당신이 다음에 나오는 신탁을 만들지 않고 단지 유언만을 남기면, 당신의 사망 시 재산은 '유언 검인[유언의 사실 유무를 검사하여 인정하는 법정의 행위.]'됩니다. 일부 주에서는 유언 검인에 비용이 많이 들고 시간이 많이 소요되는 법적 절차가 될 수 있으며, 이 경우 지정 또는 임명된 변호사가 법원에서 유언이 유효함을 증명해야 합니다. 유언 검인 후에 재산 목록이 작성되고 평가되며, 부채와 세금이 지불되고, 나머지 재산은 유언에 따라 또는 유언장이 없는 경우 주법에 따라 분배됩니다. 유언 검인에 소요되는 변호사 비용, 유언 집행인 비용 및 모든 법정 수수료는 상속인에게 분배되기 전에 유산에서 공제됩니다.

취소 가능 신탁

당신의 재산이 '검인'되는 것을 피하려면 신탁[한국의 경우 위탁자(관리 사무를 위임하는 사람)에게 신탁계약취소권이 유보되어 있으면 '취소 가능 신탁,' 없으면 '취소 불가능 신탁'임.]을 만들어야 합니다. 유언 검인이 비용과 시간이 많이 걸리는 절차인 주에서는 많은 사람들이 유언 검인 비용과 지연을 피하기 위한 목적으로 신탁을 합니다. 검인을 피하고 비용을 줄이는 것 외에도 신탁은 재정 문제를 사적 영역으로 보호하고(유언장은 공개 기록이 됨) 관리를 훨씬 더 간단하게 만듭니다. 주마다 개인의 사망 후 법적 처리 절차를 달리하고 있습니다. 따라서 신탁 분야에 대해 더 깊이 파고들지는 않겠지만 시스템이 어떻게 작동하는지 알아보고 당신에게 필요한 것이 무엇인지 결정하기 위해 당신의 주에서 약간의 조사를 해야 합니다.

캘리포니아 산타로사의 변호사이자 친구인 매기 브라더스는 다음 차트를 개발했으며 이 책에 수록하는 것을 제안했습니다. 유산 및 노인 의료 계획 관련 법률 용어를 이해하는데 도움이 될 수 있습니다. 그러나 현행 캘리포니아 법에 묶여 있음을 명심하십시오. 당신의 주 법령에서는 다소 다른 문구를 사용할 수 있습니다.

유산 계획: 누가 언제 무엇을 합니까?				
	신탁	유언	재정/개인사 관리 지속 대리인	사전 의료지시서
대리인의 타이틀	수탁자, 공동 수탁자, 상속 수탁자	개인 대리인 또는 재정관(통상 "집행인")	대리 위임인	대리인
역할	당신 생전 또는 사후에 신탁자산을 수탁자 이익에 맞게 관리	유언 관리: 사후 당신의 이익을 대변	생전에 불능 상태일 경우에만(당신이 즉시 발효를 승인하지 않은 경우) 당신의 개인사(청구서 지불 등) 처리를 위해 당신을 대신함	불능인 경우 의료 결정을 대신함(당신이 즉시 발효를 승인하지 않은 경우)
대리인 역할 시기	생전 및 사후	사후에만	생전에만	대부분 생전

대리인의 권한 범위 (예시일 뿐임)	신탁에 포함된 모든 자산	유언장에 특정된, 당신 이름으로 된 모든 자산 사망 보험금(예: 은퇴설계 보험) 수혜자 미지정 또는 공동소유가 아닌 자산 세금 환급 신청 및 납부 최종 비용의 처리 당신과 당신 자산에 대해 제기된 소송에서 당신의 이익을 대리함	당신 이름으로 된 자산(예: 보통예금통장) 퇴직금 계좌, 퇴직연금 등 급여 사회보장 또는 정부 혜택 세금 환급 신청 계약 체결 개인 소송의 대리	의료적 처치나 서비스에 대한 동의/부동의 동의 철회 의료진 선택 의료정보의 공개 동의 입·퇴원 서류 서명 사후 처분품에 대한 관리

이 책을 쓰는 동안 내 친구 리타는 당신이 없을 때 당신의 대리인, 수탁자 및 집행자에게 중요한 것이 무엇인지에 대한 몇 가지 추가 교훈을 주었습니다.

자녀가 없는 여성인 리타와 로니는 수년 동안 서로를 알고 있었으며 서로를 절대적으로 사랑하고 신뢰했습니다. 리타는 재혼하여 로니로부터 북쪽으로 240킬로미터 떨어진 곳으로 이사했지만, 가능한 한 서로의 집을 방문하고 연락을 유지했습니다. 둘 다 60대 초반이었을 때, 로니는 리타를 AHCD의 유일한 대리인, 재정을 위한 DPOA, 유언장의 유일한 집행자로 지명하면서 변호사가 추천하는 문서를 각각 완성했고, 리타는 이를 알고 있었습니다.

2015년 12월에 은퇴한 직후 로니는 리타에게 문서를 업데이트했다고 알렸습니다. 리타는 함께 문서를 검토할 것을 제안했지만, 로니는 문서를 보내지 않았습니다. 2016년 3월, 로니는 호흡기 감염이 발병했고 이내 폐렴으로 악화되었습니다. 리타는 로니가 입원했다는 사실을 알았을 때 집중 치료실로 달려가 병원 직원에게 자신이 로니의 대리인임을 알렸습니다. 그녀는 병원 측에 환자 상태에 변화가 있거나 치료에 대해 질문이 있을 경우 자신에게 연락할 것을 부탁하고 방법을 자세히 설명했습니다. 로니는 중환자실에서 빠르게 악화되었고 리타가 직원을 만났지만, 병원의 어느 누구도 로니의 상태에 대해 논의하기 위해 그녀에게 연락하지 않았습니다. 대신 리타는 나흘 후 병원 관리자로부터 로니가 사망했다는 연락을 받았습니다.

로니의 죽음은 그녀가 세상을 떠난 지 6개월이 지난 지금까지 길고 힘든 일련의 사건을 촉발시켰습니다. 리타는 충격적이고 갑작스러운 상실을 애도하는 와중에도 여전히 상황 수습과 관리에 노력해야 했습니다.

리타의 첫 번째 임무는 병원에 로니의 유해 처리에 대한 지시를 내리는 것이었습니다. 그녀는 로니의 의료 결정에 대한 대리인으로 지명되어 있었지만, 이름이 약간 달랐기 때문에(변호사 사무실에서의 오타) 리타가 로니의 유품을 넘겨받고 시신 인수에 서명하는데 힘든 몇 시간을 보내야 했습니다. 리타와 로니는, 로니가 죽은 후 일어날 일에 대해 논의한 적이 없었고 로니는 '사전 필요' 계획을 세우지 않았기 때문에 로니의 유해를 어떻게 처리할지에 대한 결정은 온전히 리타에게 맡겨졌습니다. 그녀는 로니의 부모가 화장되었다는 것을 알았기 때문에 화장을 선택했습니다. 리타는 화장을 처리하는 영안실을 찾아 전화를 걸고 서비스 비용을 지불하고, 친구의 재산 집행과 관련된 모든 비용을 추적하는 힘든 과정을 거쳐야 했습니다.

로니는 신탁이 있었지만 신탁 서류가 제대로 실행되지 않았고 사전 의료지시서와 마찬가지로 신탁에도 잘못된 이름이 사용되었습니다. 신탁이 존재함에도 불구하고 리타는 두 번째 변호사가 법원에 그녀의 신탁 문서와 집 증서를 수정하여 리타를 유언 집행인으로 올바르게 식별하도록 요청할 때까지, 비용을 로니의 자산으로 처리할 수 없었습니다. 게다가 로니의 당좌예금은 신탁자산으로 등재되지 않았고, 리타도 그 계좌의 공동 서명인이 아니었기 때문에 리타는 로니에게 청구된 의료비와 화장비를 자신의 돈으로 지불할 수밖에 없었습니다.

모든 행정 처리 및 정리 작업을 하는 와중에 리타는 친구를 위한 추도식을 계획하고, 신문에 광고를 게재하고, 소셜 미디어 계정을 폐쇄하고, 로니의 주소록에 있는 모든 사람에게 알리고, 집을 청소하고, 그녀의 고양이를 위한 집을 알선하고, 집행자로서 그녀의 차와 집의 판매를 주관했습니다. 작업은 모두 소모적이었습니다. 리타가 정규직으로 고용되어 일했다면 그녀는 이를 위해 휴가를 내야 했을 것입니다.

우리는 이 경험에서 무엇을 배웠을까요?

1. 문서를 작성할 때와 업데이트할 때마다 대리인과 함께 검토하십시오. 리타와 로니가 함께 서류를 훑어보았다면 그토록 골칫거리가 된 사무적 오류를 잡아냈을 것입니다.

2. 사전 의료지시서에 있는 사람은 가까이 있어야 합니다. 리타

는 원거리에서 병원과 의사소통하는데 어려움을 겪었습니다. 가능하다면 병원에서 차로 30분 이내 거리에 있는 대리인을 지명하십시오.

3. 문서에 사후 매장 또는 화장 희망 사항을 명시하십시오.

4. 신탁을 설정한 경우 법적으로 허용되는 만큼의 자산을 신탁에 넣으십시오. 신탁은 미국의 법률 시스템에서 잘 기능하고 있습니다. 수탁자로서 리타는 당좌예금과 신탁에 있는 다른 유동 자금에 더 쉽게 접근할 수 있었을 것입니다.

5. 반려동물을 위해 무엇을 해야 하는지 지침을 작성하십시오. 당신의 반려동물에게 '대리 부모'를 준비해 주세요.

6. 일을 나눕니다. 리타가 홀로 대리인, 위임인 및 집행자로 지명되었기 때문에 그녀의 의무는 몇 달 동안 지난하고 강도 높은 일이 되고 말았습니다. 친척이나 다른 친한 친구가 로니의 수탁자나 재정 대리인으로 지명되고, 리타가 건강 및 처분 결정을 분담했다면 훨씬 수월했을 것입니다.

7. 기록을 잘 보관하십시오. 목록을 작성하고 대리인과 유언 집행인에게 모든 중요한 문서의 보유를 확인하십시오. 이 기록에는 CPA(세금 관련), 변호사, 주치의, 거래하는 모든 은행, 기관의 이름과 연락처 정보를 포함하십시오. 또한 소셜 미디어 계정 및 금융 계좌, 소유권 증서 및 주소록에 대한 비밀번호와 암호를 포함하십시오.

8. 자동차 열쇠, 집 열쇠, 안전 금고 열쇠(있는 경우)의 사본을 위의 문서와 함께 보관하십시오.

이 경험을 계기로 리타와 그녀의 남편은 '내가 삐끗하면'이라는 이름의 목록을 작성했습니다. 이러한 비공식 문서에는 위의 모든 정보가 포함되어 있으며 서로에게, 그리고 근처에 사는 다른 한 사람에게 공유되었습니다. 좋은 방법이라고 생각합니다.

전문가들은 병원에서 당신의 의지가 존중되도록 하는 가장 안전한 방법은 병원에서 가능한 한 많은 시간을 당신과 함께 보낼 수 있는 누군가에게 당신의 대리인 역할을 맡기는 것이라고 말합니다. 아울러 같은 이름이 사전 의료지시서에 올라가도록 챙겨야 합니다.

장기 요양 계획

위의 모든 사항은 법적 관점에서 당신의 장기 돌봄 계획을 구성하지만, 여기서 조금 더 나아가야 합니다. 나이와 관계없이 우리 모두는 요구 사항이나 희망 사항을 전달할 수 없을 정도로 무능력해질 위험이 있습니다. 어떻게 치료받고 싶은지, 고통을 멀리할 것인지 아니면 고통을 경고의 신호로 수용할 것인지, 가까이 두고 싶은 사람은 누구인지 등에 대해 묻고 답해야 합니다.

당신의 생각을 자극하고 이러한 기본 설정을 종이(또는 온라인)에 기록할 수 있도록 자료와 워크시트를 제공하는 두 곳이 있습니다. '다섯 가지 소원' 문서는 10년 넘게 존재했으며 대부분의 주에서 사전 의료지시서AHCD 역할을 할 수 있는 법적 구속력이 있는 문서로 인정되고 있습니다.

다섯 가지 소원은 '품위 있게 나이 들기Aging with Dignity'에서 발행되었습니다. 문서는 온라인에서 내려받기하거나 agingwithdignity. org에서 인쇄본을 주문할 수 있습니다.

임종 설계 및 정보에 대한 또 다른 훌륭한 출처는 '공감과 선택 (Compassion and Choices, compassionandchoices.org)'입니다. 이곳은 유용한 소책자인 『굿-투-고 자료 가이드Good-To-Go Resource Guide』를 제작합니다. 이는 사전 의료지시서의 기초와 당신이 내려야 할 결정을 다룹니다. 이 안내 책자는 또한 당신이 법적으로 치료 유보를 요청하지 않는 한 병원에서 받을 수 있는 생명 유지 치료의 종류에 대해서도 설명합니다. 여기에는 인공호흡기와 인공 삽관 등이 포함됩니다. '공감과 선택'은 사랑하는 사람 및 당신의 문서상 대리인들과 대화를 시작하는 훌륭한 길잡이를 제공합니다.

'공감과 선택' 사이트에는 성소수자를 위한 구체적인 지침이 포함된 훌륭한 페이지가 있습니다. 성소수자 노인들은 의료계와 법조계 모두에서 훨씬 더 진전된 수용성을 누리고 있지만, 여전히 이성애자 노인들에 비해 더 많은 장애물을 경험하며, 특히 임종 문제에 대해서는 더 그렇습니다. 그러므로 더 좋은 계획과 법적으로 잘 정리된 문서가 더욱 중요합니다.

이 모든 것에 대해 불편함을 느끼십니까? 여기, 당신이 무능력 상태가 되고 이러한 문서가 실행되지 않을 경우 발생할 일을 알려드립니다. 법원 판사는 이를 후견 사안으로 지정하고 곧 당신을 대신하여 결정을 내릴 사람('유급 후견인')을 지명할 것입니다. 법원이 지명하는 사람은, 특히 당신과 관련이 없거나 관련 문서에 이름이 없는 경우, 당신이 선택했을 사람이 아닐 수 있습니다. 후견인이 당신의 치료를 위해 내리는 결정은 당신이 스스로 선택한 것과 완전히 다를 수 있습니다. 사랑하는 사람이 당신을 위해 아무리 격렬하게 항의하더라도, 후견인은 독립적으로 또는 자신의 신념 체계와 선호에 따라 법원 판사와 함께 결정을 내립니다.

다음 워크시트는 미래를 위해 이미 완성된 일과 더 필요한 일을 살펴볼 수 있도록 해줄 것입니다.

안전한 미래 보장

법적 서류	기능	당신의 계획
유언	재산의 처분에 관한 법적 유언을 검인을 통해 제공	
신탁(취소 가능 생전 신탁이 최근의 추세임)	검인 없이 재산의 처분을 신속하고 경제적으로 집행	
사전 의료지시서, 또는 생전 유언	질병/무능력으로 인해 스스로 결정을 내릴 수 없는 경우 건강을 위해 취해야 할 조치를 명시한 법적 문서. 배우자조차도 그것 없이는 당신을 위해 결정을 내릴 수 없습니다!	
건강을 위한 지속 효력 위임장	AHCD 전달: 무능력 상황에서 당신의 대리인에게 대리 서명과 결정을 내릴 수 있는 권한 부여	
재정 관리를 위한 지속 효력 위임장	무능력 상황에서 당신의 대리인에게 대리 서명과 자산에 대한 법적/재정적 결정(비신탁 자산) 권한 부여	

장기 돌봄 계획	필요시 어디서 어떤 돌봄을 받을지에 대한 지침	
다른 계획	**기능**	**당신의 계획**
저축과 은퇴 재정 계획	여생 동안 든든한 재정 기반 위에서 마음의 평화를 줌	
기록의 정리	혼동과 추측의 오류를 미리 방지	
당신의 소망을 가족들과 소통함	최고조 스트레스 상황에서 예상치 못한 의사 결정을 내리거나 급작스러운 문제를 맞이하는 상황을 예방	
장기 돌봄 보험	장기 돌봄으로 인한 재정 고갈로부터 자산을 보호	

결혼했거나 동거인이 있는 경우 배우자/파트너를 건강 관리 결정의 주요 '대리인' 또는 피지명인으로 선택할 가능성이 높습니다. 당신의 변호사는, 당신의 배우자나 첫 번째 피지명인이 당신보다 먼저 사망하거나 무능력 상태가 될 것을 대비하여 적어도 한 사람 더, 나아가 세 번째 대리인을 지명하도록 권유할 것입니다. 싱글이라면 계획에 2차, 3차 대리인을 지정해야 합니다.

당신이 대가족 출신이고 형제자매 및 자녀와 가까운 경우 장기적이고 친숙한 지원 시스템의 혜택을 받을 수 있습니다. 당신의 일은 당신과 가장 가깝거나 또는 가장 안정적이라고 생각되는 사람을 선택하여 문서에 대리인으로 올리고, 당신이 해온 일들과 그렇게 한 이유에 대해 설명하고 당신이 바라는 것들을 공유하는 것입니다. 반면에 친밀한 가족이 없다면 어떻게 할까요? 그들이 다른 나라에 산다면? 가족 구성원의 가치관이 당신과 너무 달라, 그들 중 누구도 당신의 대리인으로 지명하고 싶지 않다면요? 이제 친구들 중에서 선택해야 하겠지만, 친구들도 같은 나이일 경우 딜레마가 발생합니다.[친구들이 먼저 죽거나, 살아 있어도 무능력 상태일 수 있으므로.]

"장미는 절대 비처럼 쏟아지지 않습니다. 더 많은 장미를 원하면 더 많은 나무를 심어야 합니다."

— 조지 엘리엇George Elliot

젊은 지원 시스템 찾기

당신이 비슷한 생각을 가진 또래 사람들과 어울리며 평생을 보낸, 자녀 없는 베이비부머 세대의 일원이라면 지금이 그 틀에서 벗어날 때입니다. 주변을 둘러보세요. 당신의 관심사를 공유하고 신뢰할 만한 친구가 될 수 있는 젊은 사람들이 어디에 있습니까? 다음은 그들을 찾을 수 있는 몇 가지 방법입니다.

- 당신의 조카들
- 친한 친구의 자녀
- 젊은 동료
- 교회/성당/모스크의 젊은 교인

- 시민 위원회나 이사회의 젊은 멤버들
- 당신이 관여하는 위원회나 행정위원회의 젊은 구성원
- 젊은 이웃
- 당신이 속한 단체나 동호회의 젊은 회원(예: 독서, 등산, 섬유공예, 여행, 전문가 모임, 주택 소유자 모임, 연령대별 모임이 아닌 동아리 등)

젊은 사람들을 몇몇 알고 있나요? 그냥 아는 것에서 나아가 그들에게 당신의 재산 및 장기 요양 계획 문서 중 하나 이상의 대리인이 되어 달라고 요청할 만큼 충분히 가까워지려면 어떻게 해야 할까요? 관계는 식물과 같습니다. 토마토 씨앗이 여름을 지나며 맛있는 열매를 맺는 풍성한 식물이 되는 것과 마찬가지로, 한 번의 악수는 시간이 지남에 따라 두 사람 모두에게 소중한 우정이 될 수 있습니다. 우정은 토마토보다 자라는데 더 오랜 시간이 걸리므로, 이 과정에 몇 년을 투자해야 합니다. 그 기간이 두 사람 모두에게 보람 있고 즐겁기를 바라면서 지금 시작하십시오.

함께 시간을 보낼 이유를 찾는 것으로 시작하십시오. 함께 속한 그룹이나 제3자를 같이 알고 있을 것이므로 거기서 시작하십시오. 다음은 몇 가지 아이디어입니다.

- 같은 모임에 참석해 보십시오.
- 당신 집에서의 모임이나 당신이 참석하는 다른 곳에서의 모임에 초대하십시오.
- 차 한잔하며 공통 관심사 또는 특정 문제를 해결하는 방안

에 대해 얘기해보자고 제안해 보십시오.

- 모임에 함께 있을 때 열린 질문들을 통해 상대방의 삶에 대해 자세히 알아보십시오

사람들은 자신의 관심사, 생각, 의견, 경험 등에 대해 이야기하는 것을 좋아합니다. 수줍음이 많은 사람을 선택하면 그들을 끌어내기 위해 더 많은 노력을 기울여야 할 수도 있습니다. 대화에 참여하기를 꺼린다고 해서 그들이 당신을 좋아하지 않는다는 의미는 아닙니다. 그들은 친교를 나누기 어색해하거나 대화에 능숙하지 않을 수 있습니다.

선택한 사람(들)의 성격에 따라 관계의 초기 단계에서 좀 더 열심히 노력해야 할 수도 있습니다. 그 젊은 지인을 오랫동안 알고 지냈더라도, 지금은 성인 대 성인의 관계로 발전시키고 그들을 신뢰할 수 있는 친구로 대해야 합니다. 이 젊은 지인은 당신의 평생 친구가 될 가능성이 있어야 합니다. 앞서 언급한 문서에 대부분의 바람과 지침이 기술되어 있지만, 친밀함과 진정한 우정이 있어야만 그들은 당신의 위임장을 받을 뿐만 아니라 당신의 가치관과 당신이 노년에 원하는 것을 더 잘 이해하게 될 것입니다.

전문가 활용

여기까지 읽고도 대리인으로 누구를 지명할 수 있을지 여전히 불안하다면, 전문가에게 사무 관리와 의사 결정을 인계하는 것을 고려

할 수 있습니다. '후견인' 또는 '보호자'라는 단어를 들어보았을 것입니다. 이것은 법원이 더 이상 안전하게 자신을 돌볼 수 없거나 건전한 결정을 내릴 수 없음이 입증된 개인을 위한 관리인 지정 청원을 심사할 때 사용하는 용어입니다. 이것은 일반적으로 금융 사기의 희생양이 되거나 급성 질환(심장마비, 뇌졸중 등)을 앓는 등 일종의 위기를 맞이한 노인들에게 발생합니다.

오늘날 미래를 선제적으로 준비하려는 많은 사람들이, 자신을 돌보고 삶을 안전하고 안정되게 관리할 수 없게 될 경우 자신의 업무를 대신해 줄 전문 개인 후견인[한국 후견제도에 관한 자세한 사항은 대한민국법원 전자민원센터(https://www.scourt.go.kr/nm/min_3/min_3_12/index.html)참조.]을 적극적으로 활용하고 있습니다. '개인'이라는 단어는 법원 지정의 반대 개념으로 개인이 참여했음을 나타냅니다. 일부 주(예: 캘리포니아 및 애리조나)에서는 '전문 수탁자'라고도 합니다. 그러나 후견인은 여전히 모든 관할 지역의 법원이나 변호사들 사이에서 통용되는 용어입니다.

후견인은 무엇을 할까요? 전문 후견인은 더 이상 자신을 대신할 수 없는 사람의 업무에 대해 책임과 신뢰를 받는 위치를 맡은 개인입니다. 심각한 인지 장애를 안고 살아가는 사람들의 수가 증가함에 따라 이러한 전문가에 대한 필요성도 증가했고 그들의 지위도 높아졌습니다. 종종 검인 법원에 의해 임명되는 전문 후견인은 생전 신탁Living Trust 조건을 수행하고 더 이상 스스로 할 수 없는 개인의 많은 일상 업무를 관리할 책임이 있습니다. 유능한 전문 후견인이 되는 것은 복잡한 일이며 법률, 회계, 부동산, 세금 등에 대한 전문 지식이 필요합니다.

전문 후견인의 직무는 다음과 같습니다.

- 치료, 보험급여, 장애급여의 관리·감독
- 생활 시설 마련
- 개인 간병 요구 사항 관리
- 식사 및 적절한 복장 준비
- 홈케어 서비스 관리
- 가사 또는 집 주변 관리 서비스
- 교통수단 및 일상생활 관리
- 종교적 신념을 지원하고 그에 맞게 행동함
- 금융 자산 관리
- 기록 관리 및 회계
- 주 및 연방 세무 신고 및 환급 신청
- 필요한 전문 인력의 구성 및 조정

이러한 서비스가 하나도 필요하지 않을 수도 있지만, 필요한 경우 몇 달 또는 몇 년 동안 지속적으로 이러한 준비를 해줄 수 있는 신뢰할 만한 사람을 찾아야 합니다. 수개월 간의 정규직 일이 될 수 있습니다. 가족이나 친구가 당신을 위해 이런 일를 해줄 수 있을 것이라고 생각한다면, 미리 그들이 기꺼이 하고자 하는지, 할 수 있는지에 대해 소통하는 것이 좋습니다.

롭과 캐런은 애리조나주 피닉스에 살고 있습니다. 그들은 60대 중반의 독신이며 지난 6년 동안 롭의 아버지를 돌보았고, 이후 아버지의 재산을 관리했습니다. 많은 일들이 소모적이고 어려웠습니다. 롭은 건강 관리와 재정에 대한 아버지의 위임장을 가지고 있었기 때문에 지난 8개월 동안 아버지를 요양원으로 이주시킬 수 있었고 두 사람이 번갈아 가며, 또는 함께 시설과 긴밀한 연락을 유지하여 좋은 돌봄을 받고 있는지 확인했습니다. 그러나 아버지가 세상을 떠나고 모든 장례 절차가 마무리되자, 그들은 다시 고인의 유언과 신탁을 해결하기 위해 1년을 보내야 했습니다. 최종 의료비 지불, 집 판매 알선, 소유물 처분, 고인의 생전 소망 사항의 집행 및 자선 기부, 각종 계좌 폐쇄, 자동차 판매, 가족 및 친구들과의 소통 등 모든 것이 힘 빠지는 일이었습니다.

롭과 캐런은 부동산을 정리하는데 필요한 것을 직접 경험했습니다. 그들이 사망했을 때 이와 똑같은 일을, 그들 중 한 명에 대한 것이든 둘 다를 위한 것이든, 친구에게 맡길 수 없다는 것을 분명히 깨달았습니다. 이러한 뜻을 회계사에게 설명하자, 그녀는 함께 일하고 신뢰했던 전문 수탁자를 추천해주었습니다.

그다음 주에 그들은 수탁자를 만나기로 약속했습니다. 첫 만남 후 그들은 수탁자를 마음에 들어 했고 곧 장기적인 관계를 시작했습니다. 그들은 부동산 변호사를 만나 부동산 문서의 여러 곳에 수탁자를 대리인으로 지명했습니다. 수탁자는 이제 각자의 유언장에 대한 집행자로 지명되고, 그들의 신탁증서에는 차례로 승계 수탁자로 지명되었습니다. 그는 또한 건강 관리에 대한 사전 의료지시서 모두에서 3차 대리인으로 지명되었으며 필요한 경우 역할을 할 것입니다. 수탁 서비스에는 비용이 듭니다. 롭과 캐런은 그들의 건강이나 유산 계획의 변경 사항을 전달하고 신뢰 구축 과정을 계속하기 위해 1년에 한 번 수탁자를 만나기로 하고, 비용은 시간당 정산하기로 했습니다. 변호사의 권유로 두 번째 예비 수탁자도 지명해 두었습니다.

전문가에게 위임장을 맡기는 방안이 마음에 든다면, 시간을 내서 조사를 하고 이 역할을 담당할 사람을 선별하십시오. 여러 후보를 인터뷰하고 가장 편안하고 평판이 좋은 사람을 선택하십시오. 그런 다음 대리인으로 지명하여 재산 및 개인 문제를 관리하고, 정신적 또는 육체적으로 무능력한 경우 의료 및 돌봄 결정을 대신하게 할 수 있습니다. 그들은 당신의 지속 가능 위임장DPOA 및/또는 사전 의료지시서AHCD의 '대리인'이 됩니다. 당신은 그들을 당신이 신뢰하는 친구나 친척과 함께 공동 대리인으로 임명할 수 있고, 당신을 위해 특정한 일을 할 수 있는 부분적인 권한을 그들에게 줄 수도 있으며, 이 모든 것은 당신이 서명한 문서에 기록되어야 합니다.

후견인 또는 수탁자 후보들에게 다음과 같은 질문을 해보시기 바랍니다.

- 어떤 서비스를 제공합니까? 이와 관련해 당신은 얼마나 시간 투여를 합니까?
- 일의 경력은 얼마나 되고 일하면서 어떤 문제에 직면하여 어

떻게 해결했습니까?

- 후견인협회(NGA: National Guardian Association)에 소속되어 있으며, 단체 공제보험에 가입되어 있고, 전문 후견인 자격이 있습니까?
- 직원이 있다면 그들에게 무엇을 위임합니까? 직원에 대해 어떤 종류의 신원 조회가 이루어졌으며 직원 절도 및 배상 책임보험에 가입되어 있습니까?
- 내가 현재 직면하고 있거나, 직면할 수 있는 의료 문제에 대한 지식이 있습니까?
- 나에게 필요할 수 있는 서비스 제공자(예: 간병인, 가정부, 간호사)에 대해 어떤 지식과 네트워크가 있습니까?
- 개인 정보 보호를 위해 어떤 보안 조치를 취하고 있습니까?
- 자연재해 발생 시, 서비스의 연속성을 위한 대응 계획은 무엇이고, 고객 데이터 복구계획은 수립되어 있습니까?
- 당신이 고객보다 먼저 죽거나 유고 시에 인계 계획은 무엇입니까?
- 업무 시간 이후에 필요시 당신 또는 당신의 직원에게 어떻게 연락합니까?
- 당신의 휴가나 입원 등의 경우를 위한 대비책은 무엇입니까?
- 서비스 요금은 얼마이며 청구 시기는 언제입니까?

위의 질문 외에도 후보자의 수임 사례 자료를 요청하는 것이 꼭 필요합니다. 기존 사례자와 전화 또는 이메일로 연락하여, 당신의 미래 후견인 후보에 대하여 평판 조회를 하기 바랍니다.

물론 당신이 일상을 처리할 수 있는데 대리인이 권한을 행사하는 것을 원하지 않을 것이므로, 언제 이러한 위임 효력이 성립될지 문서에 명확히 밝혀 놓는 것이 좋습니다. 예를 들어, 85세가 되면 보험 관리, 청구서 지불, 돌봄 인력 고용 및 조정 처리 권한을 인계할 수 있습니다. 하지만 이때에도 당신은 자산 관리, 거주지 및 패션 등에 대한 결정을 위임하지 않을 수 있습니다. 무엇을 위임할 것인지를 결정하는 사람은 오직 당신이어야 합니다. 한 가지 예외는 치매의 징후가 있을 때입니다. 정기적으로 당신과 소통하는 모든 사람이 당신의 치매 조짐을 인식했을 때, 당신을 아끼는 다른 사람들과 상의 후, 당신의 주치의 소견서를 첨부하여 당신이 법적 문서로 지명한 후견인 또는 수탁자에게 당신에 대한 관리 전권을 위임케 할 수 있습니다. 그러나 당신이 자신의 삶을 관리할 수 없는 징후를 보임에도 사전에 수탁자나 후견인을 지정하지 않은 경우, 법원은 당신을 낯선 사람의 손에 맡길 것입니다. 그것보다는 누가 나의 보호자가 될지 미리 정하는 것이 좋습니다. 그렇죠?

후견인과 수탁자는 시간당 비용을 청구합니다. 그들은 서비스가 제공될 때 돈을 받습니다. 대부분의 시간은 서비스 후반부에 집중되고 수수료의 대부분은 대리인으로 활동할 때 당신의 자산에서 나옵니다. 그러므로 수탁자가 가능한 당신을 잘 알 수 있도록, 롭과 캐런이 활용한 연례 회의 비용 방식을 고려해 보시기 바랍니다. 당신을 더 잘 알수록 수탁자는 자신의 결정이 당신의 필요를 충족시키고 있다고, 또 당신은 그들이 당신을 위해 올바른 결정을 내릴 것이라고 믿게 될 것입니다. 가족이 있는 경우에도, 독립적이고 치우침이 없는 전문가가 당신의 가까운 지인보다 더 효과적이고 신속하게 행동할 수 있습니다.

유능한 의사나 치과의사를 찾을 때와 같은 방식으로 검색에 접근한다면, 해당 지역의 민간 부문에서 일하는 전문 후견인이나 수탁자를 찾는 것이 어렵지 않을 것입니다. 아는 사람들에게 물어보는 것부터 시작하세요. 다른 좋은 출처는 '후견인 협회(National Guardianship Association, guardianship.org)' 및 수탁자 면허 제도가 있는 주의 전문 수탁자 협회입니다. 당신의 자문 변호사가 있는 경우, 이 분야의 전문가를 연결해줄 수 있습니다. 후견인은 고객의 개인사 및 금전 문제를 관리하도록 지정되는 경우가 많기 때문에 대부분의 변호사는 자신의 업무 영역에서 다른 전문가와 협업 관계를 구축합니다. 당신의 변호사(또는 그 사무실에 있는 누군가)도 이러한 작업을 기꺼이 수행할 수 있지만, 후견인은 종종 변호사나 법무직원들보다 훨씬 적은 비용을 청구합니다. 전문 후견인은 종종 마케팅 도구로 웹사이트를 사용하므로 온라인에서 검색할 수 있습니다.

캘리포니아와 같은 일부 주에서 전문 수탁자는 면허를 필요로 하는 직업입니다. 당신의 주에 수탁자 또는 후견인 면허 제도가 없는 경우 그들이 보험에 가입되어 있는지, 관련 협회 소속인지 확인하십시오. 또한 '후견인 인증 센터(CGC, Center for Guardianship Certification)'는 후견인, 수탁자 및 관리인을 위한 국가 인증 프로그램을 관리합니다. 인증을 받았다는 증거를 제시할 수 있는 후견인(NCG 회원)은 후견 서비스에 대한 최소한의 지식과 경험을 포함하는 자격 기준을 통과한 것입니다. 그러나 이 인증이 있더라도 지역 사회에서 후견인의 평판과 지역Better Business Bureau에서의 순위를 확인하십시오.

'출납 관리자Daily Money Manager, DMM'는 당신이 보다 제한적인 대리권을 부여하고자 할 때 고려해 볼 만한 전문가입니다. 그들은 후견인이나 수탁자와 함께 일하지만, 단독으로 고용될 수도 있습니다. DMM은 개인 금전 문제를 관리하는 데 어려움을 겪는 고객에게 지원을 제공합니다. 그들의 서비스에는 의료보험 서류 정리 및 처리, 은행 계좌(예금 및 인출) 관리, 청구서 및 기타 비용 지불을 위한 수표 작성이 포함됩니다. DMM은 다양한 고객 기반을 보유하고 있으며, 종종 바쁜 경영진 및 과도하게 일이 많아진 전문가와 협력합니다. 이들의 노년 고객 기반은 주로 시력이 약화되거나 이동성이 제한되거나 재정 문제를 처리하기 어려운 신체적 또는 정신적 장애를 가진 사람들입니다. 그러나 상대적으로 젊은 노인들은 때때로 장기간 세계 여행을 하는 동안 재정 문제를 돌보기 위해 이들을 고용합니다. DMM은 고객의 요청 또는 필요에 따라 다음 일들을 처리합니다.

- 고객이 서명할 수표 준비 및 청구서 지불
- 수표책 잔액 관리 및 은행 기록 정리 유지
- 은행 예금 준비 및 납입
- 세무 문서 정리 및 관련 서류 정리
- 채권자와의 협상

- 의료보험 약관 해석 및 보험금 청구 처리 상태 관리
- 법률, 세무 및 투자 전문가 추천
- 서류 공증
- 연방 및 주 원천세와 FICA(연방 보험 기부금법) 세금 등을 포함한 가정 비용 명세 관리(예: 돌봄 팀 비용)
- 약속, 쇼핑 등을 위한 교통편
- 이사 지원
- 메디케어 대리인 또는 대리 수취인 역할

설명에서 알 수 있듯이 DMM은 완전한 위임장을 가진 사람이나 당신이 선택한 후견인보다 권한이 적습니다. 그러나 미래의 어느 시점에서는 DMM이 필요한 전부일 수 있습니다.

이 책에 설명된 모든 전문가와 마찬가지로 이들의 평판과 경력을 확인하고 적절한 인증 기관에서 면허, 보증, 인증을 받았는지, 그리고 최소 10년 이상 그 일에 종사했는지 확인해야 합니다.

설계 키트 만들기

이 장에 있는 모든 제안에 부지런히 주의를 기울인다 하더라도 필요할 때 아무도 정보나 문서를 찾을 수 없다면 별 소용이 없을 것입니다. 이를 위해 집이나 컴퓨터의 한 장소에 모든 자료를 모아두는 것이 필요합니다. 개인 생활 계획 포트폴리오에 관련된 것을 모아두되 다음의 것들을 포함해야 합니다.

연락처 정보: 가까운 가족 구성원 및/또는 사전 지시서에 이름이 기재된 사람, 한두 명의 친구, 변호사, 수탁자(해당되는 경우), 재정 고문, 세무 대리인, 당신이 선택한 돌봄 인력(애완동물 또는 가정 간호를 위한).

건강 정보: 모니터링하고 있는 건강에 관한 모든 정보, 모든 약물 목록, 의사 및 약국 연락처. 중요한 문서 목록과 해당 문서가 있는 위치를 만듭니다. 여기에는 사전 의료지시서, 유언장, 신탁 및 모든 보험 증서가 포함되어야 합니다.

재무 정보: 거래하는 은행과 증권, 신용카드사 등 금융기관의 모든 계좌에 관한 기관명 및 계좌 정보 목록

부동산 정보: 전체 부동산 보유 목록 및 등기부 사본

임종 정보: 장례 지시서 사본, 매장지 계약 정보 또는 화장 서비스 계약서, 장례에 관련한 마지막 소원 기록

노인 학대 예방

누군가가 당신을 함부로 대하거나, 당신의 사무를 잘못 처리하거나, 물건을 훔치거나, 심지어 당신의 몸에 상처를 낼 것인지 알 수 있는 완벽한 방법은 없지만, 우리는 보호장치를 갖추고 최대한 이를 활용해야 합니다. 노인 학대[한국 노인 학대의 정의, 유형, 신고기관(1577-1389)등 전반적 내용은 법제처 (https://www.easylaw.go.kr/)사이트 참조.]는 나이 든 개인이 자신을 돌볼 의지가 없거나 능력이 훼손되었을

때 일어나며, 자기 방임을 포함하여 다양한 형태로 나타납니다. 성인 보호 서비스에 보고된 대부분 학대는 시설이 아니라 가정에서 발생합니다.[44] 통계는 놀랍게도 가족 구성원이 가장 빈번한 학대의 주범임을 보여주며, 특히 노인이 자신을 혼자 돌보는, 또는 거의 전적으로 돌보는 친족의 집에 거주하는 경우 취약한 환경에 노출됩니다.

신체적 또는 성적 학대는 가장 많이 알려진 노인 학대의 유형입니다. 그러나 다른 종류의 학대는 자녀가 없는 노령의 경우에 더 많이 발생하는데 무자녀 노인들의 경우 그런 위력을 행사할 수 있는 친척과 함께 사는 사람이 매우 드물기 때문입니다.

- 심리적 또는 정서적 학대는 협박과 같이 정신적 고통을 유발하는 행동을 통해 이루어집니다. 가족이나 과거에 피해자와 가까웠던 사람들이 이런 종류의 학대를 가하는 경우가 가장 많습니다.

- 방임은 유급 또는 자원봉사 돌봄 제공자의 일탈로 빈번하게 발생하며 생필품을 제공하지 않는 형태로 자주 나타납니다. 음식, 물, 의약품, 의복 또는 개인 위생을 제공하지 않는 것은 물론, 적절한 안전이나 피난처를 제공하지 않거나 재정적 책임을 회피하는 것 등이 모두 방임입니다. 이 경우 가해자는 친척이거나 서비스를 제공하기 위해 보수는 받고 제대로 된 수행을 하지 않은 사람들입니다.

- 금전적 또는 물질적 착취는 노인의 자원을 불법적으로 또는 부적절하게 사용하는 것입니다. 이러한 종류의 학대에는 수

표의 불법 발행을 통한 자금의 인출, 재산의 불법 매각 또는 관리, 또는 서명의 강요나 피해자를 사칭한 허위 진술로 자금을 유용하는 것이 포함될 수 있습니다.

불행하게도 노인들은 유사 텔레마케팅, 피싱이나 스미싱, 투자 사칭 등 사기의 표적이 되는 경우가 많습니다. 오늘날 이러한 종류의 사기를 경계하는 것은 모든 연령대의 사람에게 어려운 일입니다. 우편이나 이메일로 받은 제안의 적법성을 확인하는 것이 점점 더 어려워지고 있습니다. 나이가 들어감에 따라 우리는 더 자주 이러한 사기의 표적이 될 것입니다. 메트라이프 조사에 따르면 사기성 전화의 80%가 노인들을 표적으로 한 것이었습니다. 당신이 혼자 살면 이 파렴치한 도둑과 사기꾼들에게 더 큰 유혹이 될 것입니다. 다음은 사용할 수 있는 몇 가지 안전장치입니다. 사기 시도를 더 효과적으로 방어할 수 있습니다.[한국은 지자체, 금융기관 등에서 유사한 교육을 실시하고 있으며, 은행연합회 소비자포털(https://portal.kfb.or.kr/voice/vphishing_system4.php)에서 지연 출금, 고령자 지정인 알림 서비스 등 사기 예방을 위한 여러 대응책을 참조할 수 있음.]

- 발신자 표시를 사용하여 전화를 확인하고 발신자의 이름이나 번호를 알 수 없는 경우 전화를 받지 마십시오.
- 자동응답 전화를 활용하십시오. 합법적인 발신자는 메시지를 남길 것입니다.
- 발신자 표시된 전화를 받았지만 모르는 사람이면 바로 끊으십시오.

- 모든 권유solicitation 이메일을 삭제하십시오.
- 1-888-382-1222로 전화하거나 donotcall. gov에 온라인으로 접속하여 수신 거부 명부에 당신의 이름을 추가하십시오.
- 컴퓨터에 보호 프로그램을 설치하여 ID 도용을 예방하십시오.

이러한 기계적 보호장치 외에도 사회적 관계를 유지하고 고립을 피함으로써 자신을 보호할 수 있습니다. 가족 및 친구와 연락을 유지하고, 가능하면 어디서나 새로운 친구를 사귀고, 가능한 장소와 시간에 자원봉사를 하고, 종교 또는 영적 공동체와 함께 단체 활동에 참여하십시오. 재정적인 결정을 내릴 때 주의하십시오. 신뢰할 수 있는 다른 사람들과 계획을 논의하고 행동하기 전에 피드백을 받으세요. 재무 문서를 안전한 장소에 보관하고 사랑하는 사람이 사본을 가지고 있는지 확인하십시오. 가족을 포함, 누구에게도 암호를 알려주지 마십시오. 은행 계좌나 재산 소유권에 자신의 이름을 추가하라고 제안하거나 대출 공동 서명을 요청하는 사람을 조심하십시오. 어떤 식으로든 유언을 바꾸라고 제안하는 사람을 조심하십시오. AARP 웹사이트에는 사기 감시 네트워크Fraud Watch Network 링크가 있습니다.[45] 이 링크를 사용하여 최신 사기 사례를 추적하고 당신 지역에서 가장 흔한 유형을 파악할 수 있습니다. AARP의 사기 감시 네트워크에는 당신이 사기 상황에 처해 있는지 판단하는데 도움을 줄 훈련된 자원봉사자 상담 번호가 있습니다.[46]

이것은 모두가 취해야 할 예방 조치입니다. 세상에는 많은 사기

꾼들이 있지만 반면에 당신의 행복, 복지 및 안전을 보호하려는 착하고 배려심 많은 사람들도 많이 있습니다. 이 장은 전화를 받을 때마다 당신을 겁먹게 하거나 당신이 사귀려는 새 친구에 대한 신상 조사 필요를 얘기하고자 함이 아닙니다. 다만 노년에 우리가 개인 생활에서 경계해야 할 것들을 다시 강조하기 위함입니다. •

• 나는 변호사가 아닙니다. 이 장에서 나는 여러분이 스스로를 돌볼 수 없는 시기를 준비하는 아이디어와 의견을 제시했습니다. 이 장의 이야기나 설명에 언급된 아이디어나 제안에 따라 행동하기 전에 당신이 거주하는 지역의 노인 전문 변호사, 부동산 변호사 또는 법률 지원 단체로부터 전문적인 조언을 구하시기 바랍니다.

22.

가장 친절하고 사랑스러운 선택

"자주 그리고 많이 웃는 것, 지적인 사람들의 존경과 아이들의 애정을 얻는 것… 세상을 더 나은 곳으로 남기는 것… 당신의 삶으로 단 한 생명이라도 더 편하게 숨 쉰 것을 아는 것. 이것이 성공하는 것입니다."

— 랄프 왈도 에머슨Ralph Waldo Emerson

대학 시절 어느 날, 아버지가 찾아왔습니다. 아버지는 50대 후반의 나이에 막 이혼한 상태였는데, 자신의 임종 계획에 대해 이야기하자고 나에게 부탁했습니다. 아버지는 유언장을 업데이트하기 위해 변호사를 찾았고 나와 상의하기를 원했습니다. 나는 죽음, 특히 아버지의 죽음에 대해 이야기하는데 관심이 없다고 말했지만, 아무리 대화에서 벗어나려 해도 아버지는 완강했고, 우리는 사전 필요 계획과 목록을 검토하는 여러 번의 시도 중 첫 번째 대화를 나눴습니다. 아버지의 임종 순간에 해야 할 일들이었습니다.

삶의 마지막에 대한 아버지와의 대화

아버지는 유언장에 나를 유언 집행자로 지명했고 나에게 기대하는 바를 매우 구체적으로 표현했습니다. 상황이 바뀌면서(손자들이 태어나고 전처가 사망함) 우리는 그 후 18년 동안 이에 관한 논의를 계속했습니다. 반복과 무던함으로 결국 나는 아버지 말씀을 듣고 받아들였습니다. 아버지가 75세의 나이로 세상을 떠났을 때 나는 모든 중요한 문서를 찾는 방법과 아버지가 미리 준비한 장지에 대해 잘 알고 있었습니다. 나는 아버지가 원하는 대로 추도식 일정을 잡았고 원했던 사람들을 초대할 수 있었습니다. 죽음에 대한 최악의 충격과 슬픔 속에서도 아버지의 계획은 너무 철저해서 마지막 소원을 차질 없이 실행할 수 있었습니다. 아버지의 계획은 남겨진 가족에게 할 수 있는 가장 친절하고 사랑스러운 일이었습니다.

　나는 아버지와의 경험에서 두 가지 중요한 교훈을 배웠습니다. 첫째, 인생의 마지막 단계에 대한 계획을 세워야 합니다. 둘째, 사랑하는 사람이 아무리 격렬하게 저항하더라도 임종 계획을 실행할 책임이 있는 사람들과 그 계획을 논의하는 것은 사랑의 몸짓입니다. 성년 자녀가 없는 우리는 이 책임에 적합한 사람을 선택하고 이러한 토론에 두려움 없이 뛰어들어야 합니다.

엘리자베스 퀴블러 로스[Elisabeth Kübler-Ross, 스위스 태생의 의사로 전 세계 호스피스 운동을 창시함.]는 인생의 마지막에 대한 선구적인 연구에서[47] 사람들이 삶의 마지막 전환에 다가가면서 거치는 감정의 단계[부정(Denial)-분노(Anger)-타협(Bargaining)-우울(Depression)-수용(Acceptance).]와, 지나온 삶에 대한 질문의 답으로 표현한 지혜에 대해 알려 주었습니다. 20세기 중반, 그녀의 연구가 한창일 때 사람들은 죽음에 대해 절대 이야기하지 않았습니다. 그 금기는 이제 쇠퇴하는 것 같습니다. 삶의 마지막 대화를 공개적으로 드러내는 움직임이 늘어나고 있습니다. 죽음은 마지막 금기 주제이기 때문에 현대 문화에서 우리가 자신의 죽음에 대해 어떻게 느끼는지, 마지막 날들을 어떻게 보내고 싶은지에 대해 더 편안하게 이야기할수록, 그때가 올 때 더 잘 준비할 수 있습니다. 나이에 상관없이 말입니다.

우리가 언제 어디서 죽을지에 대한 개인의 선택을 지지하는 '존엄사' 운동이 많은 주에서 논란 속에서도 힘을 얻고 있습니다. 보다 세속적인 삶의 방식에 동의하는 사람들 사이에서 증가하고 있는 추세로는, 인간이 자신의 상황에 맞게 생을 합법적으로 끝낼 수 있도록 허용하는 것입니다. 존엄사 운동(현재 '조력 자살'이라는 용어는 쓰지 않음)은 부모나 조부모가 아픔 속에서 마침내 천천히 고통스러운 질병에 굴복하는 것을 지켜본 베이비부머 세대의 강력한 지지를 받고 있습니다. 그러나 이에 강하게 반대하는 사람들도 있습니다. 그들은 신이 모두를 위한 계획을 갖고 있으며 사람은 그 계획을 변경하는 위치에 있지 않다는 믿음을 견지합니다.

당신을 위해 어떤 길을 선택하든 가까운 사람들, 특히 당신보다 오래 살 사람들에게 당신의 소망을 전달하는 것이 중요합니다. '공감과 선택Compassion and Choices'의 정보와 '다섯 가지 소원The Five Wishes' 자료가 이 주제에 대한 고민과 대화를 준비하는데 도움이 될 수 있습니다.

죽음을 함께 얘기하는, 데스카페

몇몇 풀뿌리 조직은 죽음에 대한 그룹 토론을 권장하고 있습니다. '데스카페(deathcafe.com)'가 현재 가장 잘 알려져 있습니다. 그것은 런던에서 시작되었고 현재 서유럽, 호주와 아시아 및 미국에서 죽음의 카페 토론이 인기를 얻고 있습니다. 데스카페 홈페이지와 페이스북 페이지를 운영하는 사람들은 데스카페를 '소셜 프랜차이즈'라고 부릅니다. 그들은 웹사이트의 지침을 따르는 모든 사람에게 데스카페라는 용어를 사용할 수 있는 권한을 부여합니다. 그들은 회의를 주최하고 진행하는 방법, 모임을 공지하고 홍보하는 방법을 알려줍니다. 현재 전 세계 52개국에 5,000개가 넘는 데스카페가 있습니다.

이를 경험하지 않은 대륙은 남극 대륙이 유일합니다. 사람들은 한 번만 참석하거나 꾸준한 참석자로 남습니다. 운영 규칙은 간단하고 기본적인 것들입니다.

- 회의는 무료로 참석할 수 있어야 합니다(소규모 음식 기부는 허용됩니다).
- 누구에게도 참석을 거부할 수 없습니다.
- '전문가' 또는 '강연자'가 없어야 합니다.
- 간식(쿠키, 케이크, 과자, 치즈 등)을 준비합니다.
- 아무도 특정 생각이나 믿음을 '선전'할 수 없습니다.

설립자들은 또한 웹사이트에 데스카페 모임을 게시하고 경험에 대한 간단한 리뷰를 제공하도록 권장합니다.

죽음에 대한 논의가 언론에 점점 더 많이 등장하고 있습니다. 2013년 PBS는 극찬을 받은 논픽션 '관점시리즈Point of View'의 일환으로 아프리카계 미국인 장례 지도사의 삶에 관한 한 시간 분량의 다큐멘터리 〈귀향homegoings〉을 방영했습니다. '홈고잉스Homegoings' 웹사이트(pbs.org/pov/homegoings/)에는 '죽음에 대한 토론'이라는 제목의 섹션을 포함하여 죽음과 장례 준비에 관한 다양한 정보와 자료가 있습니다.

또는 친구들과 죽음에 대해 토론하는데 지침이 필요하지 않다고 느낄 수도 있습니다. 캐주얼한 형식을 유지하고 원하는 대로 대화가 흘러가도록 둘 수 있습니다. 구조화되지 않은 접근 방식을 선택하는 경우 다음 질문이 대화를 시작하는데 도움이 될 수 있습니다.

- 왜 많은 사람들이 죽음에 대해 이야기하는 것을 불편해한다고 생각하십니까?
- 임종에 대한 가족의 전통(만약 있다면)은 무엇입니까?
- 죽음에 대해 당신이 두려운 것은 무엇입니까?
- 이상적인 죽음의 방식은 무엇이라고 생각합니까?
- 전통적인 장례식을 선호하십니까? 아니면 독특한 방식을 원합니까?
- 사후 화장과 매장 중 어떤 것을 원하십니까?
- 타인의 사례에서 당신이 겪은 애도의 경험은 무엇입니까?
- 애도의 과정에서 소셜 미디어의 존재가 어떤 역할을 할 수 있을까요?

사회관계망 안에서 우리 자신과 다른 사람들의 소망에 대해 더 많이 알수록 이 마지막 경험에 더 잘 대비할 수 있습니다. 자신이 원하는 것이 무엇인지 확신이 들 때 유언장과 사전 지시서에 '소망 목록'으로 적어 남기십시오.

마지막으로 결정할 일은 당신의 유해가 처리되는 방식에 관한 것입니다. 아버지에 관한 이야기에서 나는 아버지가 자신의 죽음을 위해 미리 모든 기초 작업을 했다고 언급했습니다. 그는 공동묘지에 땅을 사고, 관을 고르고, 장례비를 미리 지불하고, 서류를 어디에서 찾을 것인지에 대해 나와 중요한 논의를 했습니다. 또 나를 공동묘지로 데려가 매장지를 보여주었습니다. 이런 일들은 아버지와 나 모두에게 쉽지 않았지만, 때가 되었을 때 내게 헤아릴 수 없이 많은 도움이 되었습니다.

유해의 처리에 대한 다른 대안들이 있습니다. 화장은 매장보다 수천 년 더 오래 지속되었으며 여러 가지 이유로 선호도가 다시 높아지고 있습니다. 이전에 화장을 금지했던 일부 종교 교파도 최근 허용으로 선회했습니다. 또한 매장지는 특히 도시 지역에서 점점 부족해지고 있으며 사람들은 환경 보존의 필요성을 더 많이 인식하고 있습니다. 40년 동안 독보적인 명성을 얻은 전국적인 조직인 '넵튠 소사이어티Neptune Society'는 화장 서비스를 선불로 지불하려는 사람들에게 사전 계획 옵션을 제공합니다. 그들의 패키지에는 유해 운송, 화장 서비스, 유골함, 바다에 유골재를 뿌리는 것이 포함됩니다. 유사한 회사가 미국과 서유럽 전역에 존재합니다.

'녹색 매장'은 오늘날 또 다른 대안입니다. 녹색 또는 자연 매장은 환경에 최소한의 영향을 미치며 주변 천연자원의 보존을 돕습니다. 형태와 무관하게 관은 생분해성 및 무독성 재료로 만들어져야 합니다. 녹색 장례 지지자들은 유해 처리 시 발암성 방부액의 사용을 본질적으로 불필요하다고 보고 권장하지 않습니다. 녹색 매장 인증을 받은 장소는 한정되어 있으므로, 이 방식에 관심이 있다면 일찍 계획을 시작하고 절차와 그 제한 사항에 대해 학습하십시오.

운에 맡기거나 스트레스가 심한 시간에 사랑하는 사람에게 짐을 지우고 싶지 않다면, 미리 자신의 장례식을 계획할 수 있습니다. 장례미사 장소를 선택하고 추도문을 작성하고 음악을 선택할 수 있습니다. 장례식에서 특정 사람들에게 연설을 요청하고 싶을 수도 있습니다. 이러한 종류의 계획은 느리게 진행하는 불치병을 앓고 있고, 생각하고 계획할 시간이 있는 사람들에게 일반적입니다.

6장 사례에 나오는 내 친구 산드라를 기억하시나요? 그녀는 내가 고객과 함께 최고의 나best self가 되는 방법에 대해 풍부한 유산을 남긴 사람이었습니다. 죽음에 임박해서, 그녀는 거의 3년 동안 자신이 죽어가고 있다는 것을 알고 있었습니다. 난소암과 싸우는 마지막 몇 달 동안 그녀는 자신의 죽음을 완전히 받아들일 준비가 되어 있었습니다. 호스피스 간병인과 나, 그녀의 가족들은 그녀의 편안한 임종을 돕기 위해 함께 있었습니다.

마지막 한 달 동안 통증이 통제되고 명확하게 생각할 수 있을 만큼 명료해졌을 때 그녀는 자신의 장례식 계획을 세웠습니다. 그녀는 말했고 나는 받아 적었습니다. 그녀는 교회, 운구인, 노래를 선택하고 지역 신문에 낼 부고를 썼습니다. 그녀는 자신의 추도 예배에서 추도사를 해주었으면 하는 사람들에게 이메일을 보내거나 전화를 걸어 달라고 부탁했고, 추도 예배 중에 추도사의 일부로 낭독될 메시지를 썼습니다. 그녀는 이 모든 과정에 매우 사실적인 방식으로 접근했습니다. 논의는 감상적으로 느껴지지 않았고 산드라도 침울해 하지 않았습니다. 그녀는 죽는 것을 두려워하지 않았습니다. 그녀에게 죽음은 충만하고 보람 있는 삶으로 연결된 또 다른 통로였습니다.

퀴블러 로스가 그녀의 연구에서 발견한 것처럼 죽어가는 사람이 '수용'의 단계에 도달하면 그들은 이런 종류의 계획과 이에 수반되는 논의를 편안하게 받아들입니다. 이러한 계획이 전달될 때 가까

운 사람들은 정서적 어려움을 더 심하게 경험할 것입니다. 나 역시
분명히 그러했습니다.

스마트 솔로, 해피 솔로의 여정을 위하여

"살라, 내일 죽을 것처럼. 배우라, 영원히 살 것처럼."

— 마하트마 간디Mahatma Gandhi

이제 여러분 차례입니다. 안전하고 안정적인 노년과 가족, 친구 또는 지역 사회에 과도하게 부담을 주지 않는 미래를 계획할 기회가 있습니다. 관계를 이어가고 활동에 참여하며 가능한 한 가장 즐거운 삶을 살도록 해주는 사회적 지원 시스템을 구축하는 일을 지금 바로 시작할 수 있습니다. 친구 및 가족과 이야기하고 함께 계획하십시

오. 당신이 미래에 대해 생각하고 있고, 운에 맡기지 않는다는 것을 그들에게 알려주십시오. 파트너나 배우자가 있는 경우 그들과 이야기하고 미래에 대해 다르게 생각하는 관점들을 논의하십시오. 모든 것에 동의할 필요는 없습니다. 서로의 꿈과 바람을 알 수 있도록 소통만 하면 됩니다.

역사상 지금처럼 고령자를 위한 선택지가 많았던 적은 없었습니다. 당신의 삶이 단계적으로 펼쳐진다고 생각하십시오. 현재 50대, 60대, 70대이며 비교적 건강하다면 이 시간을 활용하여 계획을 세우고 활동적인 삶을 즐기십시오. 몸을 건강하게 (또는 더 건강하게) 하고 매년 건강 검진을 받으십시오. 두뇌를 사용하는 의미 있는 일을 찾고, 계속적으로 참여하고, 필요한 경우 소득도 창출하십시오. 가능성을 보는 방식에 융통성을 발휘하십시오. 일하고, 자원봉사하고, 여행하고, 가르치고, 글을 쓰고… 또는 자신에게 맞는 취미를 조합해 보세요. 우리 조상들 대부분이 경험하지 못한 보너스 삶의 단계를 즐기십시오.

당신이 감당할 수 있는 재정 규모 안에서 안전하고 안정적인 노후 장소를 찾으십시오. 후보 지역에 가서 조사하십시오. 내일 그곳으로 이사할 필요는 없겠지만 계획의 일부라고 생각하십시오. 집에 머물기로 결정했다면, 필요한 수리를 하고 주변에 어떤 도움의 자원과 시설이 있는지 잘 알아 두십시오.

삶을 관리하는데 도움이 필요할 시기를 위해 구두로, 법적으로, 재정적으로, 정신적으로 준비하십시오. 도움은 다양한 형태로 제공됩니다. 지역의 경로 기관은 연장자를 위한 주택, 법률 서비스, 지원 시스템, 활동 및 추천을 위한 훌륭한 자원입니다. 그들은 당신의 지역에 노인 전용 거주 단지 또는 노인들을 돌보는 노인 센터가 있는지 알고 있고, 활용 가능한 주 또는 카운티 프로그램도 알려줄 것입니다. AARP 웹사이트는 전국적으로 자원의 보고입니다. 온라인과 오프라인 모두에서 커뮤니티를 형성할 수 있는 많은 기회를 살펴보십시오. 여행 및 지역 할인을 확인하십시오. 보다 저렴한 보험 대안을 찾고 의료보험 및 메디케이드의 변경 사항을 점검하십시오.

다음에 소개하는 차트는 이 책에서 검토한 모든 계획 범주를 보여줍니다. 가능한 한 많은 분야에서 필요한 조치를 위한 지침으로 활용하십시오. 맨처음부터 시작할 필요는 없습니다. 원하는 주제 어디에서나 시작할 수 있습니다. 이런 체크 리스트를 수정하거나 직접 만들어도 됩니다. 어떤 사람들에게는 조사 내용을 기록하고 계획 진행 상황을 정리하는데 일기가 더 효과적일 수도 있습니다. 자신의 방식대로 하면 됩니다. 단, 꼭 하세요! 대안을 탐색하고, 대화를 나누면 노화에 대한 전반적인 개념과 이 자연스러운 과정에 수반되는 변화에 대해 편안함을 느낄 수 있습니다. 분명한 것은, 그 과정에서 많은 우군을 확보하게 될 것이라는 점입니다.

솔로 에이저를 위한 최종 체크 리스트 및 가이드

		추가적으로 해야 할 일 또는 참고 사항:	
재정	재무설계사 만나기		
	장기 요양 보험 탐색		
	사회보장 결정		
	소득원(항목):		
법률	사전 의료지시서(AHCD) 또는 건강 관리 결정 위임장		
	재정 위임장		
	유언		
	신탁		
현재 선호 주거 형태	은퇴 공동체(교외)		
	은퇴 공동체(도심)		
	타인 동거		
	공동 주거 또는 다른 공조 생활 주거		
	독거		
미래 주거 형태 검토	지속 돌봄 은퇴 커뮤니티 (CCRC)	방문 날짜 및 장소:	
	돌봄 보조시설	방문 날짜 및 장소:	
	요양 가정	방문 날짜 및 장소:	
	요양원	방문 날짜 및 장소:	
	전용 단지 또는 이웃 돌봄	이용 가능 시설:	

건강	매년 건강 검진		
	매년 치과 검진		
	운동 처방 보유 여부		
	매일 최소 8시간 수면		
	저당, 고섬유질 식사		
	매일 물 섭취 최소 2리터		
	독감 예방 주사		
	기타 백신(대상포진, 폐렴)		
공동체와 사회적 지원	공동체의 자원 및 사회적 지원 (목록)		
대화	배우자		
	다른 가족		
	친구		

감사의 말

이 책은 엄청난 격려와 지원이 없었다면 불가능했을 것입니다. 메리 웨인 부시Mary Wayne Bush, 안드레아 갤러허Andrea Gallagher, 얀 히블리Jan Hively, 샌디 케인Sandi Kane, 샤론 니콜스Sharon Nichols는 초고를 읽고 추가적이고 새로운 방향성에 대한 귀중한 조언을 주었으며 앞으로 계속 나아가도록 격려해 주었습니다.

애비스 브라운Avis Brown, 린다 케이요트Linda Cayot, 에스더 어만 Esther Erman, 캐롤 피라스Carol Piras, 도나 쉐퍼Donna Schafer, 얀 시몬스Jan Seamons, 엘린 쉐리단Eileen Sheridan, 디나 자카린Deena Zacharin은 몇 시간 동안 두 번째 원고를 읽고 의견을 주었으며 귀중한 정보와 제안을 제공했습니다. 그들의 지원과 격려에 깊은 존경을 표합니다.

친구이자 책을 출간한 작가인 린다 백스터Linda Baxter는 책을 편집하는 방법을 가르쳐 주었고, 그 덕분에 전문가에게 갔을 때 이미 훨씬 더 완성도 높은 작업이 되어 있었습니다. 전문 편집자인 데이빗 콜린 카David Colin Carr와 릴리 오브라이언Lily O'Brien은 내가 사례한 것 이상으로 초안에 대한 편집 조언과 지침을 제공했습니다.

오늘날 노인들이 이용할 수 있는 다양한 종류의 주거 커뮤니티를 더 잘 이해할 수 있도록 도와준 '시니어 시대Senior Seasons'의 설립자 카이예 샤브로Kaye Sharbrough에게 특별히 감사드립니다. 캘리포니아 산타로사의 변호사 매기 브라더스Maggie Brothers에게도 감사를 표합니다. 그녀는 돌봄과 부동산 설계에 대해 정확한 가이드를 신을 수 있도록 많은 도움을 주었고, 그녀의 잘 정리된 차트를 사용할 수 있도록 허락해 주었습니다. 또한 출판에 필요한 자료를 정리하는데 도움을 준 도리안 민처Dorian Mintzer에게도 감사드립니다.

책 분량이 7만 단어에 이르렀을 때 남편 척Chuck과 친한 친구 메리 웨인 부시Mary Wayne Bush는 시간을 내어 최종본 전체를 읽고 출판사의 눈높이에 맞게 모양을 갖추도록 도와주었습니다. 두 분을 진심으로 사랑합니다.

망고 출판사의 편집자인 브랜다 나이트Brenda Knight에게도 감사의 말을 전하고 싶습니다. 그녀는 처음부터 이 책을 믿었고, 우여곡절이 있는 출판 과정에서 길을 잃지 않도록 도와주었습니다. 첫 번째 저자에게 이는 더할 나위 없이 소중한 것이었습니다.

인터뷰에 응해주고 자신의 이야기를 들려준 모든 사례자들에

게: 당신이 이 책에 남겨주신 것에 대해 깊은 감사를 드립니다. 당신의 삶과 경험의 색깔이 없었다면 이 책은 지루했을 것입니다.

한국의 솔로 에이저를 위한
제도와 법규, 참고 자료와 사이트

1부

1-1. 입양 정리

구분	정의	종류	조건	비고
일반 입양	혈연적으로 친자관계가 없는 사람 사이에 법률적으로 친자관계를 맺는 창설적 신분행위. 이러한 법적 친자관계를 맺기 위해서는, 당사자 사이에 합의 등 입양의 성립 요건을 갖춘 후에, 「가족 관계의 등록 등에 관한 법률」로 정한 바에 따라 입양신고(「민법」 제883조 제1호 및 제878조)	부부 입양	입양자가 25세 이상, 피입양자와의 나이차가 60세 이내	당사자간 합의와 친부모의 동의로 가능 친부모와의 법적 관계 유지, 양부모 관계 성립 (예: 이중 국적) →단, 부모가 없는 경우 당사자(입양자/피입양자) 간 합의만으로 성립 가능
		독신 입양	입양자가 35세 이상, 피입양자와의 나이차가 50세 이내	
친양자 입양	자녀의 복리를 위해 양자를 법률상 완전한 친생자로 인정하는 제도. 친양자 입양은 가정법원의 허가를 받아야 법률상 친자관계가 인정. 가정법원에 의해 친양자 입양이 확정된 때부터 친생부모와의 친족관계 및 상속관계는 모두 종료되고, 양친과의 법률상 친생자관계를 새롭게 형성하며, 성과 본도 양부의 성과 본을 따르게 됨(「민법」 제908조의 2부터 제908조의 8까지)	부부 입양	피입양자가 미성년자여야 하고 입양자는 3년 이상 혼인 중인 부부만 가능	새로운 친부모 관계가 성립되는 것(예: 단일 국적)

구분	일반양자	친양자
근거	「민법」 제866조부터 제908조까지	「민법」 제908조의 2부터 제908조의 8까지
성립 요건	협의로 성립	재판으로 성립
양자의 성·본	친생부모의 성과 본을 유지	양친의 성과 본으로 변경
친생부모와의 관계	유지	종료
입양의 효력	입양한 때부터 혼인 중의 자로서의 신분을 취득하나, 친생부모와의 관계는 친권 이외는 유지됨	재판이 확정된 때부터 혼인 중의 자로서의 신분을 취득하며, 친생부모와의 관계는 종료됨

1-2. 후견 제도 정리

구분			정의
미성년후견		지정후견인	친권자의 유언으로 지정한 후견인(친권자와 동일한 자격과 의무)
		선임후견인	가정법원에서 지정한 후견인(친권자와 동일한 자격과 의무)
성년후견	법정후견	성년후견	지속적 후견/ 포괄적 권한
		한정후견	지속적 후견/ 개별적 권한 부여/ 동의권
		특정후견	기간과 권한이 제한적/ 피후견인의 행위능력 제한 없음
	임의후견		후견인의 권한을 본인이 결정/ 후견감독인은 법원이 선임

1-3. 상속 신탁의 종류와 정의

구분	유언신탁	유언대용신탁(생전신탁)	수익자연속신탁
개념	유언서상에 명시된 상속예정재산을 수탁자(금융회사 등 관리/운용 수탁사)에 위탁하여 운용하도록 하고, 위탁자의 사망시 유언서 내용대로 유증되도록 하는 신탁	위탁자 생전에 수탁자와 신탁계약을 체결하면서, 위탁자 생전에는 자신을 수익자로 지정하고, 위탁자 사망후에는 배우자/자녀/제3자 등을 수익자로 지정하는 신탁	다수의 수익자가 순차적으로 연속하는 형태의 신탁으로 수익자 사망시에 당해 수익권이 소멸하고, 차순위자가 새로이 수익권을 취득하거나 순차적으로 다른 사람에게 수익권이 귀속됨
구조			
장점	▪ 공정증서 유언에 비해 상대적으로 적은 비용으로 유언장 관리 가능 ▪ 신탁회사(금융회사 등)가 보관하기 때문에 분실이나 위/변조의 위험이 없음	▪ 위탁자 생존시 자산을 안전하게 유지, 관리, 수익하게 함 ▪ 사망시에는 신탁상 정해진 바에 따라 재산을 승계시켜 유산을 둘러싼 분쟁 감소	▪ 위탁자 자신이 원하는 방식으로 재산의 수익과 귀속을 상당기간 동안 지속할 수 있음 ▪ 전문가인 수탁자가 장기적이고 안정적인 자산 운용 가능

자료: 한국금융연구원

2. 노후 소득원

구분			개요
연금소득	공적연금	기초연금	65세 이상 소득인정액 기준(2023년 기준 단독 202만원, 부부 323만원) 이하
		국민연금	노령연금: 국민연금 수급 나이가 되었을 때 월지급식으로 수령
			유족연금: 가입자 또는 급여개시자가 사망한 경우 유족에게 지급
			장애연금: 대상자의 장애 정도(1~4급)에 따라 기본연금액에 부양가족연금액을 더해 지급
			분할연금: 이혼한 배우자의 연금을 분할하여 지급 받는 것
			사망일시금: 가입자가 사망했으나 유족연금 요건을 갖춘 대상자가 없는 경우 친족에게 지급
		직역연금	공무원. 군인, 사학연금 등
	사적연금	개인연금	개인연금저축, 개인연금보험 등
		퇴직연금	확정급여형(DB), 확정기여형(DC), 개인퇴직연금(IRP)

자산 유동화	주택연금	만 55세 이상의 주택소유자(또는 배우자)가 소유주택을 담보로 하여 매월 지급받는 연금
	농지연금	만 60세 이상 농업인이 농지를 담보로 지급받는 연금
	산지연금	나이 조건 없이 산림청이 매수한 사유림에 대해 일시금 40%, 나머지 60%는 10년 월균 등 분할 지급

근로/ 사업 소득	숨고	숨고(https://soomgo.com)
	크몽	크몽(https://kmong.com)
	창업	중장년기술창업센터(www.kised.or.kr), 창업진흥원 지역창업실: 044-410-1921~2
	일자리	서울 장노년일자리센터(www.50plus.or.kr), 부산(www.busan50plus.or.kr), 중장년워크넷(https://www.work.go.kr/senior/main/main.do) 등
	기타(공공근로 등)	18세 이상 저소득층 근로 기회 지원(지자체 사업이며 만65세 이상은 노인일자리사업으로 분류)

금융상품 /기타	변액연금보험	납입한 보험료 중 필수경비 제외 후 투자에서 발생한 이익을 배분받는 식적배당형 연금상품
	월지급식 적금이나 펀드	목독을 한번에 펀드에 투자하고 매월 일정액을 연금처럼 받아쓰는 상품
	월이익지급식 ELS/DLS	목돈을 일시에 맡기고 조건 충족시 이익을 매월 지급받는 상품
	기타 소득	저작권(책, 음악 등), 주식배당금 등

자료: House Research

3-1. 노인 복지 시설

구분	시설	정의
주거 복지	양로시설 (양로원)	노인을 입소시켜 급식과 그 밖의 일상생활에 필요한 편의를 제공하는 시설
	노인공동 생활 가정	노인에게 가정과 같은 주거 여건과 급식, 그 밖의 일상생활에 필요한 편의를 제공하는 시설
	노인복지 주택	노인에게 주거 시설을 분양 또는 임대하여 주거의 편의·생활지도·상담 및 안전 관리 등 일상생활에 필요한 편의를 제공하는 시설
의료 복지	노인요양 시설(요양원)	치매·중풍 등 노인성질환 등으로 심신에 상당한 장애가 발생하여 도움을 필요로 하는 노인을 입소 시켜 급식·요양과 그 밖의 일상생활에 필요한 편의를 제공하는 시설
	노인요양 공동생활 가정	치매·중풍 등 노인성질환 등으로 심신에 상당한 장애가 발생하여 도움을 필요로 하는 노인에게 가정과 같은 주거 여건과 급식·요양, 그 밖의 일상생활에 필요한 편의를 제공하는 시설
여가 복지	노인복지관	노인의 교양·취미 생활 및 사회참여활동 등에 대한 각종 정보와 서비스를 제공하고, 건강증진 및 질병예방과 소득보장·재가복지, 그 밖에 노인의 복지증진에 필요한 서비스를 제공하는 시설
	경로당	지역 노인이 자율적으로 친목 도모·취미 활동·공동작업장 운영 및 각종 정보 교환과 그 밖의 여가 활동을 할 수 있도록 하는 장소를 제공하는 시설
	노인교실	노인에게 사회 활동 참여 욕구를 충족시키기 위해 건전한 취미 생활·노인건강유지·소득보장 그 밖의 일상생활과 관련한 학습프로그램을 제공하는 시설

자료: 노인복지법 제 32, 34, 36조

3-2. 시설별 입소 조건 및 본인 부담율

구분	정의	입소 조건	본인 부담	정부지원	비고
실버타운 (시니어타운)	시니어 전용 사설 주거 시설	60세 이상	없음	100%	임대형 고가 실버 공동주택
양로원	기숙형 고령 주거 시설	65세 이상	100%	없음	노인 주거복지시설
요양원	입소자 10인 이상 노인 의료복지시설	65세 이상 또는 노인성 질환을 보유한 65세 미만	80%	20%	입소자 10인 미만은 노인요양 공동생활가정
요양 병원	노인 전문병원	없음	입원비의 80% (건강보험 재정)	20%	의료시설
주(야)간 보호센터	주/야 일정시간 보호 및 편의 제공 시설	장기요양 1~5 등급	80%	20%	장기요양 등급별 지원 금액 상이

3-3. 노후 주거 대안

구분	정의	특징	한국 사례
내집 노후 (AIP)	현거주지에서의 노후 (Aging In Place)	노후에 신체적/정신적 능력 감퇴를 감안한 배리어프리(Barrier-free) 설계나 개보수 필요	대다수의 독거노인
코하우징 (Co-housing)	침실/욕실/거실 등 개인 주거 공간에 공용 공간이 결합된 공동 주택	주거비용은 줄이고 상호 비의료적 돌봄은 강화하는 공동 주거 형태	두레주택(서울), 일오집(부산)
홈 쉐어링	주택 소유주가 타인에게 유/무상으로 방을 내주고 한 주택에 함께 살면서 상부상조하는 주거 형태 (House-mate)	하우스메이트는 주로 친구나 동년배 또는 소유주보다 젊은 사람인 경우가 많음	고령자 주택에 대학생 임차인이 살면서 소유주 생활을 돕고, 대신 저렴한 임차료를 지불하는 형태
주거 공동체	솔로 에이저들의 전용 주거단지를 만들거나 가까이 모여 함께 사는 형태	외국의 경우 발달된 형태이나 한국에서는 많은 필요에도 불구하고 본격화 되지 않음	비비 사회적 협동조합(https://blog.naver.com\bbcohousing) 서드 플레이스 홍은 1~6 서울시 공동체주택 플랫폼 참조 (https://soco.seoul.go.kr/coHouse/main/main.do)
			부산 안창 다함께 주택(노인 공유주택)

3-4. 노인 학대 예방 및 대처

- 중앙노인보호전문기관(https://noinboho1389.or.kr/)
- 노인 학대 신고 상담: 1577-1389(연중무휴, 24/365)
- 전국 노인 학대 전문기관 현황(https://noinboho1389.or.kr/child/sub/org/status.php)

4부

4-1. 의료 상황에서의 대리인 이슈

병원에서의 보호자 서명 요구 문제
관련근거: 의료법 제24조의2): "의사는 사람의 생명 또는 신체에 중대한 위해를 발생하게 할 우려가 있는 수술을 하는 경우, 이를 환자(의사 결정 능력이 없는 경우 환자의 법정 대리인)에게 설명하고 동의를 받아야 한다."
다수 병원의 보호자 범위: 민법상 부양의무자(직계존속(부모/조부모/외조부모), 직계비속(자녀/손자녀/증손자녀), 배우자(법적 배우자 한정), 생계를 같이하는 친족
본인이 환자로서 수술동의서에 서명할 수 있는 상황이면 서명하면 됨
단 사고에 의한 무의식 상태 등으로 본인 서명과 법정 대리인, 보호자 동의 서명이 모두 불가능할 경우가 문제가 됨
→ 성년입양을 통해 원 가족 외 법정 대리인을 추가할 수 있음(성년입양은 본 부록 참조)
보험청구시 대리인 지정 문제
치매나 사고로 인한 의식 불명 등으로 본인이 보험금을 직접 청구할 수 없는 경우를 대비한 보험청구 대리인 지정 요건은 일반적으로 배우자나, 3촌 이내의 친족으로 한정
→ 보험청구는 신뢰할 만한 주변인에게 온라인 청구를 부탁할 수 있음
대리처방 문제
현행의료법 제10조의2(대리수령자의 범위): 환자의 직계존속/비속 및 직계비속의 배우자, 환자의 배우자 및 배우자의 직계존속, 환자의 형제 자매, 노인의료 복지시설 종사자, 장애인거주시설 종사자, 보호시설 종사자 등
→ 대리처방도 성인입양과 같은 인위적 친족관계를 형성하는 것이 방법일 수 있음

4-2. 의료 급여 제도

의료급여	대상	지원 내용	문의
노인장기요양 보험 급여	'65세 이상인 자' 또는 '65세 미만이지만 노인성 질병을 가진 자'로 거동이 불편하거나 치매 등으로 인지가 저하되어 6개월 이상의 기간동안 혼자서 일상생활을 수행하기 어려운 사람	재가보호(용구 구입비 포함), 시설보호 비용의 일부(등급에 따라 상이)	국민건강보험공단 (1577-1000)
의료급여 (저소득층)	1종(기초생활 수급자, 행려환자, 기타 타법에 의한 대상자(국가유공자, 이재민 등등)	입원 의료비 중 본인부담금 전액 외래치료비는 1/2/3차 병원별로 본인부담금 최대 2000원 한도(약국 500원)	정부24/보조금24/의료급여 (https://www.gov.kr/portal/rcvfvrSvc/dtlEx/999000000043)
의료급여 (저소득층)	2종(기초생활 보상대상자 중 1종 수급대상이 아닌 가구)	입원 의료비의 90%	정부24/보조금24/의료급여 (https://www.gov.kr/portal/rcvfvrSvc/dtlEx/999000000043)
의료급여 (저소득층)	2종(기초생활 보상대상자 중 1종 수급대상이 아닌 가구)	외래 의료비의 최대 15% 본인부담(약국 500원)	정부24/보조금24/의료급여 (https://www.gov.kr/portal/rcvfvrSvc/dtlEx/999000000043)
중증/난치성 질환 특례 급여	보건복지부장관이 고시하는 중증질환 및 희귀/중증난치질환자	본인부담금 면제(질환별 지원내용 및 기간 상이),	보건복지부 기초의료 보장과 (044-202-3085)

4-3. 기타 지원 제도

가사/간병 방문 서비스 (치료과정 돌봄서비스)	65세 미만의 기준중위소득 70% 이하 계층 중 요건(중증장애인 등) 충족 자	방문 간병 및 가사 지원 서비스	보건복지 상담센터 129 거주지 행정복지센터
암생존자 통합 지지서비스	암생존자와 가족의 신체/심리적 건강증진과 사회적 기능 복귀를 위한 상담, 교육 등 서비스 제공	의사, 간호사, 사회복지사 등의 분야별 전문가 상담 지원	국가암정보센터(https://www.cancer.go.kr) 암생존자 통합지지센터: 1577-9740

자료: 국민기초생활보장법, 국민건강보험 요양급여 기준, 정부24 등

4-4.간병 보험

민간 보험	내용	비고
간병보험_간병인 지원	보험사에서 간병인을 직접 보내줌(사람 지원)	
간병보험_간병비 지원	간병인 사용시 일정 금액을 보험사가 지급 (비용 지원)	
치매보험	치매환자의 진단비, 간병비, 생활비 보장(대리인 청구제도: 동거인, 배우자, 3촌 이내 친족 중 지정)	대리인 지정을 위한 동거인 범위 인정은 보험사별로 상이(사실혼 등)
실손보험	질병 또는 상해로 치료시 발생한 의료실비를 보상하는 보험	

자료: 일반검색자료(보험사 웹사이트 등)

참고 목록 및 추천 도서

Aging Without Children: European and Asian Perspectives. Edited by Philip Kreager and Elisabeth Schroder- Butterfill. Oxford: Bergahn Books, 2004.

Aging with Dignity. Five Wishes Document: Helps you Control How You are Treated if You Get Seriously Ill. http:// AgingWithDignity.org/

Astor, Bart. AARP Roadmap for the Rest of Your Life: Smart Choices About Money, Health, Work, Lifestyle... and Pursuing Your Dreams. Hoboken, NJ: John Wiley & Sons, 2013.

Alboher, Marci. The Encore Career Handbook: How to Make a Living and a Difference in the Second Half of Life. New York: Workman Publishing, 2013.

Audacious Aging. Edited by Stephanie Marohn. Self- published by the editor, 2008.

Baker, Beth. With a Little Help from Our Friends: Creating Community as We Grow Older. Nashville, TN: Vanderbilt Univ. Press: 2014.

Bolles, Richard. What Color is Your Parachute? A Practical Manual for Job-Hunters and Career Changers. New York: Ten Speed Press, 2013.

Bratter, Bernice, and Helen Dennis. Project Renewment The First Retirement Model for Career Women. New York: Scribner, 2008.

Bridges, William. Managing Transitions: Making the Most of Change, 2nd ed. Boston, MA: Da Capo Press, 2003.

Carstensen, Laura L. A Long Bright Future. New York: Broadway Books, 2009.

Collamer, Nancy. Second Act Careers: 50+ Ways to Profit from Your Passions During Semi-Retirement. New York: Ten Speed Press. 2013.

Connidis, Ingrid Arnet. Family Ties and Aging. Thousand Oaks, CA: Sage Publications, 2001.

Cullinane, Jan. The Single Woman's Guide to Retirement. Hoboken, NJ: John Wiley & Sons, 2012.

Dychtwald, Ken. Age Power: How the 21st Century Will Be Ruled by the New Old. New York: Tarcher, 2000.

Dychtwald, Ken, and Daniel J. Kadlec. The Power Years. Hoboken, NJ: John Wiley & Sons, 2005.

Dychtwald, Ken, and Daniel J. Kadlec. A New Purpose: Redefining Money, Family, Work, Retirement, and Success. New York: HarperCollins, 2009.

Frankel, Bruce. What Should I Do with the Rest of My Life? True Stories of Finding Success, Passion, and New Meaning in the Second Half of Life. New York: Avery, 2010.

Freedman, Marc. Prime Time: How Baby Boomers Will Revolutionize Retirement and Transform America. New York: Perseus, 1999.

———. Encore: Finding Work that Matters in the Second Half of Life. New York: PublicAffairs, 2014.

Freudenheim, Ellen. Looking Forward: An Optimist's Guide to Retirement. New York: Stewart, Tabori & Chang, 2004.

Goldman, Connie, and Richard Mahler. Secrets of a Late Bloomer: Staying Creative, Aware, and Involved in Midlife and Beyond. Minneapolis: Fairview Press, 1995.

Goodman, Miriam. Reinventing Retirement: 389 Ideas about Family, Friends,

Health, What to Do and Where to Live. San Francisco: Chronicle Books, 2008.

Hamm, Allen. How to Plan for Long-Term Care. N.p.: Plan Ahead, Inc., 2012.

Hannon, Kerry. Great Jobs for Everyone 50+: Finding Work That Keeps You Happy and Healthy... and Pays the Bills. Hoboken, NJ: John Wiley & Sons, 2017.

Jenkins, Jo Ann and Boe Workman. Disrupt Aging: A Bold New Path to Living Your Best Life at Every Age. New York: PublicAffairs, 2016.

Johnson, Richard P. What Color is Your Retirement? Self- published, 2006. Jones, Karen. Death for Beginners. Self-published, 2010.

Kinder, George. The Seven Stages of Money Maturity: Understanding the Spirit and Value of Money in Your Life. New York: Dell Publishing, 1999.

Klinenberg, Eric. Going Solo: The extraordinary rise and surprising appeal of living alone. New York: Penguin, 2012.

Kübler-Ross, Elisabeth. On Death and Dying. New York: Scribner, 1997.

Leider, Richard J. The Power of Purpose: Find Meaning, Live Longer, Better. San Francisco: Berrett-Koehler, 2015.

Leider, Richard J., and Alan Webber. Life Reimagined: Discovering Your New Life Possibilities. San Francisco: Berrett-Koehler, 2013.

Leider, Richard J., and David A Shapiro. Repacking Your Bags Lighten Your Load for the Good Life. San Francisco: Berrett-Koehler, 2012.

Live Smart After 50 The Experts' Guide to Life Planning for Uncertain Times. Edited by Life Planning Network. Self- published, 2013.

MacKay, Carleen. Plan B for Boomers. San Diego, CA: San Diego Workforce Partnership, 2009.

Moody, Harry R. Aging: Concepts and Controversies. Thousand Oaks, CA: Pine Forge Press, 2010.

Newhouse, Meg. (2016) Legacies of the Heart: Living a Life That Matters. Self-published, 2016.

Not Your Mother's Retirement. Edited by Mark Evan Chimsky. Self-published by the editor, 2014.

Orman, Suze. Suze Orman's Action Plan: New Rules for New Times. New York:

Spiegel & Grau, 2010.

The Oxford Book of Aging. Edited by Thomas R. Cole and Mary G Winkler. Oxford: Oxford Univ. Press, 1994.

Rentsch, Gail, and The Transition Network. Smart Women Don't Retire–They Break Free. New York: Springboard Press, 2008.

Sadler, William A., and James H. Krefft. Changing Course: How to Create the Life You Want. N.p.: Center for Third Age Leadership Press, 2007.

Sedlar, Jeri, and Rick Miners. Don't Retire, Rewire!: 5 Steps to Fulfilling Work That Fuels Your Passion, Suits Your Personality, and Fills Your Pocket, 2nd ed. New York: Alpha Books, 2007.

Seligman, Martin E. P. Authentic Happiness. New York: Free Press, 2002.

———. How to Change Your Mind and Your Life. New York: Pocket Books, 1998.

Stone, Marika, and Howard Stone. Too Young to Retire: 101 Ways to Start the Rest of Your Life. New York: Plume, 2004.

Taylor, Roberta, and Dorian Mintzer The Couple's Retirement Puzzle: 10 Must-Have Conversations for Creating an Amazing New Life Together. Naperville, IL: Sourcebooks, 2014.

Thomas, Bill. Second Wind: Navigating the Passage to a Slower, Deeper, and More Connected Life. New York: Simon & Schuster, 2014.

Vaillant, George E. Aging Well: Surprising Guideposts to a Happier Life from the Landmark Harvard Study of Adult Development. New York: Little Brown, 2002.

Wendel, Richard G. Retire with a Mission: Planning and Purpose for the Second Half of Life. Self-published, 2008.

Zelinski, Emie. How to Retire Happy, Wild and Free: Retirement Wisdom That You Won't Get from Your Financial Advisor. Edmonton, Alberta: Visions International Publishing, 2009.

미주

1 퓨리서치 센터, 「무자녀 세대가 온다, 고학력 여성들의 가족 사이즈
가 증가한다」(Washington, DC: 2015. 5) http://www.pewsocialtrends.
org/2015/05/07/childlessness-falls-family-size-grows-among-highly-
educated-women/. 참조. 19.4%의 무자녀 통계는, 「무자녀」, http://www.
pewsocialtrends.org/2015/05/07/childlessness/. 참조.

2 「특이적 사실: 미혼 및 독신 미국인 주간 9월 21-27, 2014」, 미국통계청,
발행번호: CB14-FF.21, http://www.census.gov/newsroom/facts-for-
features/2014/cb14-ff21.html/.

3 게리 게이츠, 「동성 부부의 가족 형성과 자녀 양육」, 가족관계위원회 전국
조사 보고서 포커스 51(2011년 겨울호), F1-F4, https://williamsinstitute.
law.ucla.edu/wp-content/uproads/Gates-Badgett-NCFR-LGBT-Families-

December-2011.pdf 참조.

4 진 휴스턴, 「변화의 여정」, 『담대한 노화』, S. Marohn 편집(Santa Rosa, CA: Elite Books, 2008), 161~166.

5 「당신은 어느 정도의 돌봄이 필요할까요?」, 최종 수정 2017.10.10., 미국 보건복지부 웹사이트, https://longtermcare.acl.gow/the-basics/how-much-care-will-you-need.html.

6 로버트 L. 루빈스타인, 베인 B. 알렉산더, 마신 굿맨, 마크 루보스키, 「미혼, 무자녀 여성의 주요 관계들: 문화적 분석」, Journal of Gerontology 46(5) (1991년 9월호): 270~277.

7 G. 카투스키 등., 『2010 거주형 돌봄 커뮤니티와 입주자: 전국적 초상』 (DHHS 출판 No. 2016-1041; Hyattsville, MD: 국가 건강 통계국. 2016). https://www.cdc.gov/nchs/data/nsrcf_chartbook.pdf. 참조.

8 잉그리드 A. 코니디스, 『가족 유대와 노화』(Thousand Oaks, CA: Sage Publications, 2001).

9 같은 책.

10 마이어스, 「행복한 사람들의 자금, 친구, 믿음」, American Psychologist 55 (2000): 56~67.

11 펠리시티 C. 벨, 마이클 밀러, 「미국 사회안전 분야 라이프 통계, 1900-2100」 (Baltimore, MD: 사회안전국 통계, 2005년 8월). 사회안전통계연구 no. 120. https://www.ssa.gov/oact/NOTES/pdf_studies/study 120.pdf.

12 「더 나은 돌봄을 위한 시간 투자: 당신을 위한 자가 돌봄 7단계」, NextAvenue 웹사이트, http://www.nextavenue.org/take-better-care-yourself/.

13 핸드리카 피츠패트릭, 「바비와 켄을 넘어」, 『담대한 노화』, Stephanie Marohn 편집(Santa Rosa, CA: Elite Books, 2009), 112~136.

14 「인포그래픽: 기업 활동에 대한 카우프만 인덱스, 1996-2012」, 어윙 메리온 카우프만재단 웹사이트, 최종 수정 2013. 4. 17., http://www.kaufman.org/

multimedia/infographics/2013/klea-1996-2012-inforgraphic. 이후 최신 자료는 같은 사이트 참조.

15 엘리자베스 포프, 「친구들과 더 오래 장수하기」, 뉴욕타임즈, 2012. 9. 11.에 서 발췌. http://www.nytimes.com/2012/09/12/business/retirementspecial/ for-adults-close-connections-are-key-to-healthy-aging.html.

16 로저 월쉬, 『본질적 영성』(Hoboken, NJ: John Wiley & Sons, 2000).

17 근로자 혜택 연구소와 그린왈드 & 어소시에이츠, 「2014 은퇴 자신감 조사: 팩트 시트 #6: 미국에서의 은퇴 준비」, https://www.ebri.org/pdf/surveys/ rcs/2014/rcs14.fs-6prep-ret.final.pdf.

18 낸시 콜라머, 『어머니 세대의 은퇴가 아닙니다』 중에서 「반은퇴(semi-retirement)를 위해 경력을 어떻게 재창조할 것인가」, 마크 에반 크림스키 편집 (South Portland, ME: Sellers Publishing, 2014), 94~101.

19 「서베이: 무엇이 공동체를 더 살만하게 하는가?」, AARP 웹사이트, http:// www.aarp.org/livable-communities/info-2014/aarp-ppi-survey-what-makes-a-community-livable.html.

20 노화사무국(AoA), 미국 보건복지부, 『미국 노인 인구 프로파일: 2011』 (Washinton, DC: Administration on Aging, 2011).

21 같은 책.

22 린 C. 길리스 등, 「초고령 호주인들을 대상으로 한 10년 생존 소셜 네트워킹 효과: 호주 노화 장수 연구」, 공중보건과 전염학 저널 59(7) (2005년 7월): 574~579.

23 린다 베일리, 『노화하는 미국인: 대안 없는 발 묶임』, (Washinton, DC: 지상 교통정책 프로젝트: 2004) http://www.apta.com/resources/report sandpublications/Documents/aging_stranded.pdf. 참조.

24 메트라이프 성숙 시장 연구소(MMI) 및 전국 주택 건축업자 협회(NAHB), 「55세 이상의 시장을 위한 주택: 베이비부머 세대 및 그 이상에 대한 동

향 및 인사이트」 (뉴욕, 뉴욕 및 워싱턴 DC: MMI 및 NAHB, 2009년 4월).
https://www.metlife.com/assets/cao/mmi/publications/studies/mmi-55-
housing-trends-study-.pdf. 참조.

25 셜리 엠링, 「해외에서 은퇴하기」, 허핑턴 포스트, 2015. 3. 2. http://www.
huffingtonpost.com/2015/03/02/what-retiring-abroad-looks-like_
n_6762974.html. 참조.

26 배리 골슨, 「발견된 낙원」, AARP The Magazine (2012년 9월/10월). https://
www.aarp.org/home-garden/livable-communities/info-07-2010/
paradise_found.html. 참조

27 「메디케어가 해외에서의 건강 관리에 도움이 안 되는 이유」, 리처드 아이
젠버그, 넥스트애비뉴 웹사이트, 2017.11.15. 최종 업데이트, http://www.
nextavenue.org/medicare-pales-health-care-abroad/.

28 AARP 「내 집은 적정한 집인가?」에서 발췌. http://www.aarp. org/content/
dam/aarp/livable-communities/documents-2015/ HomeFit2015/01%20
Is%20My%20Home%20HomeFit. pdf. 참조.

29 「미국에서 IOA가 노화를 어떻게 보는지 읽어보십시오」, Institute on Aging,
http://www.ioaging. org/aging-in-america.

30 「당신은 얼마나 돌봄이 필요할까요?」, 최종 편집 2017.10.10. 미국 보건복지
부 웹사이트, https://longtermcare.acl.gov/the-basics/how-much-care-
will-you-need.html.

31 「당신은 얼마나 돌봄이 필요할까요?」, 최종 편집 2017.10.10. 미국 보건복지
부 웹사이트, https://longtermcare.acl.gov/the-basics/how-much-care-
will-you-need.html.

32 미국 치매협회(Alzheimer's Association), 「2015 치매 통계」, 알츠하이머
와 치매 2015 11(3): 322~384. https://.alz.org/facts/downroads/facts_
figures_2015.pdf 참조.

33 「파트 A와 B가 보장하지 않는 것」, Medicare.gov 웹사이트, https://www.medicare.gov/what-medicare-covers/not-covered/item-and-services-not-covered-by-part-a-and-b.html.

34 「메디케이드에서 요양원 비용이나 보조 생활비를 언제 지급하나요?」, 엘리자베스 디카, nolo.com 웹사이트 http://www.nolo.com/legal-encyclopedia/when-will-medicaid-pay-nursing-home-assisted-living.html.

35 「연구 결과 보고서: 미국 돌봄 현황 2015 - 50세 이상 돌봄 제공자 중심」, 요양보호사 전국 연맹(NAC) 웹사이트, http://www.caregiving.org/제-consent/uproads/2015_CaregivingintheUS_Care-Recipients-Over-50_WEB.pdf. 전체 보고서 및 관련 자료는 http://www.caregiving.org/caregiving2015/ 참조.

36 「장애 및 건강보험은 무엇을 커버하는가?」, 장기 요양 정부 웹사이트, 최종 수정 2017.10.10 https://longtermcare.acl.gov/costs-how-to-pay/what-is-covered-by-health-disability-insurance/.

37 「기본」, 장기 요양 정부 웹사이트, 최종 수정 2017.10.10 https://longtermcare.acl.gov/the-basics/.

38 「캘리포니아의 CCRC: 어디가 좋을까?」, 요양원 개혁을 위한 캘리포니아 지지자 모임(CANHR.org), http//www.canhr.org/publications/PDFs/CCRCGuide.pdf.

39 엘리노어 레이즈, 「CCRC 입주의 보상과 위험」, Kiplinger, 2013.1.1. http//www..com/article/retirement/T037-C000-S000-risks-and-rewards-of-moving-to-a-ccrc.htma. 참조.

40 「젠워스 2014 돌봄 비용 조사」, 젠워스 웹사이트, https://www.genworth.com/dan/Americans/US/PDFs/Consumer/corporate/130568_032514_Costof Care_Final_nonsecure.pdf.

41 체크 리스트는 https://www.argentum.org/wp- content/uploads/2017/08/

Argentum-Guide-to-Choosing-a-Senior-Living-Community.pdf 참조.

42 L. 해리스 코제틴 등, 「미국의 장기 요양 제공자 및 서비스 이용자: 장기 요양 제공자에 대한 국가 연구 데이터, 2013-2014」(국가 보건통계국, 주요 보건 통계. 3 (38), 2016). https://www.cdc. gov/nchs/data/series/sr 03/sr03_038.Pdf. 참조.

43 「그린 하우스 프로젝트」, 빌 토마스 박사의 ChangingAging 웹사이트, https://changeaging.org/the-green-house-project/.

44 「노인 학대 팩트」, 국립노화위원회, website, https:// www.ncoa.org/public-policy-action/elder-justice/elder-abuse-facts/.

45 AARP 사기 감시 웹사이트 http://aarp.org/money/scams-fraud/fraud-watch-network/.

46 AARP 사기 감시 핫라인 1-877-908-336.0

47 엘리자베스 퀴블러 로스, 『죽음과 임종: 임종이 의사, 간호사, 직원들과 그 유족들에게 가르치는 것』(New York: Scribner, 1969).

솔로 에이저

지은이　　　사라 제프 게버

옮긴이　　　배상윤

2024년 4월 　2일 초판 1쇄 발행
2024년 4월 18일 초판 2쇄 발행

책임편집　　김창한
기획편집　　선완규 오서현
펴낸곳　　　천년의상상
등록　　　　2012년 2월 14일 제2020-000078호
전화　　　　031-8004-0272
이메일　　　imagine1000@naver.com
블로그　　　blog.naver.com/imagine1000

ISBN　　　　979-11-90413-66-4 03330